중국불교사

중국불교사

| 머 리 말 |

昭和 23년의 증보판의 序文을 보면 이렇게 적혀 있다.

"이 책이 출판된 지 벌써 십 년이 지났다. 그동안 우여곡절도 많았다. 이 책을 다시 출간하는 것은 여러 가지로 미비한 곳이 많아 전부 다시 쓰려고도 하였으나 사정이 허락지 않아서 단지 제목을 바꾸고 다소의 수정에 그친 감이 없지 않다. 원래『支那佛教史』를 지금『中國佛教史』라고 고친 것은 내용의 변화가 있어서가 아니라 '支那'라는 문자가 통속적이고 정식적인 것이 아니며, 日 · 中관계에 있어서도 그다지 좋지 않은 것 같아서였다. 그러나 이것은 支那라고 하는 문자에 죄가 있는 게 아니라, 이것을 사용하는 사람들의 마음에 의한 것일 게다.

본서는 대학의 강의 내용을 중심으로 한, 일관된 通史를 서술한 것이다. 당시는 유감스럽게도 현대까지의 통사가 한 권도 없었기 때문에 연구자들에게 상당히 불편하였으므로 그들을 위해 집필한 것이다.

그리고 서술 방침은 佛教와 社會의 관계에 중점을 두고, 佛教文化史로서 이를 정리하고자 하였다. 따라서 사회적 · 경제적 · 제도사적인 방면을 중심으로 하여 불교가 어떤 식으로 사회 대중들의 생활 속에 파고들었는가, 어떠한 신앙을 가졌는가, 또는 불교의 교단조직 및 배경 등 종래로 거의 손을 대지 않았던 부분에 주력했기 때문에, 사상이라든가 교학사 등을 간략하게 한 것은 내 자신도 조금 불만이다. 예를 들면 隋代의 천태종 등은 한 章으로 서술해야 하는 것이지만 여기서는 종래 교리사 중심의 불교사에 비해서 교단사 중심으로 하여 그 결점을 보완한 셈이다."

돌이켜 보면 초판으로부터 이미 오랜 세월이 경과하였다. 중국불교사 연구도 상당히 빠른 진보를 보이고 있으며, 중국 대륙도 크게 변하고 있다. 이 책도 판을 거듭하여 紙型이 못쓰게 되었다. 문장도 어렵고 내용도 고쳐야 할 곳이 많다. 그러나 정작 다시 쓰려고 하니 생각처럼 되지도 않는다. 조금 고치려고 하면 원래의 문장 형태가 전혀 없어지는 경우도 있고, 게다가 시간이 생각보다 너무 많이 걸려서 현재로서는 도저히 될 것 같지가 않다. 그래서 할 수 없이 문어체를 구어체로 바꾸는 것과 잘못된 곳을 다소 訂正하는 것에 그쳤다. 그 대신 『隋代佛教』에서 천태종과 삼론종의 항목을 마련하여 증보하고, 3판에서 증보된 제10장에서 제3절의 〈明治 이후의 日中佛教交涉〉을 없애고 〈中華人民共和國의 佛教〉를 새로이 넣었다. 그러나 중국불교는 여러 가지 문제를 포함하고 있기 때문에 충분히 그 뜻을 다 표현하지는 못하고 차후의 과제로 미룰 수 밖에 없는 아쉬움이 남는다.

그리고 권말에는 참고로 한 문헌과 논문을 실었다. 특히 이 책에서 참고로 한 것을 우선으로 하고 교단사를 중심으로 하였다. 더구나 논문은 많이 생략하였으므로 이 점을 양해해 주기 바라며, 참고한 여러 저서의 저자들에게 사의를 표하고 싶다.

昭和 四十年 正月 伏見御坊에서

道 端 良 秀

| 차 례 |

머 리 말

제1장

불교 전래의 경로와 연대

불교 전래의 경로와 연대

1. 불교 전래의 경로

중국불교가 인도에서 전래되었다는 사실은 새삼 말할 필요가 없지만 인도불교가 중국에 그대로 전래되지는 않았다는 점에 주의할 필요가 있다. 중국불교 초기의 도래승 가운데는 인도에서 직접 온 사람은 극히 적고 거의 인도 북방에 있던 대월지(大月氏: 아프가니스탄 지방), 안식(安息: 이란 지방), 강거(康居: 사말칸드 지방)로부터 중앙아시아 지역에 속하는 사람들에 의해 경전이 전래된 것이다.

서역지방은 현재 신강성(新疆省)의 천산 남쪽 타크라마칸 사막을 중심으로 하여 곤륜산맥, 천산산맥, 총령산맥이 남쪽과 북쪽, 서쪽의 삼면을 둘러싸고 있고, 동쪽만이 중국과 개방된 지방이다. 한나라 시대는 서역 36국이라고 하여 동서교통의 요지를 담당하였다. 따라서 동서문명은 반드시 이곳을 거쳐야만 교류가 가능하였기 때문에 자연히 서역문명이 꽃피게 되었다.

19세기 말경 여러 차례 걸친 서역탐험의 결과 서역문화의 화려한 자취를 발견하였으며, 그에 따라 불교에서도 서역불교라는 한 부문이 설정되었다. 따라서 중국불교의 초기 전래는 인도불교 그대로가 아니라 당시 이미 서역지방에 전해져 있던 서역불교가 전래된 것이라는 점을 유념해야 할 것이다.

　서역불교는 순수한 인도불교가 아니라 인도불교를 바탕으로 서역문화가 가미되고 다시 다소의 변화를 거듭한 후에 서역불교가 이루어진 것이다. 예를 들면 사문, 외도, 출가와 같은 말은 범어에서 번역된 것이 아니라 서역 여러 나라의 언어를 번역한 것이며, 십이인연설과 같은 단어도 범어에서 번역된 것이 아닌 서역 도화라어의 경문에서 번역되었다는 점도 이를 입증하고 있다.

　이렇게 인도불교가 서역에 전해지면서 경전이 서역어로 번역되자 거기서 서역불교가 성립되었으며, 그것이 다시 중국으로 전해져서 중국불교가 이루어졌다. 인도불교가 직접 중국과 교섭을 가지게 된 것은 주로 동진(東晋)시대 때부터이다. 다시 말하면 인도에서 승려가 직접 건너오거나 또는 중국에서 법현(法顯), 보운(寶雲), 지엄(智嚴), 지맹(智猛), 법용(法勇)과 같은 많은 승려가 불법을 구하러 인도로 가게 된 후부터였다.

　이처럼 인도나 서역에서 많은 사람들이 건너와 불교를 전하였다면 그들은 어떤 교통로를 이용했던 것일까? 교통로에는 육로와 해로가 있는데 처음에는 육로가 이용되었다. 전한(前漢)의 무제(武帝) 때부터 열린 서역 교통로는 남북의 두 대로(大路)였다. 남쪽 길은 타크라마칸 사막의 남쪽, 곤륜산맥의 북쪽 기슭을 따라 중국 서쪽 끝의 돈황(燉煌)으로부터 선선(鄯善, Lop Nor)을 거쳐서 남도 유일의 도시인 우전(于闐: 和蘭, 코탄)과 사차(沙車: 야르칸드), 소륵(疏勒: 카슈가르)을 지나 거기서 다시 험한 서쪽의 총령을 넘어 남하하여 북인도로 들어가는 길이다. 북쪽 길은 돈황에서 북쪽을 향하여 이오(伊吾: 하미), 고창(高昌: 트루판), 언기

(焉耆: 카라샤르)를 지나 천산산맥 남쪽 기슭을 따라 서쪽으로 나아가 구자(龜玆: 쿤챠), 고묵(姑墨: 아크슈), 온숙(溫宿: 우쉬) 등 여러 나라를 지나 소륵에 이르러 여기서 남쪽 길과 합쳐지는 것이다.

이 두 길 외에도 법현이 지난 중간 길이 있다. 즉 돈황으로부터 선선(鄯善)을 지나 거기서 북상하여 언기를 이르고 다시 사막을 횡단하면서 남하하여 우전에서 남쪽 길과 합쳐지는 길이다. 또 북쪽 길의 고묵을 출발하여 북쪽을 향하여 천산산맥을 넘어 크게 우회하여 인도로 들어가는 현장(玄奘)이 지난 길도 있다.

이 밖에도 후대에 가서는 사천(四川), 운남(雲南)으로부터 인도로 들어가는 길이 있으며 다시 청해(靑海)로부터 티벳을 지나 인도로 들어가는 길 등이 개척되었다.

뿐만 아니라 육로에 비해서 해상 교통로도 일찍부터 열려 있었는데 남쪽의 여러 섬들을 거쳐 인도로 왕복하는 무역선에 편승하는 것으로 당시 광동(廣東)이 주요한 창구였다. 동진의 법현을 비롯하여 그 후에도 많은 사람들이 이용했지만 육로 교통을 능가하지는 못하였다.

해로와 육로의 교통로가 발달하면서 중국과 인도 사이의 교통은 활발해졌으나 그 험난함은 상상을 초월하는 것이었다. 그 중에는 웅대한 뜻을 품었다가 허무하게 사막에서 시체로 변하기도 하고 혹은 설산의 눈 속에 묻히거나 물고기의 밥이 되는 등 법을 위해 몸을 버린 이가 수없이 많았다.

2. 불교 전래에 관한 여러 설

중국불교의 초전(初傳)에 대해서는 고래로부터 여러 가지 설이 있어서 좀처럼 결론이 나지 않고 있다. 따라서 이들의 주장을 소개하고 아울러 불교 전래의 연대를 생각해 보도록 하자.

1) 서주(西周) 목왕(穆王) 때에 전래했다는 설.

서주 5대 목왕 때에 문수와 목련이 서쪽에서 와서 목왕을 교화하였으며 그를 계기로 왕은 절을 짓고 불상을 조성했다고 하는 설이다.

2) 공자가 불교를 알고 있었다는 설.

『열자(列子)』의 「중니편(仲尼篇)」에 공자가 대재비(大宰嚭)의 질문에 대답하기를 '삼왕오제(三王五帝)는 성인이 아니다. 오직 서방에 성자가 있으니 백성을 다스리지 않아도 문란치 않고, 말하지 않아도 저절로 믿음이 생기며, 교화하지 않아도 스스로 행한다.'고 말했는데 그때의 성자가 바로 부처님을 가리키므로 공자는 이미 부처님을 알고 불교에 대한 지식이 있었다고 하는 설이다.

3) 아육왕(阿育王)의 불탑건립설.

석존 입멸 후 약 200년, 아육왕이 출현하여 불교를 부흥시켰는데 전국에 팔만사천의 불사리탑을 조성하였다고 한다. 그때 중국에 세운 것이 19군데나 되고 그때가 동주(東周) 경왕(敬王) 26년의 일이라고 하는 설이다.

4) 석리방(釋利房) 전래설.

진시황제(秦始皇帝) 4년(B.C. 243), 서역사문 석리방을 위시한 18인이 찾아와서 불경을 전했는데 황제는 그들을 수상히 여겨 옥에 가두었다. 밤이 되자 장육(丈六)의 금인(金人)이 나타나 옥문을 부수고 이들을 구출하는 것을 보고 깜짝 놀라 고개를 숙였다고 하는 설이다.

5) 전한 무제의 금인예배설.

전한 무제의 원수(元狩) 2년(B.C. 121)에 곽거병(霍去病)을 시켜서 흉노(匈奴)를 토벌하였다. 그는 반란을 진압하고 흉노의 휴도왕(休屠王)이 모시던 금인을 얻어다가 황제에게 바쳤다. 황제는 이것을 감천궁(甘泉宮)에 안치하고 조석으로 분향예배를 드렸다고 한다. 이 금인(金人)이 바로 불상이었기 때문에 이것이 불교의 전래라고 하는 설이다.

6) 유향(劉向)이 불전(佛典)을 보았다는 설.

무제로부터 30~40년 후 성제(成帝) 치세시 유향이 궁정의 책들을 천록각(天綠閣)에서 정리하던 중 우연히 불교경전이 있는 것을 보고 곧 『열선전(列仙傳)』을 지었는데, 그 속에 불교경전에 관한 것을 서술하고 있으므로 당시에 이미 불교경전이 전래되었다고 보는 설이다.

7) 이존(伊存)의 불교구수설(佛敎口授說).

전한 애제(哀帝)의 원수(元壽) 원년(B.C. 2)에 경로(景盧)가 대월지왕(大月氏王)의 사자인 이존으로부터 부도교(浮屠敎)를 구두로 전해 받았다고 하는 설이다.

8) 후한(後漢) 명제(明帝)의 영평(永平) 10년설.

일반적으로 가장 많이 통용되고 있는 설이다. 명제 영평 10년(A.D. 67), 어느 날 밤 명제가 금인이 서쪽으로부터 광명을 비추면서 궁정에 내려오는 꿈을 꾸고 서방에 불교가 있는 것을 알게 되었다. 그리하여 채음(蔡愔), 주경(奏景), 왕준(王遵) 등 18인

16

을 서역으로 보내어 불도를 구하게 하였다. 그들은 인도로 가던 도중에 백마(白馬)에 불경과 불상을 싣고 오던 가섭마등(迦葉摩騰)과 축법란(竺法蘭) 두 사람을 만나 함께 낙양으로 돌아왔는데 황제는 무척 기뻐하여 낙양문 밖에다 백마사(白馬寺)를 짓고 이곳에 두 사람을 살게 하였다. 그들은 이곳에서 경전을 번역하였는데 현존하는 『사십이장경(四十二章經)』은 그때의 번역이라는 설이 있다.

이 밖에도 두세 가지 설이 더 있지만 대체로 이 여덟 가지 설을 벗어나지 않는다. 그러면 이 여덟 가지 불교의 전래설 가운데 가장 타당한 설은 어느 것일까? 우선 1·2·3·6번의 설은 논할 가치가 없고, 4·5·7·8번의 네 가지 설 중에서 선택해야 할 것이다.

그런데 석리방의 전래설은 그 출전을 『제왕세기(帝王世紀)』나 『주자행경록(朱子行經錄)』 등 신빙성이 의심스러운 책에 근거를 두고 있기 때문에 그 어느 것도 사실이라고 규정할 수가 없다.

다음 전한 무제의 금인예배설도 곽거병이 금인을 얻어 황제에게 바쳤다는 것은 역사적 사실로서 의심의 여지는 없지만 과연 그때의 금인이 실제로 불상인지 아닌지는 규명할 길이 없다. 다만 『위서(魏書)』, 「석로지(釋老志)」에서만이 처음으로 이것을 불상이라고 밝히고 있는데 서방의 불상 기원 등으로 미루어 볼 때 이것을 불상이라고 단정하기에는 너무 성급하며 필시 이것은 흉노족들이 숭배하던 일종의 종족신앙이 아니었나 생각된다. 만일 이때의 금인을 불상이라고 본다면, 이보다 훨씬 앞선 진시황제 26년에 천하의 병기를 모아서 12체(體)의 금인을 만들었다고 하는 기록 등이 있으므로 그때부터 불상이 있었다고 보지 않으면 안 된다. 하지만 이때의 금인을 불상이라고 단정 짓는 것은 너무 성급한 생각이기 때문에 무제의 금인예배설 역시 불교 전래의 시초라고 보기는 힘들다.

다음 일곱 번째 전한 애제의 원수 원년 불교 전래설은 현재 학계에서 가장 타당성이 있는 것으로 간주되고 있다. 즉, 진수(陳壽)의 『삼국지』 가운데 「위지(魏志)」 서융전(西戎傳)에 위나라 사람 어환(魚豢)의 『위략(魏略)』을 인용하여 이 기사를 서술하고 있는데 사료로서는 가장 확실하며 또한 전래에 관한 가장 오래된 사료로서 그 가치가 높게 평가되고 있다.

마지막으로 후한 명제 영평 10년설은 위에서도 언급했듯이 가장 널리 알려진 설이다. 그러나 근자의 연구 결과 이 전설을 그대로 받아들이기에는 의문스러운 점이 많다. 예를 들어 주변 사정으로 미루어 볼때 당시는 불교가 이미 전래되어 성행하고 있었을 뿐 아니라 이 시대는 서역으로부터 도래승도 있었다고 보여지므로 불교는 마땅히 이전에 이미 전래되었을 것이다. 따라서 초전 시기가 영평 10년이라는 점은 늦은 감이 있다.

이와 같이 중국불교의 전래는 전한 애제 때부터 시작되었다. 이것은 문헌적인 것일 뿐, 이때에 처음 불교가 전래되었다는 말은 아니다. 어떤 문화가 주변국가로 전파될 때 정확하게 어떤 시기를 한정하여 말하는 것은 불가능한 일이다. 그것은 자연스럽게 전래되는 것이기 때문에 문헌상으로 기록될 때는 이미 상당한 시간이 지난 경우가 많다. 그러므로 불교가 중국에 전래된 시기도 전한의 애제 이전부터 무역상인과 그 밖의 왕래하던 사람들에 의해 전해졌다고 보아야 할 것이다.

제2장

후한·삼국·서진의 불교

후한(後漢)·삼국(三國)·서진(西晋)의 불교

1. 후한 불교

전한(前漢) 말 애제 때 불교가 전래되었다고 하는 것 이외에는
전한 불교에 관한 문헌은 없고 후한으로 들어와서야 비로소 불교
에 관한 내용이 약간의 문헌에 보인다. 앞서 말한 후한 명제의 영
평 10년 불교 전래설을 역사적 사실로서 받아들일 때 어디까지
믿어야 좋을지 의심스럽고, 또한 현존하는 가섭마등과 축법란이
공역한 『사십이장경(四十二章經)』도 논란의 대상이 되고 있다.
그러나 당시에는 이미 서역승들이 도래하고 있었으므로 불교에
관하여 알고 있는 사람들도 있었을 것 같다. 명제때 명제의 이복
동생인 초왕영(楚王英)이 황로(黃老)와 함께 불교를 믿고 있었던
것은 문헌에도 나타나고 있다.

그러나 불교가 중국에서 확실하게 기초를 다진 것은 그로부터
80년 후 후한 말 환제(桓帝) 때에 도래한 안세고(安世高)와 지루
가참(支婁迦讖)에 의해서이다.

안세고는 안식국(安息國)의 태자였는데 출가하여 주로 아비담
학(阿毘曇學)과 선경(禪經)에 통달하였다. 후한의 환제 건화(建
和) 원년(147) 낙양에 와서 영제의 건녕(建寧) 연간(168~171)까지
약 20여 년 동안 오직 경전 번역에 종사하였다. 그가 번역한 경전

은 『사제경(四諦經)』, 『전법륜경(轉法輪經)』, 『팔정도경(八正道經)』 등이 있고 다른 경전들도 대장경에 현존하고 있다. 그 후 그는 후한 말의 혼란을 피하여 남쪽으로 내려가서 선경을 선양하고 회계(會稽: 절강성 소흥현)에서 입적하였다고 한다. 만약 이것이 사실이라면 남쪽 지역에 있어서 불교 전래의 시초라고 할 수 있으나 이것 역시 사실로 받아들이기는 의심스럽다.

지루가참(Lokaraṣa)은 월지국 사람으로 안세고보다 조금 뒤에 들어왔는데 영제의 광화(光和, 178~183), 중평(中平, 184~189) 12년 동안에 걸쳐 『도행반야경(道行般若經)』, 『반주삼매경(般舟三昧經)』, 『수릉엄경(首楞嚴經)』, 『무량청정평등각경(無量淸淨平等覺經)』 등의 대승경전을 역출하였다.

이 두 사람의 경전 역출로 말미암아 대소승 경전의 전래가 이루어졌으며 따라서 후세에 끼친 영향도 크다고 볼 수 있다. 중국 불교는 바로 이 두 사람의 도래에서 비롯된다고 하여도 좋을 것이다.

그 밖에 영제(靈帝), 헌제(獻帝) 때 도래하여 경전 번역에 종사한 사람들로는 축불삭(竺佛朔), 안현(安玄), 지요(支曜), 강거(康巨), 강맹상(康猛詳), 축대력(竺大力), 담과(曇果), 지량(支亮), 엄불조(嚴佛調)가 있다. 특히 엄불조는 도래승이 아니라 중국사람이다.

또한 당시의 불교상황을 알 수 있는 것으로 착융(笮融)의 봉불(奉佛)이 있다. 그는 헌제 때 사람으로 단양(丹陽: 안휘성 선성현)의 호족이었는데 3천여 명이 살 수 있는 대사원을 건립하여 황금 불상을 모셔놓고 불공 때마다 성대한 대제회를 열었다. 거기에 참석한 사람은 실로 만여 명이고 자리는 사방으로 4~5리나 되었으며 비용도 수만 금이 들었다고 한다. 다소 과장한 듯한 수치이지만 이를 통해 볼 때 당시 지방에 불교사원이 세워졌을 뿐 아니라 불상도 안치되고 불교의식이 행해졌음을 알 수 있다. 또한 이러한 행사로 인하여 일반 사회의 불교에 대한 인식도 차츰 깊어갔을 것이다. 그러나 당시는 항상 황로부도(黃老浮屠)라고 하여 불교의 정확한 지식들은 일반화되지 않았던 것 같다.

2. 삼국의 불교

후한이 망하고 강북에는 위나라 문제(文帝)가 즉위하여 도읍을 낙양으로 정하였다. 또한 강남에서는 오나라 손권(孫權)이 독립하여 건업(建業)을 도읍지로 정하였으며, 유비(劉備)는 후한의 왕실을 일으켜 성도(成都)를 도읍지로 촉한(蜀漢)을 세웠다. 이리하여 천하는 삼등분되었는데, 그 후 진(晉)에 의해 통일되기까지 약 40여 년 동안의 이 시기를 삼국시대라 한다.

위(魏)나라 불교

북방 위나라의 역경가로서는 담가가라(曇柯迦羅), 강승개(康僧鎧), 담제(曇諦), 백연(白延), 안법현(安法賢) 등이 있다.

담가가라(Dharmakla)는 중인도 사람인데 위나라 가평(嘉平) 2년(250)에 낙양으로 와서 『승지계본(僧祇戒本)』을 역출했다. 2년 뒤에 강거의 강승개(Samgahavarman)도 낙양에 와서 『무량수경』을 번역하고, 가평 6년(254)에는 안식의 담제(Dharmatrata)가 와

22

서 『사분율』의 수계작법인 『담무덕갈마(曇無德羯磨)』를 역출했다. 강승개의 번역으로 알려진 『무량수경』은 후세 정토교학의 중심을 이루는 경전이며, 현재 일본 정토교에서는 이를 소의경전으로 삼고 있다. 그러나 이 경의 번역자로 동진의 각현(覺賢)을 들고 있는 등 이설(異說)들이 있다.

담가가라와 담제의 율장 번역은 중국불교사에 있어 중대한 역할을 하고 있다.

담가가라가 중국에 왔을 때는 아직 계율이 전해지지 않았기 때문에 당시에는 출가라 하더라도 수계작법 없이 행해졌던 것 같으며, 따라서 승려의 위의조차도 속인들과 뚜렷한 구별이 어려웠던 모양이다. 그의 전기에 의하면 '많은 승려들이 있지만 아직 계를 받지 못하고 단지 삭발만으로써 속인과 구분할 뿐' 이라는 상태였는데, 그의 원력으로 『승지율(僧祇律)』의 일부 계본이 역출되고 이로써 모든 승려가 계를 받게 되었다.

또 담제의 사분갈마 수계작법에 의해서 처음으로 수계법이 정비되었으며 정식으로 비구가 등장하게 되었다. 이 수계법에 의해 처음 출가한 이가 주사행(朱士行)이다. 훗날 그를 일러 중국에서 최초로 출가한 사람이라고 하는 이유도 여기에 있다.

주사행은 영천(穎川: 하남성) 사람으로 출가 후에는 반야에 관심을 가지고 『도행반야경』을 강론하다가 문장의 뜻이 잘 통하지 않자 경전의 불완전함을 개탄하다 마침내 멀리 서쪽으로 범본(梵本)을 찾아나섰다.

그는 위나라 감로(甘露) 5년(260)에 장안을 출발하여 유사(流沙)를 건너 우전에 들어갔다. 이곳에서 그는 구하고자 하는 범본을 얻어 제자인 불여단(不如檀)에게 들여보내고 자신은 우전국에 남아 80세를 일기로 입적하였다. 이 범본은 그 뒤 서진에 온 우전국의 무라차(無羅叉)와 하남의 축숙란(쯔叔蘭)에 의해 역출되어 『방광반야경(放光般若經)』이라 불렸다. 주사행의 우전 구법이야말로 후세 입축구법승들의 선구가 되고 있는데 이 점은 주목해야 할 것이다.

한편 주사행을 가리켜 중국에 있어서 경전 강술의 시조라고들 하는데 이것은 오류이다. 경전의 주석은 이미 남방에서 지겸(支謙), 강승회(康僧會)가 시작하고 있었으며, 경전 역출과 동시에 경서(經序)가 제작되었다. 이것을 강경의 한 가지 형식으로 간주한다면 경전 강술은 역경 당초부터 행해졌다고 보아야 할 것이다.

위나라 문제의 동생인 진사왕 조식(曹植)의 범패 창작 또한 간과할 수 없다. 그는 원래 문학에 뛰어났으며 불교를 좋아하였는데 일찍이 어산(魚山: 산동성)에 있을 때 공중에서 범음(梵音)이 울려오는 것을 듣고 그것에 화답하여 범패를 지었다고 한다. 문제 황초(黃初) 6년(225) 무렵의 일로서 이것이 중국에 있어 범패의 시초이며 후세 일본에도 전해져 어산류범패(魚山流梵唄)의 시조가 되었다.

오(吳)나라 불교

남방에 불교가 보급된 것은 오나라 때부터이다. 지겸, 강승회를 중심으로 하여 유기난(維祇難, Vighan), 축율염(쯔律炎), 지강양접(支彊梁接) 등의 역경가가 있었다.

지겸의 자(字)는 공명(恭明)이고 선조는 대월지 사람이었는데 중국에 귀화하였다. 지루가참의 제자 지량(支亮)에게서 불교를 배웠는데 당시 '천하에서 세 명의 지(支)씨보다 박식한 이는 없다'고 말해질 정도였다. 그는 후한 말기 난을 피하여 북방에서 남방의 건업으로 가서 오나라 손권에게 우대를 받아 박사가 되고 황태자의 스승이 되었다. 그 후 은둔생활을 하다가 60세로 입적하였다.

그는 건업에서 약 30년간 오직 역경에만 종사하여 많은 경전들의 주해를 남기었다. 그리고 『대아미타경』, 『유마경』, 『서응본기경(瑞應本起經)』, 『대반니원경』 등 대소승경전을 역출하고 『요본생사경(了本生死經)』을 주석하기도 하였다. 그는 『무량수경』을 중심으로 하여 '찬보살연구(讚菩薩連句)'라고 하는 범패삼계(梵唄三契)를 지었다고 하여, 이것은 남방 범패의 시초가 된다.

강승회의 선조는 강거 사람으로 인도에 살다가 교지(交趾: 베트남 북부)로 이주하였으며, 다시 오나라 적오(赤烏) 10년(247)경에 건업으로 옮겨왔다. 진나라 대강(大康) 원년(280)에 입적할 때까지 30여 년간 불교 포교에 진력하였다. 『육도집경(六度集經)』, 『잡비유경』 등을 역출하였고, 『안반수의경』, 『법경경(法鏡經)』 등의 주석과 경서를 지었다.

그가 가장 심혈을 기울인 것은 실천불교의 포교였다고 한다. 그리하여 포악한 손권(孫權)과 손호(孫皓)를 교화하여 불교를 믿게 하고 마침내 건초사(建初寺)를 건립하게 할 정도였다. 또한 그는 범패를 좋아하였는데 음성이 극히 청아하여 애달프고도 옥을 굴리는 듯한 음성이었다는 기록을 볼 때 일반 민중의 교화에도 큰 역할을 했으리라고 생각되어진다.

무창(武昌)·교지(交趾)의 불교

지겸이 남방 오나라에 있을 무렵 인도의 유기난(維祈難), 축율염(竺律炎)은 무창(호북성)에서 『법구경』 등을 번역하고 오봉(五鳳) 연중(254~255)경에 서역승인 지강양접(支彊梁接)은 교주(交州: 베트남 방면)에서 『법화삼매경』을 역출하였다. 이리하여 남방의 오나라 불교는 거사인 지겸과 사문인 강승회 등에 의하여 전해지고 여러 곳에 사찰도 세워졌다. 특히 상서령(尙書令) 감택(闞澤)은 자기 집을 절로 만들어 덕윤사(德潤寺)라고 이름짓는 등 불교는 점차 널리 보급되어 갔다.

당시 건업이나 무창 등 수도의 불교와 함께 멀리 남방의 교지와 교주 지방에서도 불교가 유포되고 있었던 것으로 생각된다. 강승회, 지강양접, 그리고 모자(牟子)의 『이혹론(理惑論)』과 같은 것이 모두 이 지방의 소산인 것을 생각하면 북방불교의 전래 계통과는 달리 일찍부터 해로를 통해서 인도불교가 이 지방에 전래되었음을 알 수 있다.

모자에 대해서는 논란이 있다. 대체로 후한 말에서 삼국시대에 걸쳐서 살던 사람이라 추측되며, 교주에 살면서 유학을 위시하여 신선사상에서부터 불교사상에 이르기까지 깊이 있게 연구하여 『이혹론』을 저술하고 불교사상이 유교나 노장사상과도 상반되는 것이 아님을 논술하여 불교의 선양에 노력하였다. 이것은 중국 내에서도 유(儒)·불(佛)·도(道) 삼교(三敎) 교섭에 대한 최초의 저술로서 중국사상사를 연구할 때 빼놓을 수 없는 책이다.

3. 서진의 불교

위는 촉을 멸망시켰으나 위나라 장수 사마염(司馬炎)이 왕위를 찬탈하면서 도읍을 낙양으로 정하여 진이라 명명한 뒤 이어서 남방의 오나라까지 병합하여 드디어 천하를 통일하였다(280). 그후 북방민족이 남하하여 진을 멸망시키면서(317), 이로써 5호16국(五胡十六國)이 일어나게 된다. 남방은 진나라 일족이 건강으로 도읍을 옮겨 동진을 세울 때까지의 약 50여 년간을 서진이라고 하였다.

이 시대의 불교를 대표하는 사람은 담마라찰(曇摩羅察, Dharmaraksha) 즉, 축법호(竺法護)이다. 그는 원래 월지 사람이었지만 어릴 때부터 돈황(감숙성)에서 살았다. 당시 방등경전의 대부분이 서역에 있다는 소리를 듣고 그것을 구하려고 서역으로 갔다. 그는 많은 범본을 얻어서 돈황으로부터 장안에 이르는 귀로에서도 역출하기를 멈추지 않았다. 이리하여 그는 무제 태시(泰始) 원년(265)부터 회제(懷帝) 영가(永嘉) 2년(308)까지 약 40여 년 동안 오로지 경전 역출에 몰두하고 불법 홍포에 전력을 기울였다. 번역한 경전은 『광찬반야경』, 『정법화경』, 『무량청정평등각경』, 『미륵하생경』 등이 남아있다.

그가 역경사에 남긴 공적은 구마라집 이전에는 제1인자로서 '경의 가르침이 중국에 전파된 것은 실로 축법호의 공덕이다' 라고 그의 전기에 기록될 만큼 그의 명성을 듣고 모여드는 승려와 불교도가 수천 명이었다고 한다. 따라서 사람들은 그의 덕을 우러러 돈황보살, 월지보살, 천축보살이라고 찬탄하였다.

축법호의 역경장에 참가하여 항상 역경 일을 도운 사람은 섭
승원(聶承遠), 섭도진(聶道眞) 부자이다. 특히 섭도진은 법호가
입적한 후 스승의 뒤를 이어 역경 일을 계속하여 『화엄경』 각 품
가운데 앞부분 24부 36권을 역출하였다. 중국에서 거사로서 역경
일에 종사한 사람으로 문헌상에 나타난 것은 그들이 처음이다.
이 밖에도 그 무렵에는 『방광반야경』, 『유마경』, 『수릉엄경』 등
을 역출한 하남의 우바새인 축숙란(竺叔蘭)을 비롯하여 백원(帛
遠), 법거(法炬), 법립(法立), 무라차(無羅叉), 지법도(支法度) 등
의 역경승이 있었다.

격의불교(格義佛敎)

이때는 불교가 전래된 지 300여 년이나 지났기 때문에 상당히
보급되어 있었다고 볼 수 있다. 혜제(惠帝)는 낙양에 홍성사(興聖
寺)를 건립하여 100명의 승려에게 공양을 올리고, 민제(敏帝)는
다시 장안에다 통영사(通靈寺)와 백마사를 짓는 등 불교보호정
책을 폈다. 그리하여 낙양과 장안의 사원은 180군데나 되고 승려
수도 3,700여 명 정도 되었다고 한다.

그러나 사상적인 측면에서 볼 때는 아직 번역시대를 벗어나지
못하고 주로 주석이나 강경에 주력했기 때문에 불교사상은 매우
유치한 상태였다. 물론 전래 당시의 한대 사상은 유학의 고증훈
고학적인 학풍이 성행하여 불교사상과 서로 조화를 이루지 못하
였기 때문에 일반 지식층에서도 쉽게 이해하지 못하였다.

삼국시대에서 서진시대로 접어들자 노장사상의 발달과 함께
자유스러운 청담(淸談)이 유행하면서 허무주의를 숭상하는 풍조

가 한 시대를 풍미하게 되었다. 더불어 반야개공(般若皆空)의 불교사상은 노장사상의 무(無)와 상통하는 점이 있었기 때문에 일반적으로 사람들이 쉽게 이해하게 되고 이에 따라 불교사상은 점차 폭넓게 자리잡아갔다. 그리하여 서진 때부터 다음 동진시대까지는 더욱더 유행하게 되었는데 불교사상 중에서도 특히 반야의 공사상이 중심이었던 것 같다. 더욱이 승려들까지도 이러한 풍조를 따라 사람들에게 불교를 이해시키고자 할 때면 노장사상을 빌려 설명하기도 했다. 이것을 격의불교라고 하며 서진 말부터 동진시대에 걸쳐서 크게 유행하였다.

4. 불교와 유교 · 도교와의 관계

중국불교사는 유교, 도교와 함께 갈등하는 역사이다. 다시 말해서 중국 고래의 유교, 도교에 대해서 외래종교인 불교가 어떻게 조화를 꾀하고 혹은 어떻게 반박하였는가의 역사인 것이다.

유교는 불교와 함께 동양 여러 나라의 근본사상을 이루고 있는데 특히 중국에서는 이상적인 가르침으로 공자, 맹자가 선조로 추앙받았다.

도교사상

도교는 노장사상에 근거를 두고 있으며 유교에 대응하여 중국 고래로부터 민중 속에 깊숙이 뿌리내리게 되었다. 이러한 도교를 종교로서 형성시킨 이가 후한의 장릉(張陵)이다.

장릉은 폐국(沛國: 강소성 서주) 사람으로 장량(張良)의 7세손
이라 한다. 대학에서 공부하고 유학을 좋아하였으며 만년에는 신
선장생술을 배워 촉나라 학명산(鶴鳴山)에 들어가 하늘의 계시
를 받고 도서(道書) 24편을 지어서 도교의 기초를 닦았다. 이것이
후한(後漢) 순제(順帝) 영화(永和) 6년(141) 때의 일이다. 그의 아
들 장형(張衡)과 손자인 장로(張魯)는 더욱 종교적으로 체계를
세워 사회적으로 세력을 키워 나갔는데 오두미도(五斗米道)라고
도 불리던 이들을 따르는 그 신도의 숫자가 이미 수십만이 될 정
도였다. 세상에서는 이를 삼장(三張)의 법이라 하였다. 당시 태평
도(太平道)라 하여 황로도(黃老道)로서 대중을 혼란시킨 황건적
의 장각(張角)에게 가담함으로써 미적(米賊)이라고도 불리며 사
회를 혼란시킨 무리로 간주된 적도 있었다. 그 후 많은 사람들에
의하여 차츰 조직화되어 종교로서의 확고한 단체를 만들어갔다.
　도교는 노자를 교조로 삼고 있으나 종교사상은 완전히 중국
고래의 잡다한 민속신앙을 집대성하고 거기에 노장의 철학사상
을 가미시켜 체계를 지어간 것으로, 도교 곧 도가(道家)는 아니
다. 도교는 어디까지나 공리적이고 현세적인 종교로서 신선사상,
음양오행사상, 복약장수법, 연단법 등 잡다한 세속적 신앙을 전
부 도입한 것이다. 그러므로 일반 사회에서는 오히려 저변의 세
력을 가지게 되었다.
　불교가 전래되고 나서 도(道)·불(佛) 이교(二敎)의 교섭이 점
차 표면화되면서 상호간에 영향을 주고받게 되는데, 특히 도교경
전은 불교교리에서 많은 자극을 받았으며 불교경전을 모방하여
만든 것이 많다. 장릉보다 일찍 나온 간길(干吉)의 『태평경(太平

30

經)』과 장릉과 동시대인 위백양(魏伯陽)의 『참동계(參同契)』는 도교의 입장에서 볼 때 중요한 것이다. 후한의 갈현(葛玄)도 앞의 두 사람과 마찬가지로 도교의 조사로서 추앙받았고, 그의 종손인 갈홍(葛洪)은 『포박자(抱朴子)』,『신선전』 등을 저술하여 도교사(道教史)에 있어서 중요한 위치를 차지하고 있다.

그렇다면 장릉에 의하여 일어난 도교가 어떻게 민중의 종교로서 깊이 뿌리내렸으며 많은 신봉자가 따르게 되었을까. 이는 앞에서도 보았듯이 여러 민간신앙을 도입함과 동시에 교단 구성에 관한 장릉의 기교와 행정적 수완이 크게 작용을 하였다고 볼 수 있다. 신선이 되는 것이 궁극적인 목적이었지만 의사(義舍)를 설치하고 도로를 만드는 등 사회사업에도 진력하여 실천으로써 민중의 공감대를 얻었으며 나아가 병을 치료하는 등 사람들을 감동시키는 사회사업으로 인하여 대교단을 형성하게 된것이다.

불교 · 도교와의 관계

불교와 도교의 교섭은 일찍이 불교 전래 당시 이교(二教) 논쟁의 전설로부터 시작되고 있다. 후한 명제 영평 10년(67), 불교가 전래되자 도교 신도들은 이를 시기하여 황제에게 상소를 올렸다. 그리하여 불교와 영험을 겨루어 불교를 몰아내려고 하였다. 영평 14년(71) 1월 15일, 백마사 남문 밖에서 양자 간에 논쟁이 있었다. 도교도들은 남악(南嶽)의 저선신(楮善信)을 비롯하여 오악십팔산(五嶽十八山)의 도사 690명이 나섰지만 이들은 한결같이 가섭마등과 축법란을 이길 수 없었다. 그래서 도사들은 분함을 못 이겨 죽거나 삭발하여 불제자가 되었는데 그 수가 628명이나 되었고, 이를 본 유준(劉峻) 등 여러 관리, 무사, 서민 천여 명과 음부인(陰夫人)을 비롯하여 관리의 부녀자 등 230명이 모두 삭발하였다고 한다. 그로 인하여 일곱 군데나 절을 세웠으며, 세 곳에 여승들의 암자를 세워 그곳에 살게 하였다. 이것이 중국에 있어 출가와 사찰 건립의 시초가 된다고 할 수 있다.

이것은 어디까지나 전설이며 당시의 도교는 이와 같은 조직을 가지고 있지도 않았으며, 전래 직후에 이런 논쟁을 일으킨 만큼 불교가 세력을 지니고 있지도 않았다. 양자의 논쟁이 점차 표면화된 것은 적어도 양자가 서로 상당한 사회적 세력을 가지게 되면서부터이고, 그것은 동진시대에 접어들면서였다. 하지만 그때까지 양자간의 교섭이 차차 깊어져 가고 있었던 것만은 사실이다.

삼교의 논쟁

위나라 진사왕(陳思王) 조식(曹植)은 『변도론(弁道論)』을 지어서 도교사상의 허구성을 지적하였는데, 아마 이것이 문헌에 보이는 도·불 관계에 대한 최초의 저술이 아닐까 한다.

후한 말부터 삼국시대에 걸쳐 멀리 남쪽 교주지방에서 남방불교를 대표하는 모자의 『이혹론』은 삼교 관계를 논술한 현존하는 가장 오래된 책으로서 이 논은 후세에까지 많은 영향을 끼쳤다. 이 책은 삼교를 조화시키고자 하는 데 본래의 목적이 있었지만 모자가 불교신봉자였기 때문에 자연히 유교로부터의 공격에 대하여 이를 변호하고 불교사상을 선양하고자 하는 데 초점을 맞춰지고 있다. 모두 37편인데 그 중에는 후세 삼교간에 논점이 된 것들, 예를 들면 출가는 도덕에 위배된다고 하는 윤상(倫常)문제,

신멸불멸(神滅不滅) 문제, 중국 사람은 이민족의 가르침에 따라서는 안 된다고 하는 이하론(夷夏論), 불교계 타락상의 문제 등 모든 것들이 논구되어 있다. 이것을 보면 당시 남쪽 교주지방의 불교 상황을 알 수 있음과 동시에 이 책이 후세의 삼교 논쟁에 커다란 영향을 주었던 점은 주목하여야 할 것이다.

노자화호경(老子化胡經)

서진에서는 백원(帛遠)과 도사인 왕부(王浮) 두 사람이 도·불 논쟁을 벌였다. 오나라 강승회는 오나라 군주 손오의 명령을 받고 찾아온 장욱(張昱)과 함께 불교와 유교에 대하여 논쟁하였는데, 여기서 장욱이 굴복하였다고 한다. 서진 백원의 동생인 백법조(帛法祖)에게 『현종론(顯宗論)』이란 저서가 있었다고 하므로 아마 이 『노자화호경』도 그 계통의 것이 아닐까 한다. 그의 전기에 의하면 백원의 자는 법조(法祖)라고 하며, 하내(河內) 사람이라고 한다. 그는 역경에 종사하여 서쪽 농우(隴右)지방에 다니면서 법을 폈는데 강호족(羌胡族) 사이에서는 상당히 숭배받던 인물이다. 이따금씩 왕부와 논쟁하여 도교를 굴복시켰는데, 왕부는 『노자화호경』을 지어 이에 대항하였다고 전해진다.

이 『노자화호경』은 현존하지는 않지만 희미하게나마 돈황문서에 의하여 그 내용을 짐작할 수가 있다. 내용은 노자가 인도로 가서 그들[胡]을 교화했으며 석가가 되었다고도 하고, 또는 석가의 스승이 되었다고도 하여 불교에 대항했던 것으로, 이 사상은 그 후에 도·불 이교 논쟁의 유력한 논재가 되었다.

이렇게 해서 점차 표면화된 도·불 논쟁은 동진 이후 더욱 격

심해지고 이에 다시 유교까지 가담하게 되는데 이들은 상호간에 논쟁과 반박을 통해 서로 영향을 주고 받아 마침내 조화 융합하는 결과를 낳게 되었다. 특히 도교와 불교는 무와 공의 관계에서 일맥상통하는 점도 있었으므로 불교는 활발히 도교를 이용하여 격의적 해석을 취하였으며, 도교도 불교를 도입하여 교단 조직에 중대한 역할을 하게 하였다.

유교와 불교는 상당한 거리를 두었으며, 유교의 세간법과 불교의 출세간법은 서로 어울릴 수 없는 반대 입장이었기 때문에 논쟁도 활발하였다. 그러나 유가에서도 적극적으로 불교를 도입하여 결국 조송(趙宋)시대에 들어와서는 주자학파(朱子學派)의 불교관으로까지 이르게 된다.

제3장

동진 불교

동진(東晉) 불교

　중국 북쪽에 있던 흉노, 선비, 갈 및 서쪽의 저(氐), 강(羌) 등 변방의 여러 민족은 일찍부터 산서, 섬서, 감숙 등의 지방으로 대거 이주하여 중국의 풍요로운 땅을 침입해 왔다. 특히 서진 말 팔왕(八王)의 난을 틈타 대대적으로 침입해 와서, 강북 땅에 제각기 나라를 세우게 되었다. 이리하여 한(漢, 前趙)의 유총(劉聰)은 드디어 서진을 멸망시키고 거기에 흉노족의 국가를 세웠다. 유총에게 멸망당한 서진 일족인 사마예(司馬叡)는 남쪽 건강(建康)으로 피하여 거기서 즉위하고 원제(元帝)라 칭하였다. 이것이 동진으로 이들은 강남 땅을 점유하였으며, 강북 땅은 전조 이후 5호(胡)의 여러 민족들이 다투어 진출하여 소위 5호16국을 세웠다. 후에 동진은 송나라에(420), 강북은 북위에 통합되기까지(439) 약 100여 년간을 동진시대 또는 5호16국 시대라 부른다.

　동진시대 불교는 실로 급격한 발전으로 불교사의 일대 전환기를 이루어 소위 불교연구 시대가 열리게 되었다고 할 수 있다. 이에는 여러 가지 계기가 있다. 그 중 첫째는 고승들이 서역에서 많이 건너오기도 하였지만 한편으로 중국에서도 많은 고승들이 배출되었다는 것이다.

　둘째는 북방 5호16국의 흥기와 이 국가들의 불교보호정책이다. 이는 종래 낙양과 장안을 중심으로 하던 불교가 이제는 여러

36

주요한 도시를 중심으로 각 지방에까지 보급된 것으로서 지리적
으로 봐서도 불교는 상당히 광범위하게 퍼져나간 듯하다. 물론
북방 부족국가들이 불교를 보호한 목적은 국가 번영을 위함이었
지만 결과적으로는 불교 융성이라는 큰 효과를 가져오게 되었다.

셋째는 진(晉)나라의 남하이다. 한민족이 남쪽으로 대거 이동
한 것은 중국문화의 남방 전파를 재촉하여 남방문화를 발전시킨
결과를 낳았다. 따라서 불교도 더욱 융성하게 된것이다.

넷째는 당시 일반 사상계의 문제인데, 앞에서 언급했듯이 당
시는 노장사상이 성행하여 청담 풍조가 유행하게 되었는데 이같
은 풍조는 격의의 형태로서나마 점점 불교가 일반사회에 침투하
게 된 계기를 마련해 주었다고 하겠다.

1. 북방 5호16국의 불교

5호16국이란 흉노(匈奴), 선비(鮮卑), 갈(羯), 저(氐), 강(羌)의
다섯 호족이 2조(二趙: 前趙, 後趙), 3진(三秦: 前秦, 後秦, 西秦),
4연(四燕: 前燕, 後燕, 南燕, 北燕), 5량(五凉: 前凉, 後凉, 西凉, 南
凉, 北凉), 하(夏), 성(成)의 16나라를 세워 약 130여 년 동안 강북
땅에서 서로 할거(割據)하던 시대를 가리킨다.

이 중에서 전량, 서량, 북연은 한민족이지만 총칭하여 5호16국
이라 한다. 이와 같이 북방은 여러 민족의 쟁탈지로 변하여 항상
전란이 끊이지 않았으니 사람들의 생활은 불안정할 수밖에 없었
다. 그러나 불교는 오히려 남쪽의 동진보다도 활발하였다. 전란에

人種	國名	建國者	國都	興亡
匈奴	漢（前趙）	劉淵	平陽（山西省平陽）	三〇四—三二九
氐	成	李雄	成都（四川省成都）	三〇三—三四七
漢	前涼	張寔	姑藏（甘肅省涼州）	三一四—三七六
羯	後趙	石勒	襄國（河北省順德）	三一八—三五二
鮮卑	前燕	慕容儁	鄴（河南省彰德）	三四九—三七〇
氐	前秦	苻堅	長安（陝西省長安）	三五一—三九四
鮮卑	後燕	慕容垂	中山（河北省定州）	三八四—四〇九
羌	後秦	姚萇	長安（陝西省長安）	三八四—四一七
鮮卑	西秦	乞伏國仁	宛州（甘肅省蘭州）	三八五—四〇〇
氐	後涼	呂光	姑藏（甘肅省武威縣）	三八六—四〇三
鮮卑	南涼	秃髮烏孤	西平（甘肅省西寧）	三九七—四一四
漢	北涼	段業	張掖（甘肅省甘州）	三九七—四三九
鮮卑	南燕	慕容德	廣固（山東省青州）	三九八—四一〇
漢	西涼	李暠	燉煌（甘肅省敦煌）	四〇〇—四二〇
匈奴	西夏	赫連勃勃	統万（陝西省倫林）	四〇七—四三一
漢	北燕	馮跋	龍城（內蒙古）	四〇九—四三六

의하여 많은 승려들이 피난을 하였지만 남방 한민족이 불교를 외래종교라고 여긴 것에 비하면 북방은 아주 자유스러운 입장에서 자기들이 이민족이듯이 외래종교인 불교를 환영하였다. 많은 승려를 초빙하여 문화 향상에 이바지하고자 노력하였기 때문이다.

이상 여러 나라는 그 모두가 불교와 연관성을 갖고 있었는데 특히 후조, 전진, 후진, 북량 네 나라의 불교가 가장 융성하였다.

후조(後趙)의 불교

후조는 전조를 멸망시키고 화북의 대부분을 통일한 대국이었다. 석륵(石勒)과 석호(石虎)를 비롯한 그 밖의 일족은 불교에 대하여 지대한 관심을 가지고 있었는데 이것은 후조 불교를 대표하는 고승 불도징(佛圖澄)의 감화 때문이었을 것으로 생각된다.

서역 사람으로 서진의 애제(懷帝) 영가(永嘉) 4년(310)에 낙양에 온 불도징은 석륵과 석호로부터 특별한 대우를 받았으며, 후조 건무(建武) 14년(348) 117세로 입적할 때까지 약 38년 동안 오로지 불법홍포에 진력하였다. 그는 신통술이 뛰어났기 때문에 문화가 낮은 호족들의 교화에 큰 효과를 거두었으리라 생각된다.

당시 석륵과 석호의 그에 대한 존경은 대단한 것이었다. 석륵은 그를 '대화상'이라 부르고 '나라의 신인(神人)'으로 받들었으며, 석호도 역시 선왕 못지않게 '화상은 나라의 큰 보배다'라고 하면서 불도징이 궁궐에 입궐할 때는 상시(常侍) 이하 모두가 가마를 들었으며, 태자와 백관들까지도 이를 부축하였고, 모든 대중들이 일제히 일어나서 맞이할 정도였다.

그는 모든 정치적 문제에도 참여하였으므로 사회적 지위도 매우 높았음을 알 수 있다. 사람들은 그를 존경하여 서로 말하기를 '악심을 일으키지 말아라. 화상이 너를 안다'고 하였으며, 그가 있는 곳을 향하여 감히 침을 뱉는 사람이 없었다고 한다.

불도징이 불교사에 남긴 공적 가운데 가장 큰 것은 폭군이던 석륵, 석호의 폭정을 바로잡아서 백성들을 도탄과 학정에서 구제한 일이다. 그리고 종래의 출가는 외국인에 한하고 중국인에게는 정식으로 허락되지 않았는데, 그의 노력에 의해 중국인의 출가가 공식적으로 허가되었다는 것이다. 그의 제자는 항상 수백 명을 넘어 거의 1만 명에 이르렀는데 그 중에서 도안(道安), 법화(法和), 축법태(竺法汰), 축법아(竺法雅), 법수(法首), 법상(法常) 등 차세대 불교를 대표하는 사람들을 배출한 것도 그의 큰 공적이 아닐 수 없다. 그가 전국을 돌면서 세운 사찰만도 893곳이나 된다 하니, 그가 당시 호족들에게 불교를 보급하고자 얼마나 노력했던가를 알 수 있다.

전진(前秦)의 불교

전진은 16국 가운데 가장 강대한 나라였다. 전진의 부견(苻堅)은 백만 대군을 이끌고 남쪽의 동진을 병합하고자 하였으나 비수(淝水)의 싸움에서 패한 후에 그것이 원인이 되어 멸하고 만다. 그러나 그는 열렬한 불교신자였다. 후조의 불도징의 활약한 것처럼 전진 불교는 도안(道安)이 그 대표자이다.

상산(常山: 하북성 정정) 사람인 도안은 불도징에게 사사하여 두각을 나타내었지만 얼마 후 후조 말에 혼란이 일자 그를 피하여 도안과 동학인 축법태는 담일(曇壹), 담삼(曇三) 등 40여 명과 함께 동진의 건강으로 향하고, 혜영(慧永)은 남방의 여산(盧山)으로 향하였으며, 법화는 불교가 아직 전파되지 않은 촉(蜀)으로 가고, 도안은 혜원(慧遠) 등 500여 명을 거느리고 남방의 양양(襄陽: 호북성)으로 들어가게 된다. 그가 양양의 단계사(檀溪寺)에 기거하자 이림이 사방으로 알려져 학자들이 몰려와 도안을 스승으로 모시었다. 당시 그곳에 살고 있던 당대의 명사(名士)인 습착치(習鑿齒)는 도안과 절친한 사이가 되었다.

한편 부견은 그의 명성을 듣고 금박상, 금좌상, 미륵상 등을 보내 존경을 표하다가 드디어 자신의 측근에 두고 국정의 보좌로 삼고자 십만 대군을 거느리고 양양을 공격하여 도안과 습착치를 데리고 장안으로 돌아왔다. 부견은 도안을 보고 대단히 기뻐하면서 말했다.

"짐이 10만 대군으로 양양을 공격하여 오직 한 사람 반을 얻었으니 도안은 그 한 사람이요, 습착치는 반 사람이다."

그리하여 도안은 양양에서 15년을 보내고 장안으로 와서 오중사(五重寺)에 기거했는데 그를 따르는 제자만도 항상 수천 명이었다. 불법홍포에 진력하다가 전진의 건원(建元) 21년(385)에 72세를 일기로 입적하였다.

그가 불교사에 남긴 업적은 대단한 것이었는데 제일 먼저 들 수 있는 것은 경전목록의 작성이다. 불교경전은 당시에 이미 여러 종류가 전래 번역되어 있었지만 이들 번역경전 중에는 번역자와 번역시기 등이 명확하지 않은 것, 또는 그것의 진위를 알 수 없는 것 등이 많았다. 도안은 이 경전을 정리하여 『종리중경목록(綜理衆經目錄)』(도안록)을 저술하였던 것이다. 이것은 후세 불교 연구에 크나큰 공헌을 하였으나 안타깝게도 현존하지 않는다.

그러나 양나라 승우(僧祐)가 이 『도안록』에다 새롭게 번역된 경전을 더하여 『출삼장기집(出三藏記集)』을 편찬했기 때문에 이것에 의하여 『도안록』의 원형을 알 수가 있다.

그는 이와 같이 목록을 만드는 한편 경전 번역에도 관심을 가지고 당시 장안에 온 인도 승려의 역경장에 참가하여 번역 일을 돕기도 하였다. 또한 『방광반야경』 등을 강술하여 경전의 서문을 짓고 강술과 함께 『반야경』 외 약 22부의 경전에 주석을 달았다. 종래 의미가 통하지 않는 것을 풀이하여 경전 해석상 큰 공적을 남긴 것이다. 또한 후세에 사용되는 경전 해석상의 서분(序分)·정종분(正宗分)·유통분(流通分)의 삼분과(三分科) 방법을 도안이 만들었다고 하는 주장도 있다. 설사 이 같은 주장이 사실이 아니라 하더라도 도안의 경전 주석에 대한 공적을 알게 해 주는 증거가 된다고 하겠다.

다음으로 승제(僧制)의 작성 또한 크나큰 공적이라 하겠다. 이전에는 출가자의 성은 주로 출생한 나라의 이름이나 스승의 성을 이어받았다. 예를 들면 강맹상은 강거 사람이며, 지루가참은 월지국 사람이고, 안세고는 안식국 출신이라는 것을 의미한다. 도안은 출가자는 모두 석존으로부터 출발하기 때문에 석(釋)을 성으로 해야 한다고 주장하여 이후 모두 여기에 따르게 되었다.

또한 승단의 행의(行儀)방법에 있어서도 「승니궤범불법헌장(僧尼軌範佛法憲章)」 삼례(三例)를 제정하였는데, 즉 행향정좌지법(行香定座之法), 육시행도등지법(六時行道等之法), 포살회과등지법(布薩悔過等之法)이 그것이다. 항목만이 전해지고 있어 내용까지는 알 수 없지만 이로써 승단의 행의가 규정되어 교단이 일대 진보하였음은 분명하다고 하겠다.

도안과 마찬가지로 불도징의 제자이며 도안 다음가는 이로서는 산동성 태산의 승랑(僧朗)이 있다. 그는 처음 관중에서 강의를 하다가 황시(皇始) 원년(351) 태산(泰山)에 들어가 일생토록 세상에 나오지 않았다. 그러나 은둔생활 중에도 그의 명성은 사방으로 알려져 부견이 몇 번이나 그를 초빙코자 하였으나 승랑은 끝내 응하지 않았다. 그때 자금(紫金) 몇 근, 비단 서른 필, 노비 세 사람을 보시 할 정도였다. 동진의 효무제, 남연의 모용덕, 후연의 모용수, 북위의 척발규, 후진의 요흥 등이 제각기 승랑에게 글을 보내기도 했다. 이것은 다 승랑을 초빙하려는 의도에서 한 것이니 승랑의 명성이 얼마만큼 유명했었는가를 알 수 있는 좋은 일화이다. 그 후 부견이 승니들을 사태(沙汰)코자 했을 때 태산을 특별히 제외시킨 것은 그의 덕이 얼마나 컸던가를 잘 보여주고 있다.

이 밖에도 전진시대에는 많은 역경승이 서쪽으로부터 도래하였다. 승가발징(Saṅghabhûti), 승가제바(Sadghadeva), 담마난제(Dharmanandi), 담마비(Dharmapriya), 축불념, 담마지(Dharmakh), 승가라차(Sanghalakshas), 구마라불제(Kumârabuddhi) 등인데 모두 소승비담(小乘毘曇)의 학자들이다. 현존하는 『증일아함경』, 『중아함경』은 담마난제가 번역하였고, 후에 다시 승가라차, 승가제바 등에 의하여 개역(改譯) 수정되었다. 승가제바는 또 『팔건도론(八犍度論)』, 『아비담심론(阿毘曇心論)』, 『삼법도론(三法度論)』을 번역하였으며, 담마지, 축불념 등은 『십송비구계

본』, 『비구니대계』 등을 번역하였다. 이리하여 소승 아비담의 경·율·논은 거의 완비되어 비담종 연구의 기초가 세워졌다. 그 가운데서 축불념은 양주(涼州: 감숙성) 출신으로 전진과 후진의 두 왕조에서 역경조사라 불릴만큼 외국승의 역경 일을 도와서 공적을 세운 사람이다.

후진(後秦)의 불교

전진의 뒤를 이어 건국된 후진은 전진시대보다 불교가 더욱 왕성하였다. 특히 후진왕 요장(姚萇)과 요흥(姚興)의 불교신앙은 부견의 신심을 능가하고 있었다. 부견은 불교에 의한 치세가 목적이었지만, 후진의 두 왕은 거기서 한 걸음 더 발전하여 불교연구까지 하였던 것 같다.

후진시대의 불교를 대표하는 사람은 구마라집(Kumārājiva)이다. 라집이야말로 중국불교사에 있어 영원히 그 빛이 꺼지지 않는 인물이며, 그의 도래는 실로 중국불교에서 볼 때 일대 전환기를 맞이하였다.

그는 당나라 현장과 함께 역경사의 이대역성(二大譯聖)이라고도 불린다. 역경장의 완비와 번역어의 유창함은 역경 방법에 일대 진전을 가져오고 불교교학은 그에 의해 급속한 발전을 보게되었다. 이로 인하여 그의 명성은 자자해졌으며 후진 왕인 요흥은 그의 법종(法種)이 끊기는 것을 애석히 여겨 결혼을 시켰는데, 그 후 북위(北緯)의 효문제는 그의 자손을 찾아서 벼슬을 주었을 정도였다.

구마라집은 구자국 출신으로 7세에 출가하여 어머니와 함께 서역의 여러 나라를 다니면서 불교를 연구하였는데 겨우 열한 살의 나이로 외도들과 토론하여 그들을 굴복시켰다고 전해질 정도로 신동이었다.

20세에 구자(龜玆)에서 계를 받았으나, 그의 명성은 이미 멀리 중국에까지 전해져 전진의 부견은 소문을 듣고 그를 초빙하기 위하여 여광(呂光)에게 명하여 구자를 토벌하고 라집을 모셔오게 하였다. 여광은 구자를 쳐서 라집을 모셔오던 도중 전진이 멸망하고 후진이 일어났다는 소식을 듣고 고장(姑藏)에 머물면서 독립을 하여 후량(後凉)을 세웠다. 이리하여 라집은 여기서 15년을 보내다가 후진의 요흥에 의해 비로소 장안에 오게 되었다.

후진 홍시(弘始) 3년(401), 도안이 입적한 지 16년이 지났으나 남쪽에는 동진 불교의 거장인 여산 혜원이 아직도 생존하고 있을 때였다. 요흥은 라집을 만나보고 대단히 기뻐하며 국사로서 예우하여 서명각(西明閣), 소요원(逍遙園)을 하사하여 역경장으로 사용하게 했다. 이렇게 그는 장안에서 12년 동안 역경에 종사한 후 홍시 15년(413) 70세를 일기로 입적했다.

그가 역경사에 남긴 위대한 공적을 이루 다 말할 수 없다. 특히 종래는 개인적인 차원에서의 역경장이던 것이 국가적 사업으로서 시도된 것도 구마라집이 처음이며 그가 구사하는 번역어의 적절함과 유창하고도 정확함 등은 예전의 번역 방법을 일신시키고도 남음이 있었다.

그는 번역 경전은 74부 384권이나 되는데, 이때 번역한 경전들이 후세 불교교학에 미친 영향은 지대하다. 그 가운데서도 중요한 것은 「대품반야경」, 「소품반야경」, 「금강경」, 「인왕경」 등의

『반야경』,『묘법연화경』,『유마경』,『아미타경』,『수릉엄경』,『유교경』,『대지도론』,『중론』,『백론』,『십이문론』,『십주비바사론』,『성실론』 등이 있다. 특히 대승논부들이 처음으로 중국에 전래되었으며, 이로 인하여 삼론종, 성실종이 흥기하게 되었다.

또한 『반야경』 번역은 불교교학에 한층 빛을 더한 것이었으며, 『법화경』,『아미타경』,『유마경』 등이 후세에 미친 영향 또한 크다고 하겠다. 거기에다 라집 계통으로서 삼론, 성실론을 비롯하여 천태, 선, 염불 등이 다 이들과 연관되고 있는 것을 보면 그가 차지하는 비중을 충분히 알 수 있다.

그러나 그의 번역은 단순히 번역에 그치는 것이 아니어서 역경장은 그대로 강설하는 장소로 변하였다. 따라서 그를 찾아오는 문하생은 항상 수천 명에 달했다. 그가 『승만경』을 번역할 때는 100명,『대품반야경』을 번역할 때는 500명,『유마경』을 번역할 때는 1,200명,『법화경』,『사익경』 등을 번역할 때는 각각 2,000명이 역경장에 참가하였다고 하니 그 성대한 강술(講述)의 광경은 가히 상상하고도 남는다. 3,000명의 문하생 가운데 특출한 제자도 80명이나 되는데, 그 중에도 승조(僧肇), 승예(僧叡), 도생(道生), 도융(道融), 혜관(慧觀), 도긍(道恒), 승도(僧導), 승략(僧䂮), 담영(曇影), 혜예(慧叡), 혜엄(慧嚴) 등이 뛰어나며, 특히 승조와 도생은 가장 걸출한 제자였다. 이 많은 문하생들은 다음 시대 불교를 대표하게 되는데, 동진시대 및 남북조시대 초기의 불교는 바로 라집 계통 사람들의 불교였다고 해도 과언이 아니다. 그러므로 이 또한 라집이 이룬 공적의 하나로 보아야 할 것이다.

승조는 라집이 고장에 있을 때 그의 명성을 듣고 제일 먼저 제자가 된 사람이다. 그는 대단히 명민한 사람으로 경·율·논에 통달하였는데, 특히『유마경』,『열반경』에 능했다. 그의 저서『주유마경(注維摩經)』은 지금까지 불교 연구가들의 좋은 지침서가 되고 있으며,『반야무지론(般若無知論)』은 혜원과 유유민(劉遺民)을 감탄케 한 저술이다. 그 밖에『불진공론(不眞空論)』,『열반무명론(涅槃無名論)』을 비롯하여 많은 경전의 서문을 지었는데, 그의 사상은 현재『조론(肇論)』을 통하여 알 수 있다.

도생은 원래 축법태의 문하였는데, 여산에 들어가 혜원에게 사사하기를 7년, 그 후 장안의 라집 문하에 들어갔다. 그로부터 다시 남방 동진으로 돌아가 호구산(虎丘山: 강소성 소주 부근)에 들어간다. 그 후 재차 여산으로 돌아왔는데, 송나라 원가(元嘉) 11년(434) 법석(法席)에 앉은 채 입적했다.

도생은 북쪽의 승조와 함께 동진 말 남방불교를 대표하였지만 그 일생은 실로 다사다난하여 교계에 일대 파문을 일으키기도 하였다. 다시 말해 당시 남쪽 동문인 명승 혜관 등을 비롯하여 교계가 모두 점오성불설(漸悟成佛說)인 가운데 그는 돈오성불설(頓悟成佛說)을 주장하여 심한 반대를 받음과 동시에 이단시되었던 것이다. 왜냐하면 도생은 인도 구법여행에서 돌아온 법현(法顯)이 번역한 6권『열반경』을 보고서 천제성불의(闡提成佛義)를 주장했기 때문이다. 이로 인해 교계는 실로 물 끓듯 일대 혼란이 일어났으며, 도생은 교계로부터 극형인 빈척 처분을 받게 되었다. 그래서 그는 건강을 떠나 호구산으로 들어갔던 것이다. 그 후 담무참이 번역한 40권『열반경』이 전해져서 그의 주장이 입증되자 비로소 사람들은 도생설의 정확성을 인식하였으며, 논리적이고 명석한 그의 사상에 경악했다고 한다.

도생의 사상이 후세 불교교학상에 지대한 영향을 끼친 것은 새삼 말할 필요도 없다. 승조의 『주유마경』은 도생과 공저한 것이며, 『법화경의소』를 통해 그의 사상을 잘 알 수 있다. 그 밖에 『법신무색론(法身無色論)』, 『불생정토론(佛生淨土論)』, 『돈오성불론』 등의 저술이 있었다고 전해진다.

당시 장안에서는 라집의 스승인 계빈의 불타야사(Buddhayaasas)가 『장아함경』, 『사분율』 등을 번역하였으며, 불야다라(Punyatara)는 라집의 전어(傳語)를 듣고 『십송률』을, 담마야사(Dharmayaśas)는 『사리불아비담론』을 번역했다.

북량(北凉)의 불교

후진을 이은 불교국은 북량이다. 북량은 북방 5호16국 중 마지막 나라이며, 당시 남쪽에서는 동진이 망하고 송나라가 세워졌다. 북량왕 저거몽손(沮渠蒙遜)은 부견, 요흥과 마찬가지로 항상 불법을 받들어 펴고자 하였다. 그리고 이 시대를 대표하는 고승으로는 그가 가장 존경하는 담무참(曇無讖, Dharmaraksha)이 있었다.

그는 중인도 출신인데 북량 현시(玄始) 원년(412)에 저거몽손의 초빙을 받고 도읍인 고장(姑藏)으로 왔다. 그 후 의화(義和) 3년(433) 자객에게 살해되기까지 약 20여 년 동안 역경에 종사하는 가운데 정치고문 역할도 하여 북량 왕실의 존경을 받았다.

『열반경』, 『금광명경』, 『비화경』, 『불소행찬』 등 많은 경전을 번역하였는데, 특히 『열반경』은 열반종이 발흥하는 계기가 되었으며, 불교 교학에 미친 영향도 컸다. 이 『열반경』은 40권이었는데 강남에 전해져 혜관, 혜엄, 사령운(謝靈運) 등이 법현 역의 『6권 열반경』과 대조 교정하여 36권으로 편찬되었다. 이후 담무참 번역을 『북본열반경』이라 하고, 수정하여 편집한 것을 『남본열반경』이라 불러 구별하는데 현재 둘 다 유포되고 있다.

그가 얼마나 국왕에게 신임을 받고 있었는가는, 당시 대국이던 북위가 담무참의 법력이 뛰어남을 듣고 초빙하고자 간절히 열망하였으나 국왕인 몽손이 "죽으면 죽었지 담무참을 보낼 수 없다"고 하면서 그 청을 거절했다는 일화에서도 알 수 있다. 하지만 그 후 『열반경』의 나머지 부분을 구하러 인도로 간 담무참을 오해하여 몽손은 자객을 시켜 살해하였다. 이 사건은 당시 국제간의 미묘한 관계를 알 수 있게 해줌과 동시에 각 나라마다 고승들을 모시기 위하여 얼마나 치열한 쟁탈전을 벌였는가를 보여주고 있다. 뿐만 아니라 당시의 불교가 어떠한 상태에 놓였고 또 유포되고 있었는가도 엿볼 수 있게 해준다.

몽손의 사촌동생 저거경성(沮渠京聲)은 서역을 편력하고 후에는 경전에 번역에도 종사했다. 그는 북량이 멸망한 후에는 강남의 송나라에서 역경을 도왔다고 한다. 이 정도로 저거 일족의 불교에 대한 태도는 뜨겁고 진지하였다. 서역 출신의 부타발마(浮陀跋摩, Buddhavarman)도 양주에서 『아비달마비바사론』을 역출하였다.

돈황불교

북방불교에서 주목해야 할 것은 돈황(敦煌: 감숙성)의 불교이다. 돈황은 서량(西凉)의 도읍지였는데 서역과 중국의 관문에 해당하며 교통의 요충지로서 중요한 곳이다. 일찍부터 불교가 전래되었고 사원들도 건립되었으며, 돈황보살이라 칭송받던 서진의 축법호를 비롯하여 서진에서 동진에 이르기까지 많은 고승이 배출된 곳이다.

특히 유명한 돈황석굴 천불동(千佛洞)은 전진의 건원 2년(366) 사문 낙존(樂尊)에 의해 개착된 후 이어서 법량선사와 자사건평공, 동양왕 등이 계속하였다. 20세기 초 스타인 페리오 등에 의하여 세상에 소개되었는데, 운강, 용문 석굴과 함께 세계에서 으뜸가는 것들이다. 이 석굴에서 출토된 무수한 문헌과 그림 등은 돈황문헌이라 불리며, 학계에서도 매우 귀중한 자료가 되고 있다. 불교관계의 것도 많이 출토되어 돈황불교의 화려함을 추측하게 한다.

장액(張掖)과 양주(凉州)는 두 곳 모두 돈황에서 중국 본토로 들어가는 요충지로서 전량과 후량, 북량이 도읍으로 삼았던 곳이다. 양주에는 북량의 거저몽손이 만들어 놓은 석굴이 있다. 운강석굴을 개착한 담요(曇曜)가 당시 이 지방에 살았던 것을 생각하면 운강석불의 계통은 물론이고 불교사상의 흐름까지도 알 수 있다.

이상과 같이 5호16국의 불교는 한결같이 국왕의 두터운 보호와 고승들의 배출로 찬란한 발전을 이루었지만 국왕의 관심은 대부분 불교 그 자체가 아니라 고승들에게 있었다. 불교승려의 최신 지식을 빌리고, 또 그들이 지닌 종교적 영험에 의지하여 나라를 다스리려고 하였기 때문에 승려가 정치적 고문이 되었던 것이다. 불도징, 담무참 등의 신통력이 어떻게 나라를 태평하게 하였고, 도안과 라집이 국가의 발전에 얼마나 큰 공헌을 하였는지는 말할 필요도 없다. 일반적인 정치에서, 또는 국가의 흥망이 걸린 전쟁에서의 승려의 활약상은, 여러 가지의 실례에서도 알 수 있지만 특히 후진의 요흥이 사문인 도긍과 도표를 강압적으로 환속시켜서 정치적 보좌관으로 삼은 것도 그 한 예이다.

2. 강남의 동진 불교

강남 불교

서진이 이민족인 5호(五胡)에 의해 멸망하자 강북에서 쫓겨난 한민족들이 강남으로 이주하여 세운 것이 동진이다. 그들은 그때까지만 해도 아직 미개했던 이 땅에 한민족의 문화를 유입하고 새로운 강남 문화를 건설하는 초석을 닦았다. 따라서 동진은 바로 황하문화가 남하하여 양자강 이남의 문화를 개발한 것이다. 물론 그 전에도 오나라 문화가 있었으나 강북 문화에 대해 강남 문화로서 꽃피운 것은 바로 이 동진시대 때부터이다.

동진 불교도 강북의 5호 불교에 비해 여러 가지 다른 점이 보인다. 그것은 혼란한 가운데 발전한 강북 불교와 비교적 평화로웠던 강남 불교와의 차이이며, 지리적인 면에서 오는 양자간의 차이점과 아울러 민족을 달리하는 불교의 차이이기도 하다. 이 점은 다음의 남북조시대에 더욱 뚜렷이 나타나 후세에까지 양자의 차이를 볼 수 있다. 왜냐하면 일반 문화면에서도 양자간의 사이점은 잘 드러나고 있기 때문이다.

동진 불교에서도 강북 불교와 마찬가지로 이 시대를 대표하고 또한 후세에까지 큰 영향을 미친 사람들이 있다. 혜원, 불타발타라(각현), 법현을 비롯하여 지둔(脂臀), 축잠(竺潛), 시리밀다라(尸梨密多羅) 등이 바로 그들이다. 특히 혜원은 여산에 머물렀는데 그는 당시 강북 장안의 라집과 함께 남북 불교계의 거성이었다.

혜원(慧遠)은 안문 누번(산서성) 출신으로 어려서부터 유학과 노장사상에 뛰어났다. 21세 때 동생 혜사와 함께 도안의 문하에 들어갔다. 그의 비범함은 스승인 도안으로 하여금 '불교가 동진에 전파된 것은 혜원 때문인가!' 라고 경탄케 하였을 정도였다. 그는 도안과 함께 양양에 왔으나 후에 스승과 헤어져 강남 여산의 고요함에 매료되어 그곳에서 살기로 하였다. 그곳에는 이미 동학인 혜영이 서림사(西林寺)에 있었으며 혜원은 다시 동림사(東林寺)를 짓고 살았다. 이 동림사야말로 강남 동진 불교의 중심지이자 후세에까지 불교성지가 된 곳이다. 여기서 30여 년 동안 한 발자국도 산 밖으로 나오지 않고 오로지 불교홍포에 주력하다가 마침내 의희(義熙) 12년(416) 83세로 입적하였다.

그는 불교의 계·정·혜 삼학(三學) 가운데 어느 것에도 치우치지 않고 평등하게 실천했다. 강남의 선정은 그가 중심이 되었으며 그의 요청으로 각현은 여산에서 『달마다라경(達摩多羅經)』을 번역하였다. 그리고 그는 경전의 구비에도 관심을 쏟았는데 승가제바에게는 『아비담심론』과 『삼법도론』을, 라집에게는 『십송률』의 번역을 부탁한 것에서도 알 수 있다. 또한 제자인 법정과

52

법령을 멀리 서역으로 보내 범본을 구할 정도로 경전의 역출과 유포에 혼신의 힘을 다하였다. 이때의 범본은 각현이 번역한 『화엄경』이라고 한다. 불타야사도 여산에서 그의 도움으로 역경에 종사하였다.

이와 같이 경전의 역출과 함께 자신도 『법성론』, 『석삼보론』, 『대지도론요략』 20권 등을 저술하고 그 밖에도 다른 경전의 서문을 저술하였다. 그리고 계율에 얼마나 엄격하였던지 그가 임종에 즈음 했을때 약주와 미즙이 계율에 어긋난다고 하여 먹지 않고, 꿀을 물에 타서 권하자 율에 있는지를 조사하게 하였으나 찾아내기 전에 숨을 거두었다는 일화가 있다.

이처럼 그의 높은 덕은 사방의 숭배를 받았으니 환현(桓玄)의 승니사태 때도 여산만은 제외하였고, 사문의 왕자에 대한 예배 논쟁도 혜원의 주장에 따라 중지되었다. 당시 강북의 요흥, 요숭도 불상을 보내어 존경을 표시하고 멀리 서역의 대중들은 '중국 땅에 대승의 스승이 있다' 고 하여 항상 동쪽을 향하여 분향 예배하였다고 전한다.

혜원은 후세 중국 정토교의 개조로도 추앙되었는데 그의 염불 결사인 백련사(白蓮社)는 당 이후에 커다란 영향을 주었다. 그는 원래 노장사상을 연구하던 학자로서 여산에 살면서 거기서 친교를 맺은 여러 명사들과 함께 서방왕생을 서원하였다. 이때 혜원을 중심으로 한결같이 아미타불께 귀의하고자 발심한 123명의 사람들이 염불결사를 결성하였다. 이것을 백련사라고 하는데 이 가운데는 당대 승속의 제일가는 인물들이 망라되어 있었다. 바로 동림(東林)의 십팔현인(十八賢人)이 라고 불려지던 이들로서 혜원을 비롯하여 혜영(慧永), 혜지(慧持), 도생(道生), 담순(曇順), 혜예(慧叡), 담긍(曇恒), 도병(道昞), 담선(曇詵), 도경(道敬), 불타야사, 불타발타라 등의 승려와 유정지(劉程之), 장야(張野), 주속지(周續之), 장전(張詮), 종병(宗炳), 뇌차종(雷次宗) 등의 거사가 이들이다. 이 정토교 단체는 어떤 면에서는 불교 교단의 발전을 보여주는 하나의 형태라고 할 수 있다. 또한 담란(曇鸞), 도작(道綽), 선도(善導) 계통의 정토교와 다소 차이가 있기는 해도 중국 정토교의 창시자로서 후세의 정토교도에 매우 큰 영향을 주었다.

그의 저서 『사문불경왕자론』은 당신 환현(桓玄)이 사문으로 하여금 왕에게 절하도록 규정한 것에 반박한 저술이다. 즉 출세간법의 출가와 세간법의 재가와의 차이를 말하고 '사문은 왕에게 절할 필요가 없다' 고 주장한 것이다. 이는 당시 승려사회의 의지를 표명하여 그 후 이 문제에 대한 해답으로서 가장 중요시되고 있다.

건강의 불교와 각현

여산과 함께 강남 불교의 중심지는 도읍인 건강(建康)이었다. 동진의 주요 도시이며, 문화의 중심지이기도 한 이곳 건강의 도량사(道場寺)를 근거지로 불타발타라, 법현, 혜관, 혜엄 등이 활약하고 있었다.

불타발타라(Buddhabhadra), 즉 각현(覺賢, 359~429)은 북인도 출신으로 특히 선과 율을 깊이 연구하였다. 입축승인 지엄의 간청을 받고 요진(姚秦) 홍시(弘始) 10년(408)에 장안에 왔다. 당시 장안에는 라집이 3천 명의 문하생을 거느리고 일세를 풍미하고

있던 때인지라 양자간에는 서로 교류하면서 법상을 논하였다고
한다.

　그 후 이 두 교단은 차츰 멀어져 결국 각현은 강남의 여산으로
가게 되었다. 이것은 필시 계율이 견고한 각현의 교단과 그렇지
못한 라집교단 사이에서 견해의 차이와 세속적인 세력 다툼이 일
어났기 때문이라고 생각된다.

　각현은 1년 정도 혜원과 같이 있으면서 『달마다라선경』을 번
역하였다. 얼마 후 여산을 하직하고 건강으로 나와 도량사에서
머물렀다. 그는 그곳에서 18년간을 오로지 번역에만 종사하다가
송나라 원가(元嘉) 6년(429) 71세를 일기로 입적하였다. 그가 번
역한 것은 『화엄경』 60권, 법현이 가져온 『마하승지율』, 법현과
공역한 『대반니원경』, 그리고 『관불삼매경』, 『신무량수경』 등이
있는데, 그 가운데 특히 『화엄경』 번역은 그 후 당나라 실차난타
가 번역한 『화엄경』 80권과 비교하여 구역 『화엄경』 또는 『60권
화엄경』이라고도 부르고 있다.

　옛날 중국에서 멀리 서역 방면으로 구법여행을 떠난 사람은
삼국시대의 주사행을 비롯하여 동진시대의 법정(法淨)과 법령
(法領)이 있으며, 법령은 우전으로 구법여행을 떠났고, 그 후 가
장 유명한 이로는 법현(法顯), 지엄(智嚴), 보운(寶雲) 등이 있다.

　법현은 평양 무야(平陽 武陽: 산사성 평양) 출신인데 항상 경
전과 율전이 부족함을 애석히 여겨오다 드디어 입축구법을 결심
하고 진의 융안(隆安) 3년(399) 동학인 혜경(慧景), 도정(道整),
혜응(慧應), 혜외(慧嵬) 등과 함께 장안을 출발하였다. 그들은 사
막의 열풍과 싸우며 천 길이나 되는 벼랑을 오르기도 하고 천고

의 설산을 넘어서 마침내 인도에 도착하였다. 동행하던 사람 가운데는 목숨을 잃은 사람도 있고 도중에 돌아가거나 인도에 눌러앉은 사람도 있었다. 인도를 유력하고 다시 사자국으로 가서 해로로 귀국 한 사람은 겨우 법현 한 사람이었다. 그때가 동진 의희(義熙) 10년(414)의 일로서 약 15년이 걸렸다. 그 후 건강에 머물면서 가지고 온 많은 범본을 번역하였는데, 각현과 공역한 『대반니원경』 6권, 『마하승지율』은 그가 번역한 책들 중에 손꼽히는 것들이다. 그리고 그의 여행기인 『불국기』(법현전)는 당나라 현장의 『대당서역기』와 함께 2대 여행기로서 서역과 인도 연구의 지침서로 유명하다.

법현을 전후하여 많은 구법승들이 있었는데 그가 입축하는 도중에 장액과 오이에서 지엄, 혜간(惠簡), 승소(僧紹), 보운(寶雲), 승경(僧景) 등의 입축 승려들을 만나 앞서거니 뒷서거니 하면서 인도로 가던 중 그들 대부분은 도중에서 죽거나 아니면 귀국해 버렸다.

지엄은 법현보다 먼저 계빈에 가서 불타발타라와 함께 장안으로 돌아왔는데, 그 후 산동에 있다가 다시 건강으로 가서 보운 등과 『보요경(普曜經)』을 번역하였다. 그 후 선관(禪觀)을 궁구하고자 해로로 인도에 가서 계빈에서 78세로 입적하였다고 한다.

보운은 북인도에 갔다가 곧바로 돌아왔는데 장안에서 불타발타라를 만나 항상 함께 지내며 건강의 도량사에서 『불본행경(佛本行經)』을 번역한 후 송나라 원가 26년(499) 70여 세로 입적하였다.

그 후 이들 입축구법승들로부터 자극을 받아 장도에 오른 사람들은 동진에서 송에 이르기까지 상당히 많았다. 승소(僧紹), 혜달

(慧達), 지맹(智猛), 법용(法勇), 승맹(僧猛), 담랑(曇朗), 도태(道泰), 도보(道普), 도락(道樂), 법성(法盛) 등 이 밖에도 많은 사람이 있다. 이들에 의해 중국불교는 직접 인도불교와 접하게 되었으며, 중국불교 발전에 커다란 원동력이 된 것은 말할 필요가 없다.

그러나 육로든 해로든 그 어려움은 상상 밖으로 커서 서역의 대사막과 총령의 험난함은 구법승들의 전도를 가로막는 최대의 난관이었다. 따라서 대부분이 도중에서 구법의 희생자가 되었으므로 무사히 목적을 달성하고 귀국하는 이들은 극히 드물었다. 예를 들면 지맹 등이 장안을 떠날 때는 15명이었지만 귀국할 때는 겨우 2명이었고, 법용은 승맹, 담랑 등 25명과 함께 송나라 영초(永初) 연중(420~522)에 장안을 출발하였지만 해로를 이용해서 광주로 돌아온 사람은 불과 다섯 명이었다고 하니, 얼마나 큰 위험이 뒤따랐는지 짐작하고도 남음이 있다.

그 밖에도 강남에서 활약한 역경가를 든다면 일찍이 서진의 영가(永嘉) 연중(307~312)에 서역 구자 출신의 시리밀다라(Srimitra)가 중국에 들어와 건강의 건초사에서 밀교의 경전인 『공작왕경(孔雀王經)』, 『관정경(灌頂經)』 등을 번역하여 중국에 밀교경전을 홍포시키는 데 노력하였다. 그리고 당시 왕도(王導), 환무륜(桓茂倫), 주의(周顗)를 비롯하여 많은 명사들과도 교류를 가졌다.

동진 불교는 고답적인 귀족불교였지만 이상의 역경자 외에도 항상 궁정 출입을 하면서 사대부 귀족들과 교제한 귀족불교의 대표자로 축잠(竺潛)과 지둔(支遁)이 있다.

축잠의 자(字)는 법심(法深, 286~374), 서진에서 동진으로 건너온 사람인데 호족인 왕돈의 동생이다. 역대 황제의 두터운 신임을 받아 항상 궁정에서 불법을 강술하였고, 『법화경』, 『반야경』 등을 주로 연구하였으며, 노장에도 뛰어나 주석서를 남기기도 하였다. 문하생이 500여 명에 달했고 그가 입적하자 효무제(孝武帝)는 10만 전을 출전하여 탑을 세우게 하였다.

지둔의 자는 도림(道林, 314~366), 귀족 명사들 사이에서 이름을 떨친 사람이다. 특히 왕원지(王垣之), 사안(謝安), 허순(許詢), 손작(孫綽), 하충(何充), 원굉(袁宏), 왕희지(王羲之) 등은 세속적인 관계를 떠나 친밀히 교류한 사람들이다. 그는 노장학에 심취했으면서 『반야경』과 『유마경』에도 뛰어났고, 그 밖에도 여러 경전을 주석하였는데 그의 『아미타불상찬』은 혜원보다 앞선 정토교 관계의 것으로서 주목할 만하다.

3. 동진 불교와 사회

교단의 성립

동진시대 불교는 남북에서 동시에 비약적인 발전을 하였다. 서진시대에는 불과 180개 정도의 사원이 있었으나 동진시대에 접어들면서 1,768개라고 하는 비약적인 숫자로 불어나고 있었다. 뿐만 아니라 승려 숫자도 3,700여 명에서 24,000여 명으로 약 7배 이상 증가하였다.

동진만을 계산한 숫자가 이만큼이니 강북을 포함하여 남북을 합친 사원과 승려 수가 어느 정도인지 상상할 수 있을 것이다. 이처럼 점차 증가한 사원과 승려들은 자연스럽게 불교교단의 성립을 재촉하게 되었다.

불교교단은 일정한 규약 아래 동일한 신앙으로 모이는 승속의 단체이다. 이와 같은 불교교단은 이 시대부터 시작된 것으로 보인다. 예를 들면 불도징, 도안, 라집 등을 중심으로 모이는 많은 승려와 이들을 따르는 신도들은 이에 하나의 교단을 형성해 갔던 것이다. 이것이 구체적으로 나타난 것이 바로 혜원의 백련사 교단이었다. 한마음으로 서방정토 왕생을 발원하고 염불하는 사람들의 모임인 백련사의 결성이야말로 불교교단 내의 하나의 현상이라고 할 수 있다.

이와 같은 교단의 성립은 결과적으로 교단의 통제를 필요로 하게 되었다. 교단에 대한 헌장으로서 세 가지 조항이 이미 도안에 의해 제정되었음은 앞에서도 언급하였다. 혜원도 역시 이와 같은 제도를 규정한 것으로 보이는데, 그것은 혜원에게 『법사절도서(法社節度序)』, 『외사승절도서(外寺僧節度序)』, 『비구니절도서(比丘尼節度序)』가 있기 때문이다. 여기서 예상할 수 있는 것은 당시 백련사와 같은 법사(法社)가 더 있었을 것이며, 거기에 대한 규칙(절도)을 설한 것이 위에서 언급한 혜원의 저서와 서문일 것이다.

교단을 통제하는 기관으로서 설치된 것이 바로 승관(僧官)이다. 승관의 설치는 가람과 승니의 급격한 증가와 거기에 따른 여러 가지 사건이 발생하였음을 의미하고 있다. 승니가 증가함에 따라 승니 생활이 문란해지고 세속적인 범죄 등이 일어나게 되므로 승니의 증가는 결국 불교사태(佛敎沙汰)까지 야기시키는 원인이 되었다. 따라서 이를 통제하여 불교를 올바른 방향으로 이

끄는 것이 승관의 임무였다.

승관은 강북에서는 라집의 제자인 승략(僧畧)이 승정(僧正)에 승천(僧遷)이 열중(悅衆)에 법흠(法欽)과 혜빈(慧斌)이 승록(僧錄)에 임명된 것이 그 시초라고 한다. 이것은 국가의 승관이자 전 교단을 통제하는 것이므로 국가적인 대우와 경제적인 원조를 받은 것은 물론이다. 이는 후진 홍시(弘始) 7년(405)경부터이지만 이보다 앞서 북위에서 사문통(寺門統) 제도가 설치되고 있었다. 다시 말해 후에 강북을 통일한 북위(北魏)는 이때 이미 하나의 독립국가로서 지금의 산서성 방면에 있었는데 불교에 대해서는 일찍부터 깊은 관심을 가지고 태조는 황시(皇始) 연중(396~397)에 조군(趙郡)의 사문인 법과(法果)를 사문통으로 삼아 승려를 관리하게 하였다. 이 사문통은 도인통(道人統)이라고도 부르며 승니를 통제하는 최고의 승관으로 후진의 승관제도보다 몇 년 앞서서 설치된 것이다.

동진의 승관은 어떠한 명칭과 어떤 형식으로 설치되었는지 그리고 과연 승관이 있었는지는 문헌상으로 확실한 자료가 없으므로 알 수는 없지만 오나라(강남지방)의 가상사(嘉祥寺)에 살던 승수(僧首)와 도일(道一)이 구주도유나(九州都維那)라고 불렀다고 전해지므로 이것이 승관에 해당되는 것으로 추측할 수 있다. 명확하게 승정, 열중, 도유나 등 승관의 명칭이 등장하는 것은 다음의 송대부터이다. 문헌상 기재되어 있지는 않지만 필시 이 제도는 송대 이전에 이미 마련되어 있은 듯하며 서쪽의 촉(사천지방)에서 승공(僧恭)이 촉군승정(蜀郡僧正)에 임명되어 있었던 것만 보아도 그러한 점은 충분히 추측할 수 있다.

4. 국가와 불교

북방 호족의 여러 나라와 동진의 한민족 국가는 민족이 다르
므로 자연히 모든 점에서 차이가 났으며 불교 역시 예외가 아니
었다. 불교 정책상 모든 나라들이 각각 사탑을 짓고, 승니와 교섭
하고 있으나 동진의 황제들과 북방의 여러 군주와는 그 태도와
불교관이 사뭇 다르다. 북방에서는 당시 사역을 피하기 위해 출
가하는 자가 많았다. 그래서 후진의 석륵은 그 진위를 조사하여
도태시키려고 하였으며 전진의 부견 또한 승니를 사태시키고 북
량의 몽손은 이 때문에 50세 이하의 승니를 전부 환속시켰으며
하나라의 혁련발발(赫連勃勃)도 승니에게 박해를 가하고 있다.
동진에서는 볼 수 없는 압제를 펴고 있지만 이것은 호족의 포악
한 성질의 단면임과 동시에 또한 불교를 정리, 보호하기 위함에
서였다고도 할 수 있다.

이와 같이 북방에서는 불교박해가 자주 일어났지만 불교에 대
한 태도는 대단히 열렬하며 현실적인 것이었다. 국가와 불교는
밀접한 관계를 유지하였으며 불교는 바로 국가불교로서 활약한
점이 동진과는 큰 차이가 있었다. 당시 국가에서 초빙한 승려는
거의 국사(國師)이자 제사(帝師)로서 정치적 고문이었다. 신통과
환술을 잘 부리고, 기도를 올리고, 병을 고치는 등 그들은 실로
국가에 없어서는 안될 중요한 존재였던 것이다. 석륵·석호와 불
도징, 부견과 도안, 요흥과 라집, 저거몽손과 담무참의 관계는 아
주 좋은 예라 하겠다.

한민족은 불교를 외래의 종교, 오랑캐의 종교라고 멸시하여

민족적 반감을 가지고 있었지만 북방제국의 호족들은 그같은 사상이란 원래 없었기에 자연스레 불교를 받아들일 수 있었다. 오히려 동족의 종교이기 때문에 더 존중해야 한다는 주장까지도 대두하였다. 석륵이 승니의 진위를 가리기 위해 사태하고자 해서 이것을 중서성(中書省)에 평의 했을 때, 왕도(王度)와 왕파(王波)는 "불교는 외국 신이므로 천자가 받들 것이 못되니 조(趙)나라 사람의 출가와 분향예배는 금해야 한다"는 논의에 대하여 오히려 "짐은 변방출신이지만 중국에 군림하고 있으니 원래의 족보에 따르자면 오랑캐 신인 부처를 신봉해야 할 것이다"고 답한 것은 호족의 불교에 대한 태도를 보여주는 좋은 예라고 보여진다. 그러므로 북방에서의 불교는 국왕의 명에 의해 홍포된 것으로서 양자가 서로 제휴하여 '황제는 바로 여래이다' 라는 사상이 이루어져 마침내 황제를 전륜성왕(轉輪聖王)과 동일시하게 되었다. 여기서 완전히 국가와 불교가 일치하게 된다.

한편 동진에서는 이 문제가 정반대로 양자의 대립으로 번져 사문불경왕자론(沙門不敬王者論)이라는 문제를 야기시킨다. 이것은 민족중심의 유교주의적 정신과 민족적 차별을 초월한 세계주의적 불교정신과의 대립이라고도 할 수 있다. 이것이 특히 강남의 동진에서 문제가 된 것은 북방이 절대적 전제군주체제인 것에 대해 강남은 전제정치이지만 귀족정치였기 때문이다.

최초로 이 문제가 야기된 것은 동진 성제(成帝) 함강(咸康) 6년 (340) 때의 일이다. 보정(輔政)의 유빙(庾氷)은 성제의 장인이었는데, 주장하기를 "사문은 왕에게 절을 해야 한다"고 하였다. 그러나 상서(尙書)의 하충(何充) 등이 극력 반대하자 결국 유빙이

져서 이때는 중지되었다. 그로부터 약 60년이 지나서 다시 안제(安帝) 원흥(元興) 2년(403)에 태위인 환현이 재상이 되어 권력을 마음대로 휘두르게 되자 재차 이 문제를 거론하였다. 이에 대해 환겸(桓謙)과 중서령인 왕밀(王謐) 등은 반대 의견을 표명하여 서로 논쟁하였지만 아무런 결정도 나지 않았다. 환현은 혜원에게 서신을 보내서 이에 관해 물었는데, 혜원은 "사문은 출세간에 살기 때문에 세간법에 따라서 안 된다"고 하는 반대 의견을 담은 『사문불경왕자론(沙門不敬王者論)』5편을 지었다. 그 때문에 환현도 단념하였고 이 논쟁은 결국 중지되었다. 환현은 이와 더불어 승니사태도 시행하였는데, 여산은 고승이 거주하는 곳이라 하여 제외했을 정도인 것을 보면 혜원의 주장을 도저히 거스를 수 없었던 것 같다.

이렇게 해서 이 문제는 다음 왕조인 남조로부터 수당에까지 미치지만 혜원의 저서는 이 문제에 대한 불교측 최초의 입론(立論)이며, 후세 불교측 입장에 유력한 근거가 되고 있다. 따라서 동진은 혜원에 의하여 방외의 사(士)로서 출가인의 태도를 천명하고 불교 본래의 면목을 유지할 수가 있었던 것이다.

5. 유교·도교와의 관계

앞서 살펴본 『사문불경왕자론』의 문제는 유교와 불교와의 사상적 충돌이지만 한편 불교를 외래의 종교, 오랑캐의 종교라고 배척했던 유교와 도교측의 민족적 의식에서 일어난 충돌이기도

하였다. 북방의 후조(後趙) 석호(石虎) 때 일어난 왕도(王度)의 상소와 거의 같은 시기에 강남 동진에서도 채모(蔡謨)가 이러한 의견을 냈으나 실행되지 않았다.

　동진시대가 되어 불교의 급속한 진전은 다방면에서 문제를 불러일으켰다. 당시 유교측에서는 다음과 같은 이유를 들어 불교를 비판하였다. 첫째 사회적 차원에서 승려는 고등유민적(高等遊民的) 존재로서 세금을 피하기 위해 출가한 자들이므로 국가적으로 볼 때 조금도 이익이 되지 않으며, 게다가 사탑의 건립은 국고 낭비를 불러일으키는 원인이 되기 때문이며, 둘째 윤리적 차원에서는 부모, 처자를 떠나 돌보지 않고 거식(距食)과 단복(袒服)을 하며 왕과 부모를 공경치 않기 때문이니, 이는 사람의 도리에 어긋나는 것이므로 배척해 마땅하다고 주장하였다. 또한 사상적 측면에서도 신멸불멸, 삼세업보 등의 문제가 거론되었다.

　당시 남북에서 일어났던 승니사태는 바로 그러한 현상의 하나인데, 나함(羅含)의 『갱생론(更生論)』, 혜원(慧遠)의 『형진신불멸론(形盡神不滅論)』은 신명(神明) 문제에 관한 저술이고, 대안(戴安)의 『석의론(釋疑論)』에 대한 주도조(主道祖)의 『난석의론(難釋疑論)』, 혜원의 『삼보론(三報論)』, 손작(孫綽)의 『유도론(喩道論)』은 유교의 천명숙명설(天命宿命說)에 대한 불교의 인과응보 사상을 논한 것이다. 손작의 『유도론』은 유교와 불교의 조화와 일치를 설한 것인데, '부처는 곧 주나라의 공자며 단지 그 설명법이 다를 뿐'이라고 하고 있다. 원래 동진시대는 유·불이 습합하는 시기에 대당하며, 유교는 불교적인 요소를 받아들였기 때문에 이 같은 사상이 일어나게 된 것은 어떤 면에서는 당연한 것으로 간주해야 할 것이다.

서진으로부터 동진에 걸쳐 노장의 청담사상이 유행하였음은 이미 제2장에서 언급하였다. 이 시대에 불교도가 노장사상에 정통하여 그 행동도 노장적이었던 것은 손작이 『도현론(道賢論)』에서 축법호, 백법조, 우법란, 지둔, 축법심, 우도수, 축법승을 청담의 죽림칠현에 비유하여 칠현(七賢)이라고 한 것에서도 알 수 있다. 또 라집은 『주노자(注老子)』를, 승조는 『노자주(老子注)』를, 혜관은 『노자의소(老子義疏)』를, 혜엄과 혜림은 각각 『노자도덕경주(老子道德經注)』를 저술하였으며, 그 밖에 축잠과 지둔 등 노장학을 강의한 사람이 많았던 것을 보아도 당시 노장사상이 얼마만큼 불교에 영향을 주었는지 상상할 수 있을 것이다.

도교는 이러한 추세를 타고 차차 세력을 넓혀가면서 불교교학의 영향을 받아 교리적인 기초를 다지고, 특히 라집 등의 역경에 자극을 받아서 이들 경전을 모방하여 많은 도교경전을 만들어 내었다. 동진의 갈홍(葛洪), 송나라의 육수정(陸修靜) 등은 그 대표적인 인물이다.

이처럼 도교의 세력이 차츰 성행하게 되자 당연히 불교와의 사이에 문제가 생기게 되었다. 당시 큰 충돌은 일어나지 않았지만 양자의 우열은 항상 거론되었다. 도교측은 노자화호설로써 대항하였는데, 『노자화호경』을 비롯하여 『노자서승화호경(老子西昇化胡經)』, 『명위화호경(明威化胡經)』, 『노자개천경(老子開天經)』 등은 그 대표적인 것들이다. 이에 대해서 불교측 또한 활발하게 위경을 만들어냈으니, 『천지경(天地經)』, 『청정법행경(淸淨法行經)』, 『수미사역경(須彌四域經)』, 『공적소문경(空寂所問經)』 등이 이에 해당한다. 특히 『청정법행경』은 부처님이 세 제자를 보내어 중국을 교화하였는데, 유동보살은 공자, 광정 보살은 안연, 마하가섭은 노자라고 불렀다고 기술하고 있으며,『수미사역경』에서는 보응보살을 복희(伏羲)라 하고, 보길살보살은 여와(如媧)라고 기록하고 있다. 이러한 것은 유·불·도 삼교의 조화사상임과 동시에 불교우위사상으로서 도교와 유교에 대항한 것이다.

6. 불교사상과 그 신앙

서진시대의 불교는 번역 중심의 주석불교에 불과했지만 동진시대에는 반야개공(般若皆空)사상이 중심이 된 격의불교(格義佛敎)였다. 지둔, 축잠, 법아는 초기 격의불교의 중심인물에 해당한다. 그러나 점차로 보급된 불교사상은 드디어 노장사상에서 독립하여 불교 본래의 사상으로 돌아가게 되었다. 그것이 도안의 격의배제사상인 것이다. 바야흐로 격의에 의해 불교를 소개하는 시대가 아니라 불교의 전문적인 연구시대가 도래하였다는 의미이다.

도생(道生)의 논리적인 두뇌로 이루어진 경전 주석상의 분과방법은 종래의 주석을 탈피하여 주소(注疏)라고도 할 만한 것으로 노장적 주석에서 완전히 독립하였다는 점에 주목해야 할 것이다.

라집의 번역은 모든 방면에 영향을 주고 있지만, 특히 이때부터 교판(敎判)이라는 것이 자연스럽게 요구되기에 이르렀다. 역출경전의 연구와 정리, 그리고 조직은 이 시대 사람들의 책임이면서 의무이기도 하였는데, 이에 도생의 사종법륜설(四種法輪

說)이 성립하였고, 혜관의 오시교(五時敎)도 나왔다. 이것은 적어도 남북조시대 이후에 완성된 교판의 선구이자 그 준비작업이었던 것이다.

이 시대의 불교사상은 더 이상 반야개공의 사상에만 국한되지 않았고, 『아함경』의 번역과 소승 아비담이 전래 됨에 따라 아비담학의 연구를 촉진하여 그 후 아비담종이라고 불리게 되었다. 또한 라집의 대승논부 역출은 특히 커다란 영향을 주었는데 『중론(中論)』, 『백론(百論)』, 『십이문론(十二門論)』의 연구에 의해 삼론종이, 다시 『대지도론(大智度論)』을 더하여 사론종이 흥기하였다. 라집의 제자인 담영(曇影)과 승도(僧導)에게는 각기 그 의소(義疏)가 있으며, 승조(僧肇), 승예(僧叡), 도융(道融) 등도 다이 계통의 연구가들이다.

『성실론(成實論)』에 의한 성실종이 일어나 승도가 그 의소를 짓고 있으며, 승예와 담영이 이것을 강의하고 있다. 『열반경』은 도생, 혜관 등에 의해 활발히 연구되어 돈점(頓漸)의 논쟁을 불러 일으키기도 하였으며, 열반종으로서 강남불교의 주류를 이루고 있다. 『화엄경』에 의한 연기사상도 이때 전래되어 연구된 것이다. 따라서 후세 중국에서 일어난 교학은 거의 이 무렵에 전래되고 연구되기 시작했다는 점을 간과해서는 안 된다.

한편 이 같은 불교사상은 당시 사람들에게 어느 정도로 받아들여졌을까? 당시는 청담이 유행하던 사회였으므로 고답적이고 일민적(逸民的)인 경향이었다. 따라서 자연스럽게 불교에 심취한 사람이 많았다.

강남의 동진은 강북보다도 한층 더해 상류층의 지식계급은 거의 이러한 경향을 띠었으며, 노장사상과 불교를 같이 담론하였다. 따라서 당시 지식계급은 거의 승려와 격이 없는 교류를 하였는데, 지둔(도림), 축잠, 시리밀다라, 축법태, 혜원 등이 그 대표적인 예이다.

혜원의 백련사에서 주속지(周續之), 뇌차종(雷次宗), 종병(宗炳)을 비롯하여 당시 결사에 참가했던 명사들은 모두 재가 지식계층의 저명한 사람들이었다. 그들은 이같이 교단에 들어와 불교교리를 논함과 동시에 신앙생활을 하기도 하였다. 상류사회의 이러한 경향은 자연히 일반사회에도 파급되어 불교를 향한 관심과 신앙생활을 유도하게 되었다. '백성은 불도징을 의지하였기 때문에 부처님을 모시고 사탑을 짓게 되었다' 고 하는 불도징의 전기는 당시의 상황을 대변해 주고 있다.

종교로서의 불교가 사람들에게 신앙으로 받아들여지게 된 것은 이 시대부터인데, 특히 유명한 것은 혜원교단의 미타신앙이다. 서방왕생을 발원한 사람들로는 법광(法曠), 혜건(慧虔), 승현(僧顯), 담감(曇監), 혜숭(慧崇), 혜통(慧通) 등이 있다. 서방왕생과 함께 왕생사상을 바탕으로 세워진 도솔상생사상(兜率上生思想)이 있었는데, 이것이 곧 미륵신앙이다. 이 신앙을 제일 먼저 지닌 사람은 도안과 그 문하생들을 비롯하여 승보와 지엄, 도법 등이다. 또한 관음신앙도 행해졌는데, 병 치료를 위해서 관음을 염했던 배도(杯度), 항해 안전을 관음에게 기원한 법순(法純), 관음을 염하여 묘음을 얻은 법교(法橋) 등의 예가 있다.

위와 같은 신앙은 그 사람들을 중심으로 하여 다른 많은 사람들까지도 함께 믿은 것으로, 이로써 불교신앙은 점차로 일반사회

68

에 보급되기 시작하였다.

7. 불교의 사회사업

북방의 고승들이 폭악한 군주를 불교에 의해 교화하여 선정을 베풀게 하고 민중의 고통을 줄게 한 것은 불교 사회교화사업의 첫 번째로 들어야 할 것이다.

석륵(石勒)이 불도징(佛圖澄)에게 감화를 받아 자식을 모두 사원에 맡겨서 교육 시킨 것은 사원이 교육기관의 역할도 했다는 사실을 알게 해준다. 당시의 승니는 신통이 뛰어났으며, 특히 북방에서는 국가의 중요한 위치를 차지하여 일종의 어용학자의 역할을 하였음은 이미 서술하였다.

이 밖에 불교 승려의 사회사업으로 들 수 있는 것은 병 치료와 빈민구제사업 등이다. 불도징은 병 치료하기를 좋아해 치료한 사람이 헤아릴 수 없을 정도였고, 축법광(竺法曠)은 마을을 다니며 질병을 치료하였다. 태강(太康) 9년(288) 낙양에 전염병이 유행하여 사망자가 속출하였는데 가라갈(訶羅竭, 307~312)이 이들을 거의 치료하였으며, 영가(永嘉) 연중에 역시 질병이 유행했을 때도 낙양의 안혜칙(安慧則)은 눈병을 고쳤다. 그 밖에도 우법개(于法開), 우도수(于道邃), 기역(耆域)은 모두 의술로 사람들을 구제하였다.

이와 함께 당시 사원에는 질병을 치료하는 의료시설이 설치되었던 것으로 보이며, 그러한 사원을 중심으로 의술 구제사업이 활발하게 행하여졌다. 불도징의 제자 축불조는 상산사(常山寺)에 의약을 준비하여 두었으며, 축법광은 창감사(昌減寺)에서 백성의 질병을 치료하였는데, 이로 미루어 볼 때 당나라 때 사원에서 병을 치료하던 양병방(養病坊)을 연상케 한다.

또한 당대의 비전원(悲田院)과 같은 빈민구제사업도 이때 이미 행해지고 있다. 담익은 공양미 천 석을 빈민에게 나누어주었으며, 승랑, 법상, 사종, 배도 등이 모두 신도들로부터 보시 받은 것을 빈민들에게 베풀어서 복업을 지었다.

니령종(尼令宗)도 질병과 빈곤으로 고통받고 있는 많은 백성들에게 재산을 전부 나누어주었다. 승려들의 이 같은 사업은 불교의 복전사상(福田思想)에서 비롯된 불도 수행자의 실천행이었던 것이다.

제4장

남북조의 불교

남북조(南北朝)의 불교

동진은 비수(淝水)의 전투에서 부견을 격퇴하여 평온을 되찾았으나 그 후 폭동이 일어나 유유(劉裕)에게 왕실을 빼앗겼다. 유유는 건강에서 즉위하여(420) 송 왕실을 세웠다. 한편 북방에서는 여러 나라 가운데 북위의 세력이 가장 강대하였는데, 태무제가 되자 마침내 여러 나라를 병합해서 강북을 통일하였다(439). 이리하여 동진시대와 마찬가지로 양민족이 남북으로 대립하였으니, 남조는 송, 제(齊), 양(梁), 진(陳)으로 이어지고, 북조는 북위가 동서로 분열하여 동위는 북제의 침략을 받고 서위는 북주의 침략을 받아 멸하고 만다. 다시 북주는 북제를 멸망시켰지만 수나라로 넘어갔고, 수는 남조까지 병합하여 마침내 남북조를 통일하게 된다(589). 약 150년간에 걸친 이 시기를 남북조시대라고 한다.

이 시대는 두세 번의 불교박해사건이 일어나기는 하였지만 역대 왕조가 거의 불교에 대해 보호정책을 폈기 때문에 동진시대를 이어 불교는 대단한 발전을 이루었고, 중국의 민중 사이에 확고한 기초를 다졌다.

일반적으로 남북조는 동진시대에 이어서 불교연구시대 혹은 불교전파시대라고도 불리우는데 수·당 시대의 불교종파시대에 대한 준비기이기도 하였다. 더구나 이 시대의 불교는 남북의 지리적 관계로 인해 사상이 서로 달랐다. 강남은 도읍인 건강이 그

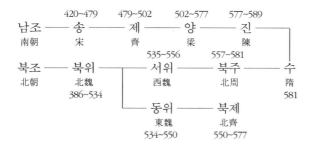

```
            420~479    479~502    502~577    577~589
남조 ── 송 ──── 제 ──── 양 ──── 진 ──────┐
南朝    宋       齊      梁      陳            │
                       535~556   557~581      │
북조 ── 북위 ─────────── 서위 ──── 북주 ──── 수
北朝    北魏             西魏      北周        隋
       386~534                              581
                    └── 동위 ──── 북제
                        東魏      北齊
                        534~550   550~577
```

중심지를 이루었고, 강북에서는 북위의 수도인 대동과 낙양, 동
위와 북제의 수도인 업(鄴: 하남성), 서위와 북제의 수도인 장안
과 태원이 각기 중심을 이루고 있었다.

1. 남조 불교

송나라 불교

남조는 한결같이 건강을 도읍으로 하여 남조문화를 이루었는
데 역대 황제는 모두 불교에 조예가 깊었다.

송나라 고조(高祖) 무제는 처음으로 승니사태를 시도하였지만 실
행치 못 하였다. 문제는 그와 반대로 불교를 매우 보호하였다. 그는
몸소 도생과 구나발마 등에게 불교를 배우고 그들을 내전에 초청하
여 설법을 청하였으며 직접 강의를 듣기도 하였다. 또 승려 혜림을
국정에 참여시켜 사람들이 그를 일러 흑의의 재상이라고 불렀다.

이러한 시대에 중국에 와서 역경에 종사한 인도승은 불타집
(佛陀什), 강량야사(畺良耶舍), 구나발마(求那跋摩) 등이다.

불타집은 계빈 출신으로 송 경평(景平) 원년(423)에 『오분율』

을 역출하였는데, 이로써 율전은 불야다라(弗若多羅)의 『십송률』, 불타야사의 『사분율』, 불타발타라의 『마하승지율』과 함께 거의 완비되었다.

강량야사(383~442)는 서역 출신인데 원가(元嘉) 연중 초기에 도래하였으며, 『관무량수경』은 그의 번역이라고 전해진다.

또 계빈 출신인 구나발마(377~431)는 광주에서 해로를 이용해 원가 8년(431)에 건강으로 와서 겨우 9개월을 보내고 65세에 입적하였다. 그동안에 『보살선계경(菩薩善戒經)』, 『사분비구니갈마법(四分比丘尼羯磨法)』 등을 번역하였다. 특히 그는 중국 비구니 교단에 있어서 중요한 의미를 가지는데, 그에 의해서 처음으로 비구니 수계가 거행되었기 때문이다.

구나발타라(394~468)는 중인도 출신인데 해로로 광주에 상륙하여 원가 12년(435)에 건강으로 왔다. 문제에서 우대받았는데 후에 형주(荊州: 호북성 강릉)에서 역경에 종사하였으며, 『잡아함경』, 『승만경』, 『과거현재인과경』 등 역출경전이 52부 134권에 이르고 있다. 그가 『잡아함경』을 역출함으로써 중국에 4아함경(阿含經)이 모두 갖추어지게 되었다.

그 밖에 승가발마, 담마밀다, 공덕직 등 외국 승려와 지엄, 혜감, 보운, 혜간 등 많은 중국 승려가 번역사업에 종사하였다. 이 시대에는 동진시대의 라집과 혜원 교단의 사람들, 즉 도생, 승예, 승도, 혜관, 혜엄, 법현, 보운 등이 불교홍포에 전력하고 있었다.

제나라 불교

제나라 고제와 무제는 신앙심이 두터웠는데, 특히 무제의 문혜태자와 동생인 경릉문선왕 소자량(蕭子良)은 불교에 깊이 귀의하여 항상 고승을 초빙하여 연구하였고, 문선왕은 『정주자정행법문(正住子淨行法門)』을 짓기도 하였다. 승혜(僧慧)는 무제에게 중용되어 국정에 참여하였으므로 사람들은 그를 독두관가(禿頭官家)라고 불렀고, 마찬가지로 정치에 관계한 현창(玄暢)과 함께 흑의(黑衣)의 이걸(二傑)이라고 불렀다.

역경자로는 서방에서 온 담마가타야사, 승가발타라, 구나비지, 달마마제 등이 있고, 그 가운데 담마가타야사의 『무량의경』, 승가발타라의 『선견율비바사』, 우나비지의 『백유경』, 달마마제(법의)의 『법화경』, 「제바달다품」 및 담경의 『마하마야경』 등이 대표적인 역출경전이다.

양 무제의 불교

양나라 55년은 남조불교가 더없이 융성한 시대였는데, 특히 무제의 신앙은 중국의 역대 황제 가운데 제일이라 해야 할 것이며, 양나라는 거의 무제 치세 48년에 의해 좌우되었다. 무제의 비범한 재능과 학문에 대한 열성은 불교뿐만이 아니라 일반 문화의 융성까지 가져왔으니, 강남에 문물이 개방되고서 200년 동안 이토록 활발한 적은 없었다고 한다.

황제는 처음에는 유교와 도교를 연구하였으며 불교에는 조금도 관심이 없었지만 불교를 접하고 나서부터 오직 불교에만 귀의하였다. 그는 천감(天監) 3년(504) 4월 8일 석가탄신일을 맞아 승속 2만여 명을 거느리고 중운전(重雲殿)에 나아가 사도봉불식(捨道奉佛式)을 거행하여 조정의 백관과 백성들에게 도교를 버리고 불교에 귀의하게 하였다. 그 후 천감 10년(511)에 직접 〈단주육문(斷酒肉文)〉을 공포하고, 다시 천감 16년(517)에는 제사 때 산 목숨 죽이는 것을 금지하고 과일과 채소로 대신하게 하며 의사가 산 목숨을 약으로 사용하는 것을 금하게 하였다. 그 해에 전국의 도관을 폐하고 도사를 환속시켰다. 천감 18년(519) 4월 8일 재차 초당사(草堂寺)의 혜약(慧約)으로부터 보살계를 받았으며, 황태자 이하 백관은 물론 일반 서민들까지 이때 계를 받은 사람이 48,000명이나 되었다고 한다.

무제는 동태사(同泰寺)를 비롯하여 많은 절을 지었으며, 이들 절에 가서 자주 법회를 열었다. 대통(大通) 원년(527) 9월에는 동태사에서 사부대중 5만 명을 모아놓고 무차대회를 열었으며, 이 무차대회를 비롯하여 수륙대재, 평등대회, 무애대회, 구고재 등 대법회를 열었다. 또한 대통 2년(528) 3월, 동태사에서 사신(捨身)하여 사원을 청소하고 승려의 옷을 세탁하기를 수십 차례나 하였고, 삼보의 종이 되었기 때문에 군신이 1억만의 금전을 내고 황제를 되돌려받았다. 이와 같이 하기를 전후 네 차례나 거듭하였다.

무제의 불교신앙은 이와 같이 불사에만 전력한 것이 아니고 불교교리 연구에도 정통하였는데, 『열반경』, 『대품반야경』, 『정명경』, 『삼혜경(三慧經)』 등의 소(疏)는 수백 권에 이른다. 특히 반야경전에 정통하여 무제가 친히 동태사에서 『열반경』을 강술하기도 하였다.

중대통 5년(533) 2월에 행해진 동태사의 『마하반야바라밀다경』의 개강에는 관리 698명, 승정인 혜령 이하 의학승(義學僧) 천명, 그 밖에 승속을 가리지 않고 멀리 페르시아와 우전의 사신도

76

참석하였는데, 승속이 함께 참여한 무차대회가 14일간이나 계속 되었으며, 이에 참석한 사람은 무려 316,642명이라고 한다.

또한 대동 7년(541) 3월에는 중운전에서 『반야바라밀다경』, 『삼혜경』 등을 23일간에 걸쳐 강론하였다. 그리고 항상 궁정에 출입하면서 황제와 함께 불교를 연구한, 이른바 무제와 친한 승려로서는 당시 고승인 승민(僧旻), 법총(法寵), 법운(法雲), 혜초(慧超)뿐만 아니라 당시 명승인 보지(保誌), 승우(僧祐), 보창(寶唱), 지장(智藏), 혜약(慧約) 등이 있는데, 이들은 모두 황제의 예우를 받은 사람들이었다.

이리하여 무제는 황제보살, 구세보살, 보살천자로까지 존칭되었으며, 일상생활은 거의 출가자와 같은 엄격한 계율주의로 일관하였다. 포목으로 된 옷을 입었으며, 술과 고기를 끊고 일일일식(一日一食)을 하되 밥상에는 콩과 간장뿐이었다. 그의 인자함은 널리 축생에까지 미치어 사형을 결정할 때에는 언제나 눈물을 흘렸다고 한다. 형법상으로 다소 문란함이 있었던 것은, 무제가 지나치게 불교를 맹신하였기 때문이라고 비난받는 점이기도 하다. 그러나 맹신이라고까지 비난받는 황제의 이 같은 신앙은 위정자로서의 입장을 망각한 것이 아니라 왕법과 불법의 일치하에 정치를 하고자 했던 데에 그 목적이 있었다고 보인다.

무제의 불교신앙은 그의 일족에게까지 미치었다. 황태자 가운데 소명태자인 통(統), 간문제강(簡文帝綱), 효원제역(孝元帝繹) 등은 불교에 관한 한 아버지인 무제와 더불어 각자 불교저술을 할 정도의 수준이었다고 한다. 특히 소명태자의 『해이제의(解二諦義)』는 유명하다.

이와 같이 무제 일족의 불교신앙은 당시 불교를 융성하게 함은 물론 상술한 바와 같은 많은 명승들이 나와서 눈부시게 활약하고 있다. 보지는 신이(神異)로서 유명하였고, 광택사(光宅寺)의 법운, 개선사(開善寺)의 지장, 장엄사(藏嚴寺)의 승민은 양나라 3대법사로 일컬어졌으며, 성실과 열반학자로서 이름을 날렸다. 승우는 『출삼장기집』, 『홍명집』, 『석가보』를 저술하였는데, 『출삼장기집』은 현존하는 가장 오래된 경록으로서 중요시되는 저술이며, 『홍명집』은 당시까지의 불교관계 논문집으로서 불교사 연구에 중요한 책이다. 승우의 제자인 보창은 스승의 사학적인 영향을 받아서 『명승전』, 『비구니전』, 『경률이상(經律異相)』 등을 지었고, 당시 사학자였던 혜교(慧皎)는 『명승전』을 참고로 해서 『고승전』을 찬술하였다. 『비구니전』과 『고승전』은 둘 다 현존하는 고승전 가운데 가장 오래된 것으로서 최고의 작품으로 평가받고 있다. 물론 『출삼장기집』의 일부는 승전(僧傳)이며, 『명승전』의 일부도 현존하지만 『고승전』처럼 완전한 것은 아니다. 또한 혜교의 『고승전』 서문을 보면 법제의 『고일사문전』, 승보의 『유방전』, 태원왕염기의 『명상기』, 태원왕연수의 『감응전』 등의 책이 있었음을 짐작할 수 있다.

　이 시대의 역경가로서 승가파라(Sanghapala), 만다라서(Mandarisi), 월파수나(Upasunya), 파라말타(Paramārtha, 진제) 등을 들 수 있는데, 이 중에서 부남국의 승가바라는 『아육왕경』, 『공작왕주경』 등을 번역하였다.

　양에서 진나라에 이르기까지 진제(眞諦)의 역경은 불교 교학상에 미친 영향으로 볼 때 남북조 역경가 중에서 제1인자이며, 역경사에서도 라집, 현장, 불공과 함께 4대 번역가로 일컬어지는 사람이다.

진제(499~569)는 서인도 출신으로 양무제의 청을 받고 대동(大同) 12년(546) 해로를 이용하여 광주에 도착하였으며, 대청(大淸) 2년(548) 수도로 돌아와 무제의 환대를 받았다. 그러나 한 때 후경(侯景)의 반란이 일어나자 부춘(富春: 절강성)으로 갔다가 다시 건강으로 돌아왔으며, 그 후 서장(予章: 강서성 남창)을 비롯하여 여러 나라를 유랑하였다. 그는 세 번이나 고국으로 돌아가고자 했으나 뜻을 이루지 못하였다. 한 번은 배를 타고 출발하였으나 바람 때문에 광주(광동성)로 되돌아가서 제지사(制旨寺)에 머물면서 세상을 비관하여 자살까지 시도하였으나 역시 그마저도 이루지 못하였다. 이처럼 그는 유랑과 불안 속에서 생을 보내다가 이듬해 진나라 대건(大建) 원년(569) 광주에서 세상을 마쳤다.

중국에서의 그의 생활은 전란 등에 의하여 여러 곳으로 거처를 옮기는 등 안정되지 못하였지만 그 사이에도 항상 번역을 잊지 않았고, 오로지 이 성업(聖業)에 몸을 바쳤다. 역출경전은 약 49부 142권 정도이며, 특히 『섭대승론』, 『섭대승론석』, 『대승기신론』, 『금광명경』, 『불성론』, 『유식론』, 『삼무성론』, 『아비달마구사석론』 등은 하나같이 주목할 만한 책들이다. 이들 경론의 역출은 유식학의 연구를 재촉하여 불교 교학상 일대 전기를 마련했다고 할 수 있다. 특히 『섭대승론』은 섭론종을 일으켰고, 『구사론』은 구사 연구에, 『기신론』은 오늘날까지 불교학 입문서로서 그 가치를 크게 인정받고 있다.

진나라 불교

진의 5대 33년간도 역시 양나라에 이어서 불교보호정책으로
일관하였다. 진나라 초대 무제는 전란에 의해 파괴된 금릉의 사
원 700여 곳을 수리하고, 장엄사 등 여러 곳에서 자주 무차대회를
열었으며, 사경(寫經) 12장(藏), 금동상 1백만 구(軀)를 주조하고,
7,000명의 출가를 허락하였다. 그 다음의 문제, 선제, 후주 등도
무차대회를 열고 수사조상(修寺造像), 사경도승(寫經度僧) 등 많
은 귀의를 하였으며, 한결같이 사신공양을 하고 있다. 이들 행위
는 양무제의 신행과 유사한 것으로 불교융성의 원인이 되었으므
로 이들 황제의 행위를 찬양하지 않을 수 없다.

천태종(天台宗)의 혜사(慧思, 515~577)는 이 시대 사람이다.
북제의 혜문(慧文)에게서 법화의 묘리를 터득한 후 다시 여러 스
승을 찾아다녔다. 양(梁) 원제(元帝) 승성(承聖) 3년(554)경, 광주
(하남성)의 대소산(大蘇山)에 들어간 혜사는 그 후 남방 남악(호
남성)에서 10여 년을 오로지 행화(行化)하였다. 그로 인하여 남악
선사라는 칭호를 얻었다. 『대승지관법문』, 『안락행의』, 『무쟁삼
매법문』, 『입서원문』 등을 저술하였는데, 이들은 모두 법화의 깊
은 뜻을 논한 것이다.

이 밖에 천태종을 개창한 천태지의, 열반학자인 정영사 혜원,
삼론종을 대성한 가상사 길장 등이 있는데, 이들은 모두 진나라
로부터 다음의 수대에 걸쳐 활약하였으므로 이들은 수대에서 논
하기로 하겠다.

2. 북조 불교

북위 불교

북조에서는 북위의 태조 도무제가 이미 동진시대에 나라를 세워 5호의 여러 나라와 세력을 다투었는데 드디어 세조 태무제가 등극하자 마지막으로 북량을 멸망시킨 후(439) 북방을 통일하여 평성(대동)을 도읍으로 정하였다. 이리하여 북위는 이후 약 100년 동안이나 강남의 송(宋)·제(齊)·양(梁)과 대치하여 크게 위세를 떨쳤다.

북위 불교의 융성함은 실로 놀라울 정도였는데, 특히 교단의 발전은 눈부신 것이었다. 사원 수 약 3만, 승니의 수 2백만이라고 하니, 그 발전양상은 가히 상상을 초월한 것이었다. 동진시대에 이어 이처럼 일약 융성하게 된 북위 불교의 세력은 강남 불교보다 훨씬 우위에 있었다. 북위의 태조 도무제는 일찍이 사문 법과(法果)를 도인통(道人統)에 임명하여 승려교단을 관리케 하고 있으며, 자신도 불교에 귀의하여 군국(郡國)의 사문을 보면 한결같이 공경하였다고 한다. 다음 태종 명원제도 이를 본받아서 불교를 신봉하고 보호하였다. 그러나 세조 태무제에 이르러 폐불사건이 일어나게 되니, 이것은 소위 불교도의 삼무일종(三武一宗)의 법난이라고 하는 중국 불교사상 네 차례에 걸친 폐불사건 가운데 첫 번째에 해당한다.

이 사건은 총명한 세조 태무제의 북방통일사업에 이은 내정혁신에 따른 것으로 ①도·불 이교의 세력 다툼 ②북방민족과 한민족과의 투쟁 ③국가 재정상의 문제 ④교단의 타락이 그 원인이 되고 있다. 원래 태무제는 선대의 제왕과 마찬가지로 불교에 대하여 관심을 가지고 초파일 행사에는 친히 왕림하여 산화(散花)를 하고 예경할 정도였는데, 도교의 뛰어난 도사인 구겸지(寇謙之)를 신임하고 사도 최호(崔浩)가 태무제를 측근에서 모시게 되고부터는 차츰 불교를 멀리하고 도교를 신봉하게 되었다. 최호는 도교 신봉자였으므로 자연히 태무제도 도교 신자가 되었으며, 도사 구겸지는 도교 흥륭에 필생의 노력을 기울인 사람이고 보면 이 폐불사건은 불교를 압박하기 위한 수단에서 나온 것이며, 도교와의 대립의 결과인 것을 알 수 있다.

당시 북방호족 밑에서 신음하던 한 민족은 드디어 최호를 앞세워 자신들의 정복자를 문화적으로 정복하고자 하였으니, 그것이 바로 호족이 믿는 불교파괴로 이어졌다. 하지만 최호는 도교 신봉자였음에도 불구하고 궁극적으로는 유교 중심 문화를 건설하고자 기도한 것이었다. 뿐만 아니라 태무제는 나중에 언급하겠지만, 당시 승니의 타락과 교단의 부패를 절감하고 있었으며, 사원과 승려가 증가함에 따라 국가경제가 피폐하는 것을 보고 불교교단의 대정리를 단행하고자 하였던 것이다. 따라서 태무제와 이를 권유한 최호와는 다소 그 목적이 달랐다는 점을 인정해야 할 것이다.

이 폐불의 도화선이 된 것은 섬서지방에서 반란을 일으킨 개오(蓋吳)의 난이다. 태무제는 몸소 병력을 이끌고 개오의 반란을 평정하였는데, 때마침 장안의 한 서원에서 많은 병기가 발견되고 게다가 실내에는 술을 만드는 도구가 있고 여러 명의 부녀자와 밀실까지 갖추고 있는 것을 발견하고 개오와 공모했다는 의심과 함께 불교의 타락상에 분개하게 되었다. 최호 등의 진언에 의해 드디어 불교폐척의 조칙을 내리게 되니, 즉 태평진군(太平眞君) 7년(446) 3월의 일이다. 그러나 이미 태연(太延) 4년(438)에는 사문으로서 50세 이하의 젊은 사람은 환속시키라는 조칙을 내렸으며, 태평진군 5년(444) 정월에는 사문의 요사한 말과 사문을 사사로이 공양하는 것을 금하고 있는 것 등으로 보아 불교폐척은 그전에 벌써 결정된 것인 듯하다. 때맞추어 일어난 개오의 반란은 그 계기가 되었을 뿐이다.

이 폐불로 인하여 가람과 탑은 거의 파괴되고 불상과 경전은 다 소각되었으며, 승니는 모두 환속하여 서민으로 돌아가게 되었다. 이 사건 당시 불교 신봉자였던 태무제의 태자인 황(晃)은 몇 번이나 아버지를 설득하려 했으나 뜻을 이루지 못하였다. 대신 사건 발생을 미리 눈치채고 몇몇 친분 있는 승니에게 알렸기 때문에 얼마간의 불상과 경전을 감출 수 있었고, 산 속으로 난을 피한 승니가 있었던 것은 불행 중 다행이라 하겠다.

그러나 6년 후 태무제가 붕어함에 따라 문성제가 즉위하자 곧바로 부흥의 조칙을 내렸으며, 명승 담요(曇曜) 등의 활약으로 불교는 재차 부흥기를 맞이하게 되었다. 즉 폐불이 오히려 불교부흥의 자극제가 된 셈이다.

담요는 이러한 시대에 대표자로서 사문통(沙門統)이 되어 전 불교계에 군림하였다. 그는 문성제에게 권하여 유명한 운강대석굴(雲崗大石窟)을 조성하였다. 헌문제(獻文帝)도 태조 이하 다섯 황제를 위하여 장륙(丈六)의 석가상을 만들고, 높이 3백 자, 7단의 부도를 모신 영녕사를 세우고, 또 천궁사에 적동 10만 근, 황금 6백 근을 들여서 43자나 되는 석가입상을 조성하였다.

다음의 효문제(孝文帝)도 불교에 귀의하였는데, 그 자비로운 마음은 금수에게까지 미치어 일체의 산 목숨을 제사에 사용하는 것을 금하게 하였으니, 이것은 양무제와 같은 자비행이라 할 것이다. 효문제는 문화발전에 심혈을 기울여 한민족 문화로의 동화정책을 펼쳐 종래의 풍습을 쇄신코자 하였다. 즉 그는 변발과 호복(胡服)을 금지시키고 유학을 중심으로 크게 개혁하였을 뿐만 아니라 도읍을 대동에서 남방의 낙양으로 옮겨서 그 개혁의지를 실현하고자 하였다. 불교에 대해서도 큰 관심을 가졌는데, 몸소 도등(道登), 승연(僧淵) 등을 스승으로 모시고 불교연구에 몰두할 정도였다. 낙양 천도를 한 후에는 운강석굴을 본받아 용문에 대석굴을 조성한 것도 불교 문화상에 있어 기억해야 될 공적이다.

다음 선무제(宣武帝)에 이르러서는 친히 보리류지의 역경장에서 필수(筆受)의 역할을 맡았다고 하며, 또 군신을 위해『유마경』을 강의할 만큼 불교 신봉자였는데, 당시 서역에서 건너온 사문만도 3천 명에 이르렀다고 한다.

북위의 역경가로는 담요, 길가야(吉迦夜), 보리류지(Bodhiruci), 륵나마제(Ratnamati), 불타선다(Buddhasānta), 반야류지(Prajñāruci) 등이 있다.

담요는 길가야와 함께『부법장인연전(付法藏因緣傳)』을 번역하였고, 인도의 보리류지, 륵나마제, 불타선다는 다 같이 선무제 치하에서 번역한 사람들로서 그들이 번역한『십지경론(十地經論)』은 지론종을 일으키게 되었다. 그 밖에도 보리류지는『금강반야경』,『입능가경』,『무량수경론』을 번역하고 있다. 특히『무량수경론』은 『정토론』이라고도 하여 후세 정토교의 중요한 성전 가운데 하나가 되었다. 또한 륵나마제는 『보성론』을 불타선다는 『섭대승론』을 번역하였으며, 북위에서는 이 밖에도 수많은 인재들이 활약하고 있었는데, 효명제 때에는 송운(宋雲), 혜생(慧生) 두 사람이 인도로 건너가 많은 경론을 가지고 돌아왔다.

북제 황제들의 봉불

북위가 동서로 나뉘면서 동위는 업(하남성 창덕)에, 서위는 장안에 도읍을 정하였는데, 그 20여 년 동안 두 나라가 똑같이 불교에 대해서는 열성적이었다. 동위를 계승한 북제도 마찬가지였는데, 특히 문선제(文宣帝)는 강남의 양무제를 닮아서 불교홍륭에 진력하였다. 천하에 도살을 금하게 하고, 칙령을 내려서 모든 주(州)마다 선원을 세우게 하였으며, 법상(法上), 승조(僧稠), 법상(法常) 등을 국사로 삼아서 그들로부터 불교를 배웠다. 또한 소현대통(昭玄大通)인 법상(法上)이 입궐할 때에는 황제가 친히 엎드려 그를 맞이했으며, 또한 승조를 위해 국비를 3등분하여 그 하나를 삼보에 사용하게 할 정도였다. 당시의 사원이 4만 개, 승니는 3백만이었다고 하니, 『속고승전』의 저자인 도선은 이를 일러 "불교가 동쪽으로 와서 여기서 성행하였도다"라고 감탄하고 있을 정도이다.

이 시대에 특히 유명한 고승으로는 담란(曇鸞), 혜광(慧光), 법상(法上), 영유(靈裕) 등이 있다. 담란(476~542)은 혜원 이후 정토교의 제1인자로서 당대(唐代) 정토교가 대성함에 있어 확고한 기초를 닦은 사람이다. 처음에는 사론(四論)학자로서 이름을 날렸는데, 그는 『대집경(大集經)』을 주석하기 위하여 우선 수명을 연장한 후에 일을 완성하고자 하여 멀리 강남의 양나라에 있던 도사인 도홍경(陶弘景)을 찾아가 불로장생의 묘법을 배웠다. 그러나 돌아오는 도중에 낙양에서 보리류지를 만나 『관무량수경』을 얻게 되었는데, 불현듯 깨달은 바가 있어서 이후 선경(仙經)을 태워버리고, 오로지 정토염불에 의지하게 되었다. 그 후 정토교의 진수를 터득하여 크게 염불을 펼쳐나갔는데, 그의 저서로 『정토론주』, 『찬아미타불게』는 특히 유명하다. 위나라 황제는 그를 존경하여 신란(神鸞)이라는 호를 내리고, 강남의 양 무제는 멀리 강북을 향하여 란보살(鸞菩薩)이라고 부르며 예배하였다고 하니, 그의 명성이 어느 정도였는지 알 수 있다.

혜광(慧光, 468~538)은 지론종의 개조이자 율종의 중흥조이기도 하다. 당시 사분율은 거의 행해지지 않았으나 그는 그것을 깊이 연구 강술하여 『사분율소』, 『갈마계본』 등을 저작하여 부흥시켰다. 또한 륵나마제, 보리류지의 역경장에도 참가하여 『십지경론』을 저술한 후, 연구와 강술에 더욱 진력하여 지론학파를 일으켰다. 그는 『화엄경』, 『열반경』, 『유마경』, 『지지경』에도 통달하여 각각의 경전마다 주소를 저술하였으며, 당대의 학자로서 이름을 날렸다. 더구나 당시의 승관인 국통에까지 임명되어 모든 승려를 관리하였기 때문에 광통율사라고도 불렸다. 그의 많은 제자 가운데 특히 법상(法上), 승범(僧範), 도빙(道憑), 담순(曇順) 등이 유명하다.

법상(495~580)은 혜광의 상수제자로 위제(魏齊) 2대 약 40년간에 걸쳐서 대통이 되었으며, 교계에 군림하여 승도 3백만을 거느렸으니, 그 위세는 실로 당당하였다. 북제 문선제는 그를 계사(戒師)로 삼아 깊이 존경하여 법상이 입궐할 때는 땅에 자신의 머리를 깔고 그것을 밟게 했을 정도였다. 『열반경』, 『능가경』 등의 학자로서 유명하며, 『불성론』, 『대승의장』과 그 밖에 여러 경론의 소가 있다.

중국 선종의 초조라 일컬어지는 보리달마(菩堤達磨)는 이 시대에 인도에서 건너와 양무제와 면담한 후 북방 숭산(嵩山: 하남성)의 소림사(少林寺)에 들어가 일생을 마쳤다. 양나라 보통(普通) 원년(520)에 와서 동위 효정제(孝靜帝)의 천평(天平) 2년(535)에 입적하였다는 설이 있으나, 그 밖에 여러 설이 있어서 일정하지 않다. 그의 가르침은 2조 혜가(慧可)에게 전해지고, 3조 승찬(僧璨), 4조 도신(道信)으로 전해져 중국 선종의 기초를 쌓아갔다.

북주 폐불

서위를 이은 북주는 무제 때에 이르러 중국 불교사상 두 번째 폐불사건이 일어났다. 먼저 이 사건은 그 원인에서 볼 때, 무제의 정치적 개혁에 희생된 것이라고 할 수 있는데, 거기에는 국가 재정상의 문제, 도·불 이교의 대립, 교단의 타락, 고답적인 불교에 대한 불만 등이 발단이 되어 있다. 더구나 당시 유행하고 있던 '검은 사람 다음이 왕이어야 한다' 는 예언은, 무제의 불교폐척 의지를 한층 더 강하게 하였으니 승려의 검은 옷을 황색으로 바꾸게 했을 정도이다.

이때의 상황은 다른 폐불의 경우와는 달리 신중하게 행해졌다. 건덕(建德) 3년(573) 폐불이 실시 될 때까지 약 7년간, 전후 6·7

회의 중의검토(衆議檢討)를 거치고 있다. 최초의 제의자는 환속 승인 위원숭(衛元崇)이며, 이에 도사 장빈(張賓)이 가담하였다.

천화(天和) 2년(570) 위원숭이 상서를 올려서 불교를 여러 측면에서 논하여 이것을 폐지토록 청하였다. 무제는 이에 대해 즉시 결정을 내리지 않았지만, 천화 4년(569)에는 전후 3회 문무백관과 고덕대승, 유학자, 도사 등 2천 명을 모아서 유(儒)·불(佛)·도(道) 삼교의 우열을 논의하게 한 후, 불교폐척 의지를 실행하고자 하였다. 그러나 논의로 결정하지 못하자 무제는 견란(甄鸞)에게 우열을 검토하게 하였다.

이듬해 천화 5년(570)이 되자 견란은『소도론(笑道論)』3권을 저술하여 올렸는데 이 책의 내용은 "도교는 허망하여 믿을 것이 못 되니 불교에 의지해야 한다"는 것이었다. 이것은 장빈 등에 의해 도교 신봉자가 된 무제의 의지와 상반된 것이었기 때문에 군신을 모아 평의한 결과 도교의 법을 저해하는 악서라는 결론을 내린 후 태워버렸다.

도안(道安)은 여론을 돌이킬 수 없음을 한탄하여 같은 해『이교론(二敎論)』을 지어서 도·불 이교의 우열을 논하여 도교를 공격하였다. 잇따라 승면(僧勔)도『논십팔조(論十八條)』를 저술하여 불교를 선양하고 도교의 삿됨을 지적, 비난하자 무제는 어쩔 수 없이 폐불의지를 미루게 되었다.

그러나 건덕 원년(572)에 무제는 현도관(玄都觀)에 행차하여 도속과 논의한 끝에 이듬해 12월 삼교의 선후를 유·도·불의 순서로 정했다. 불교탄압의 빌미를 잡고자 하였으나 도교가 언제나 법호에서는 불리한 입장에서 처하게 되자 택한 궁여지책인 것이

다. 건덕 3년(574) 5월, 무제는 다시 장빈(張賓)을 불교와 대론시
켰으나 지현(智炫)에게 논파당하자 무제가 몸소 지현과 토론을
벌이게 된다. 하지만 지현을 논파하지 못하자 할 수 없이 불교와
함께 도교도 폐척하게 되었다. 따라서 두 번째 폐불은 도 · 불 이
교의 폐척이었다. 이것은 건덕 3년의 일이었다.

그러나 무제의 본 뜻을 불교탄압에 있었기 때문에 그 피해의
대부분은 당연히 불교에서 입었다. 사원은 거의 고관의 저택이
되고 경전과 불상은 소각되었으며, 삼보의 재물은 관가에서 몰수
하였고 승려와 도사 3백만 명이 모두 군민으로 편입되었다.

이 도 · 불 폐지와 함께 곧바로 통도관(通道觀)을 설치하여 도
교와 불교의 우수한 인재 120명을 뽑아서 통도관학사(通道觀學
士)라 이름 붙이고 거기서 살게 하였다. 하지만 그 이름에 나타나
듯이 이 기관은 완전히 도교적인 것이며, 도 · 불 이교에서 학사
를 뽑는다고 하더라도 거의 도사가 중용되었고, 불교 쪽에서는
한두 사람이 참가했을 따름이었다. 이 폐불에 대해 극력 반대하
면서 무제에게 대항한 호법승으로는 정애(靜藹), 맹법사(猛法
師), 도적(道積), 담연(曇延) 등이 있었다.

북제 폐불

북주가 폐불을 단행한 지 3년이 지나 건덕 6년(577)에 북제를
멸망시키고 새로운 점령지에서도 폐불을 단행하였다. 북제 문선
제의 홍불정책에 힘입어 최고의 융성기를 구가하던 불교는 무제
의 손에 무참하게 짓밟히고 말았다.

이때 무제는 대통사문 등 500여 명을 집합시켜 폐불의 사정을

설명하였는데, 이때 혜원(慧遠)만이 혼자 대항하면서 "황제는 아비지옥에 떨어질 것이다"라고 까지 극론하며 불교도의 의지를 보였고, 환속한 임도림(任道林) 또한 여러 번 불교 부흥의 상소문을 올렸지만 아무런 효과를 거둘 수가 없었다.

이 두 번의 폐불로 인한 불교의 타격은 이루 말할 수가 없었다. 강북의 불교는 거의 폐멸상태였고, 많은 승니들이 강제로 환속당하였다. 그 중에는 산림으로 피하여 때를 기다리거나 분개함을 못 참아 분사하는 자, 또는 강남의 진나라로 도망가는 자들이 있었다. 이 사건으로 말미암아 중국불교는 일대 전환을 맞게 되는 중대한 의의를 지닌다.

북제폐불 이듬해, 무제가 세상을 떠나고 선제가 즉위하자 비로소 불교부흥의 서광을 보게 되었다. 임도림은 다시 불교부흥의 상소문을 올리고 환속승 왕명광(王明廣)도 상소하여 위원숭의 설을 반박하면서 불교부흥을 간청했을 뿐만 아니라 그 밖에도 불교부흥을 간원하는 자가 많자 대성(大成) 원년부터 서서히 부흥의 조칙을 내리기 시작하였다.

불교부흥의 첫 번째 조칙은 지장(智藏) 등 120명을 선정하여 머리가 긴 그대로 보살승이라 칭하고 나라를 위해 수행토록 하는 것이었다. 이것은 과도기적인 불교부흥의 모습으로 화관과 영락으로 장식한 보살대사의 모습을 한 속복(俗服)의 출가였던 것이다. 그 후 정제(靜帝)의 대정(大定) 원년(581)이 되어서야 비로소 보살승의 삭발이 허락되고 원래의 비구 모습을 갖추게 되었지만 아직 모든 승려에게 허락한 것은 아니었다. 이후 원상태로 불교가 부흥된 것은 수문제 때부터이다.

3. 남북조의 불교사상과 신앙

불교사상

동진시대의 불교사상은 남북조에 들어와서 본격적으로 연구, 보급되었다. 라집에 의해 전해진 용수의 실상론에 대해 세친(世親)의 유가유식(瑜伽唯識)사상은 북위의 보리류지, 륵나마제 등에 의해 전해져 지론종을 성립하고, 진제에 의해『섭대승론』등이 번역되어 섭론종이 성립되었다.

또한 담란의『정토론주』에 의한 정토교, 혜가의『능가경』에 의한 선사상은 이 실상론의 공사상과 유식의 유사상을 조화시킨 것으로 특이한 존재를 보여주고 있다. 이 밖에도 비담종, 성실종, 삼론종, 열반종, 천태종, 율종 등이 활발히 연구되고 있었다. 그러나 이들 종파는 후세에 교단으로서 종파라기보다는 학파로 간주될 성격의 것들이다.

(1)열반학파

이상의 여러 학파 가운데 열반종은 가장 활발히 연구된 것으로 '일체중생 실유불성' 사상은 당시 학계의 중심 테마였으며, 도생(道生)의 천체성불론(闡堤成佛論)도 이것에 의하여 제창된 것으로 유교와의 문제인 신멸불멸론, 삼세업보론도 다『열반경』사상이 강하게 영향을 미치고 있다.

이 열반학파는 지리적으로는 강남에서 성행하였고, 강북의 지론과 화엄학파와 대를 이루고 있다. 이 학파는『남본열반경』을 중심으로한 것인데 혜관, 혜엄은 이『열반경』을 근거로 돈점오시교(頓漸五時敎)의 판석을 세우고 있다. 제나라 보량(寶亮: 444~509), 승종(僧宗: 438~502) 등도 이 학파의 학자로서 두 사람 다『열반경』을 100번 이상 강의하였다고 하며, 보량은『대열반의 소』를 저술하였다. 정영사 혜원은 이 학파에서 가장 유명한 사람 으로『열반의소』를 짓고, 당시 강남의 삼론, 섭론, 성실 등과 겨 루었지만 천태종이 일어나자 거기에 흡수되고 말았다.

(2) 성실론, 삼론학파

라집의『성실론』역출에 의해 성립한 성실종은 강남에서 송나 라 중엽부터 성행하게 된다. 대승불교의 깊은 뜻으로서 활발히 연구된 성실론은 양나라로 접어들자 가장 성행하게 되어 다른 학 파를 압도하였다. 양나라 3대법사인 법운(法雲), 지장(智藏), 승 민(僧旻)이 모두 이 학파를 대표하는 동시에 이 시대 불교의 중심 인물이기도 하다. 그 후 승랑(僧朗)의 신삼론이 강남에서 연구되 어 차츰 세력을 얻어가자 삼론의 대 성자인 수나라 길장(吉藏)에 의하여 성실은 소승이라고 결정되자 그 후로 자연히 연구대상에 서 제외되고 말았다.

따라서 이 성실론을 대신한 삼론은 강북에서는 라집 문하에서 연구되었지만, 양나라 무렵 승랑이 강남 금릉(남경)의 섭산서하 사(攝山棲霞寺)에서 크게 이를 홍포하였다. 그의 삼론은 강북의 라집파에 대해 신삼론이라 하는데, 승랑을 삼론종의 성립자라 해 도 무방할 것이다. 승랑, 승전, 법랑에 이어서 가상사 길장의 손 으로 대성되었다.

(3) 지론학파, 선종

륵나마제와 보리류지의 지론에 대해서는 양자간에 다소 이견을 보이는 부분이 있다. 그리하여 륵나마제를 계승한 혜광 계통을 남도파라하고, 보리류지를 이은 도총 계통을 북도파라고 한다. 어느 쪽이건 강북에서 많은 학자가 강술하여 위·제 두 나라에서 성행하였으나 그 후 화엄종이 일어나 그에 통합되었다.

선사상은 불교에서는 빠뜨릴 수 없는 것으로, 삼학(三學)에서의 정(定)에 해당한다. 즉 선정이라고 말하는데 이미 불교 전래 때부터 지겸 등에 의해서 전해지기는 하였으나 순수한 대승선이 발전한 것은 이 시대의 보리달마가 선교를 전래하고부터이다. 전래 당시 양나라에서는 부흡(傅翕)과 보지(保誌) 등이 특히 선에 달관한 사람으로 유명하다. 이렇게 달마선은 종래의 그것과 구별되어 조사선이라 불렸으며, 중국 선종의 기반을 세웠다. 남북조 시대에는 아직 이 계통의 학문적 성과가 꽃을 피우는 상태가 아니었다.

(4) 정토교, 천태종, 섭론종

담란의 정토교는 여산 혜원에 버금가는 것으로 유명하다. 그 사상은 혜원과는 조금 달랐다. 나중에 도작, 선도에게로 이어진 것으로 그로 인해 염불은 선정으로부터 독립했던 것이다. 이 정토염불사상은 그 후 중국에서 가장 유력한 종교이자 신앙이 되었다. 『법화경』을 중심으로 한 사상과 신앙도 널리 행하여졌는데, 그 학문은 혜문(慧文), 혜사(慧思), 지의(智顗)에 의해 천태종으로 성립되었다.

전제에 의해 일어난 섭론종은 담천(曇遷, 542~607) 등에 의해 강북에 전해지고부터 활발하게 되었고, 정토교에까지 영향을 미쳤지만 법상종과 유식종이 일어나자 거기에 합쳐지게 되었다.

신앙생활

이와 같은 학파는 여러 사람들에 의해 강술되었지만 학파라고 해서 반드시 하나의 학문에 치우치지 않았다. 모든 교학을 고루 연구 강술한 것이었다. 거의 모든 불교도는 여러 나라를 다니며 강의에 참석하여 상대방의 학문을 연구함과 동시에 그들과 대론 수행(對論修行)하였으며, 스스로도 강설하여 도속을 교화하였다. 한 예를 들면 남제의 보량은『대열반경』을 강(講)하기를 84회에 이르렀으며,『승만경』은 42회,『유마경』은 20회,『성실론』은 14회, 대품과 소품『반야경』은 각기 10회, 또한『우바새계경』, 『무량수경』,『수릉엄경』,『유교경』,『미륵하생경』 등은 각기 10회씩 강설하였으며, 도속의 제자가 3천여 명에 달했다고 한다. 이처럼 제각기 한 곳에 머물면서, 또는 각지를 다니며 강설하고 도속을 교화하였는데, 양나라 법통(法通)은 도속제자가 7천여 명, 승우(僧祐)는 도속문도가 1만 1천여 명이나 되었다고 한다.

그러나 이 같은 승속 제자의 청강자는 거의 지식계급으로 상류 사회인들이었으며, 일반 서민계급은 속하지 않았다고 보아야 할 것이다. 이 시대의 불교는 귀족불교이자 산림불교이며, 고답적이고 소승적 불교로서 귀족사회의 관념의 유희였기 때문에 소위 불교신봉자라 일컫는 사람들이 신앙적으로 얼마만큼 철저했는지는 의문이다. 그러므로 일반서민들이 불교를 어느 정도로 이해하고서 신앙하였는지도 의문이며, 심원한 교리 자체는 결국 전문가 외에는 이해하지 못했다고 말할 수 있을 것이다. 단지 불교 가운데서 삼세인과, 선악과보의 사상은 일반에게 이해되어 여러 가지 비유설화와 함께 신앙되고 있었다. 따라서 관음신앙으로 위험한 난을 면하고 미타신앙에 의해 안락세계에 태어난다는 신앙이 유행하여 그것이 일반사회에서 가장 잘 이해되고 신앙되었던 것이다.

송나라의 왕현모(王玄謨)가 『관음경』을 독송하고 관음을 염해서 형을 면하고, 제나라 유제(劉霽)가 『관음경』을 독송하여 병을 고쳤듯이, 물과 화재, 또는 칼의 난을 면한 예가 많았으므로 관음신앙의 공덕은 직접 영험이 있다고 하여 열렬히 신앙되었다.

새로이 관음이 해상 항로의 수호신으로서 신앙되고 있는 것도 무역과 불교와의 관계에 있어 주목해야 할 점이다. 관음신앙은 『법화경』 신앙과 병행한 것으로 『법화경』 독송 공덕도 일찍부터 전해지고 있었다.

또한 혜원, 담란 등에 의해 홍포된 미타의 정토왕생신앙은 미륵의 도솔왕생신앙과 함께 왕생사상으로서 당시의 신앙계를 주도하였다. 각종 고승전과 왕생전은 이 시대에 왕생한 이들을 열거하고 있는데, 남북조처럼 특히 불안정한 사회에서는 사후의 안락을 기약하는 사상들이 폭넓게 보급되었다. 그러나 신앙 자체는 아직 당대(唐代)처럼 세련되지 못하였고 막연한 부분이 많았다. 다시 말해서 같은 왕생이라 하더라도 미타와 미륵의 석상을 조성하여 서방의 무량수국에 나기를 원하며 용화삼회의 미륵설법을 만나 인간으로 태어나면 왕이나 귀족의 몸으로 나기를 발원할 정도의 혼합적인 신앙이었다. 이로 미루어 보건대 당시 사람들은 미타도 미륵도 다 같은 부처님이며, 서방정토도 도솔천궁도 막연하게 같은 곳이라고 생각할 정도로 소박하고 단순한 것이었다. 그러므로 석가상을 조성하여 서방왕생을 발원하면서도 도솔천에 나기를 원하는 일도 드물지 않았으며, 대부분은 그런 신앙들에 확실한 아무런 구분도 짓지 않고 있었다. 그러나 대체로 이 시대는 서방 아미타의 정토신앙이 중심을 이루고 있었다고 할 수 있다.

이 같은 불교신앙은 승려들의 활동에 의한 것으로, 앞서 언급했듯이 승려는 강설을 하며 각지를 유력하였다. 그러나 학문으로서의 강설은 도저히 일반사회에 이해되지 않았기 때문에 이에 창도사(唱導師), 경사(經師)가 출현하게 된 것이다. 『고승전』에는 경사, 창도과(唱導科)를 두어 이에 종사한 사람들을 열거하고 있는데, 경사는 경전을 전독(轉讀)하는 사람이며, 창도는 소위 설법을 하는 사람이다. 지방의 신앙단체는 하나의 재회(齋會)에 의해 결성되며, 이때 승니가 설법을 행하였다. 이러한 신앙단체인 법사(法社)는 혜원의 백련사 이후 대부분 조직되었다. 특히 강북지방에서는 조상을 중심으로 일족일촌 등의 종교단체가 성립하고, 승니는 읍사(邑師)라 불리며, 종교적 교화에 노력하여 불교발전에 있어서 커다란 역할을 하였다.

왕법과 불법

불법과 왕법과의 문제에 대해서 강북은 일치하는 경향을 보인 반면 강남은 대립의 관계였다. 북위 때 승관이며 도인통인 법과(法果)는 태조 도무제를 "그는 현세의 여래이다"라고 하면서 사문은 모두 천자에게 공경을 다해야 한다고 주장했으며, 또 북주

무제의 폐불 때 폐불단행을 유도한 위원숭은 "북주 주인은 바로 여래이다"라고 하였으며, 또 다시 임도림이 북주 무제에게 올린 불교부흥의 상소에도 "제왕은 곧 여래이며, 왕공은 곧 보살이다" 라고 말한 것은 분명하게 국가와 불교의 일치를 나타내는 것이다. 이 같은 점들은 절대적 전제군주하에서는 당연한 귀결인 것이며, 북방 호족국가에서 볼 수 있는 불교신앙의 한 측면이다.

한편 강남 한민족의 귀족정치하에서는 그와 같은 일치는 도처히 찾아볼 수가 없다. 불법과 왕법의 대립을 보이고 있는 가운데 여기서는 항상 왕에 대한 불경(不敬)의 문제가 제기되고 있다. 송나라 효무제 대명(大明) 6년(462)에 유사(有司)가 상소하기를 사문은 모두 왕에게 예경해야 한다고 주장하여 이를 따르게 되었지만, 경화(景和) 원년(465)에 이 제도가 폐지되기까지 겨우 3,4년간 시행된 적이 있다. 양무제로 말할 것 같으면 그는 불교 맹신자라 불릴 정도로 사신(捨身)하여 삼보의 노예가 되었으며 보살계제자가 되어 삼보를 공경하였다. 따라서 신하들로부터 '보살천자', '황제보살' 등이라 불렸고, 멀리 외국에서 "황제는 바로 우리 진불(眞佛)이다"라고까지 받들게 된 것은 황제에게 교단통섭의 희망을 품게끔 만들었다. 그래서 무제는 백의(白衣)의 승정되어 승려교단에 군림하고자 여러 승려에게 상의하자 모두 동의하였다. 하지만 바야흐로 실행에 옮기려 할 때 지장(智藏)의 반대로 결국 중지하게 되었다. 지장은 교단을 국법의 치외법권에 두고자 하였다. 이렇듯 남조에서는 어디까지나 출가본분을 주장하여 방외(方外)의 선비로서 왕법의 밖에 불법을 두고자 한 것이었다. 승니의 범죄도 거의 불교계율에 근거했다는 사실에서도 이러한 점을 알 수가 있다.

이와 같이 남북조에서는 승니의 국가의식에 대한 견해가 서로 달랐으나 양쪽 다 불교를 국가적인 종교로 삼고, 이를 정치적으로 이용하려 한 것만은 견해를 같이하고 있다. 남조의 혜림(慧琳)은 흑의의 재상이 되었고, 승혜(僧慧)·현창(玄暢)이 흑의의 이걸(二傑)이라 불리며 정치에 관여한 것도 그 한 예이다.

송나라 고조는 내전에서 재회를 베풀고, 효무제는 4월 8일의 관불회(灌佛會)를 내전에서 거행하였으며, 또한 선제(先帝)의 기일에는 중흥사에 나아가 팔관재를 올렸다. 이처럼 남북의 황제가 모두 궁궐 안에서 법회를 가지고 강연을 열며, 나라와 선조를 위하여 기원을 드렸다. 북위의 태무제는 처음 불교를 신봉하여 시광 2년(425)에는 무제의 생일날에 즈음하여 천하의 사원에 축수도량(祝壽道場)을 세워 황제의 만세를 축원하였다. 그 밖에 불교도가 국가 안녕을 위해 행한 기도, 법회 등은 한결같이 불교가 나라와 독고동락하는 모습을 보여주고 있으며, 그러한 경향은 북조는 물론 남조에서도 마찬가지였다.

유교 · 도교와의 교섭

동진에서부터 양자간에 논쟁이 계속되어 온 문제는 앞서도 말한 왕자불경의 윤리문제와, 신멸불멸 그리고 인과응보의 문제였다. 특히 후자에서는 유교는 형신(形神)이 함께 멸하므로 후세에 응보가 없다고 하는 것에 대해서 불교는 영혼은 멸하지 않는다고 하여 삼세응보를 주장하는 것이었다.

송나라 원가(元嘉) 3년(426)에 타계한 상서 우복야(右僕射)인

정도자(鄭道子)에게는 『신불멸론』이라는 저서가 있는데, 송나라 초에 이 문제를 가지고 혜림, 하승천(何承天), 종병(宗炳), 안연지(顔延之) 등이 논쟁을 벌였다. 흑의 재상으로서 노련하게 일을 처리한 혜림은 『백흑론(白黑論:均善論)』을 저술하여 불교를 공격하고 하승천(何承天)은 거기에 찬동하여 『달성론(達性論)』을 지었다. 불교측에서는 혜원과 친분이 있는 백련사 18현의 한 사람인 종병과 안연지가 이에 대항하고 있는데, 종병은 『난백흑론』과 『명불론』을 저술하고, 안연지는 『석달성론』을 지어서 두 사람 다 하승천과 논쟁을 벌였다. 종병은 신불멸(神不滅)을 설명하기 위해 유교를 빌려 설명하고 있는데, 그는 유교에 대항하기보다는 유·불을 조화시키려 한 듯하다.

하승천의 『달성론』은 형신(形神)이 함께 멸하므로 내세에 응보가 없으며, 또한 불교에서 성인과 범부를 다 같이 중생이라 부르는 것에 대해 공격하고 있다. 이에 대한 안연지의 반응은 불교 지식을 기본으로 하면서도 유교와 그 외의 말을 빌려서 하나하나 반박하고 있다. 즉 불교 본래의 신불멸, 인과응보를 설명하고, 범성(凡聖)이 형체는 달라도 그 생(生)은 같으니 동일중생이라고 설명하여 하승천을 설득하고자 하였다.

제·양 시대 범진(范縝)의 『신멸론』은 이 시대의 가장 대표적인 것이다. 그는 무불(無佛)을 주장하며 인과설에 반대한 유학자로서 자연설, 운명설, 우연설로 만유를 설명하고자 하여 『신멸론』은 이 시대의 가장 대표적인 것이다.

소자량(문선왕)은 이를 굴복시키지 못하였지만, 범진의 외사촌 소침(蕭琛)은 『난신멸론』을 저술하여 반박하고 있다. 또한 조

사문(曹思文)도 『난신멸론』을 지어 논쟁하였고, 광택사(光宅寺) 법운(法雲)은 이 문제에 대하여 양무제에게 의견서를 보내 귀족, 무사들의 의견을 모았다. 이렇게 문제가 확대되자 양무제를 비롯하여 임천왕굉(臨川王宏) 이하 62명의 답서가 남아 있는 것을 보면 당시의 사상계에 상당히 큰 영향을 미치고 있었음을 알 수 있다. 양무제가 그토록 불교 신봉자이면서도 중국 본래의 유교를 버리지 못하고 불교 속에 포괄하고자 한 것은 '주공, 공자, 노자는 여래의 제자' 라고 생각한 점에서도 그 고뇌의 흔적이 잘 나타나 있다. 이 시대에 북제의 안지추(顔之推)는 『가훈』 20편을 저술하여 불교에 대한 세상의 속평을 비판하며, 오륜오상(五倫五常)의 도와 5계(五戒)의 일치를 주장하고 있다.

한편 도교는 남북조에 들어와서부터 점차 조직화되고 강대해져갔다. 불교의 영향으로 많은 도교경전이 이 시대에 만들어지고 도교의례도 불교를 모방하여 제정되었다. 뿐만 아니라 교단확립에 큰 공이있는 구겸지(寇謙之) 등 뛰어난 도사가 나와서 바야흐로 불교에 당당히 대항할 만한 세력을 갖추고 있었다. 그렇기 때문에 도 · 불 논쟁도 일어났고 불교폐멸의 사건까지 야기하게 되었던 것이다. 더욱이 민족적인 입장에서 불교를 배척한 이하사상(夷夏思想)도 나타났다. 즉 불교는 이적(夷狄)의 종교이므로 중국[中夏]의 것이 아니라고 하여 배척한 것이다. 이것은 도교뿐만 아니라 유교도 합세한 민족적인 감정의 대결에서 야기된 문제였다. 도교와의 논쟁에는 유교와 달리 이론만이 아니라 도 · 불의 우열론, 석가 · 노자의 선후문제, 도술의 경쟁 등이 가미되었던 점은 주목할 만하다.

남조에서는 북위의 폐불사건이 끝나고 20년이 지나 송나라 명제(明帝) 태시(泰始) 3년(467), 뇌차종(雷次宗)에게 사사한 고환(顧歡)이 『이하론』을 지어서 불교배척의 첫 성토의 목소리를 높였는데, 이 『이하론』의 반향도 대단하였다. 이에 대하여 많은 반박론이 나왔는데, 명승소(明僧紹)의 『정이교론(正二敎論)』, 사진지(謝鎭之)의 『석이하론(析夷夏論)』, 주소지(朱昭之)의 『난이하론(難夷夏論)』, 주광지(朱廣之)의 『의이하론(疑夷夏論)』, 혜통의 『박이하론(駁夷夏論)』, 승민(僧敏)의 『융하론(戎夏論)』등이 현존하고 있다.

고환의 『이하론』은 이적의 종교인 불교는 중국이 받아들일 것이 못 된다는 논리이다. 그러나 노자와 불타는 동일인이라 하여 근본적으로는 같으나, 그 나타난 모습이 다를 뿐이라고도 해서 불교의 깊은 교리를 공격하는 것이 아니라 완전히 민족적인 우열의 경쟁이었던 것이다.

고환과 거의 동시대에 장융(張融)은 『문율(問律)』을 지어서 '도교는 본(本)이고 불교는 적문(迹門)'이라고 하는 본적론(本迹論)으로써 불교를 깎아내렸으나 본래 이것은 이교의 일치를 서술한 것이다. 이러한 것에 반하여 남제의 사도(司徒) 주옹(周顒)은 통렬하게 반박을 가하고 있고, 그 후 맹경익(孟景翼)도 역시 『정일론(正一論)』을 저술하여 도·불 이교의 일치를 주장하였다.

북조의 불교폐척에 비하여 양무제는 도교를 금하여 조정백관과 서민에 이르기까지 도교를 믿지 못하게 하였는데, 그것은 무제 자신이 불교신자였기 때문이다. 이때 도사 육수정(陸修靜) 등은 양나라에서 북제로 도망하며, 문선제로 하여금 도교의 부흥을 꾀하게 하였다. 그러나 천보(天保) 6년(555), 황제는 도·불 이교의 대표자를 대결시켰는데, 그때 대통 법상(法上)은 담현(曇顯)과 승조(僧稠)를 보내서 논쟁과 방술을 겨루게 하였다. 그 결과 도교측이 모두 패하자 드디어 황제는 폐도교의 조칙을 내렸다.

그러나 이 사건과 육수정의 연대에 대해서는 이론이 있다. 육수정은 혜원 당시의 사람이라고도 하며, 또 송대에 천보사(天保寺)의 도성(道盛)과 도·불 논쟁을 한 송대 학자로서도 전해지고 있다. 대체로 그는 송 폐제(廢帝)의 원휘(元徽) 5년(477)에 72세를 일기로 생을 마쳤다고 하니까 이 사건은 좀 더 검토되어야 할 것이다.

불교신자인 문선제의 폐도교에 대해 도교신자인 북위의 태무제와 북주 무제가 폐불을 단행했던 것은 이미 상술한 바이다. 북주의 폐불에 즈음하여 지어진 견란의 『소도론』, 도안의 『이교론』은 둘 다 이교의 우열을 논하여 도교는 허망한 것이기 때문에 믿을 수 없음을 피력한 것들이다. 이로 미루어 당시 이교논쟁의 상황과 책략 등으로 많은 위경들이 작성되고 이를 근거로 논쟁하였던 것을 알 수 있다.

이 밖에도 북조에서는 북위 효명제의 정광(正光) 원년(520)에 궁정에서 도·불 이교의 논쟁이 있었다. 불교측에서는 융각사(融覺寺) 담무최(曇無最), 도교측에서는 청통관(淸通觀)의 강빈(姜斌)이 참여하였는데, 주로 부처님과 노자의 출생 전후에 관한 내용들이 논점의 주제가 되었다. 이때 강빈은 담무최에게 패배하여 마읍(馬邑)으로 유배되었다.

그 밖에 개인적으로 불교를 공격하여 폐지하고자 주장했던 사람들도 상당히 있었던 것은 당의 배불론자인 부혁(傅奕)의 『고식

전(高識傳)』(『광홍명집』 권6 수록)에 의해서도 알 수가 있다. 이들은 특히 도 · 불 관계만이 아니라 불교의 사회적 문제, 윤리적 문제 등을 가지고 불교를 공격하고 있다.

이와 같이 남북조시대의 불교는 유교와의 교섭이 빈번하고, 또한 논쟁도 연이어 지속적으로 일어났으나, 당시의 일반적인 풍조는 삼교일치 사상이었다. 즉 유교와 도교는 불교 그 자체에 대해서는 근본적으로 어떠한 공격도 하지 않았고, 오히려 궁극적인 입장에서 삼교는 하나였으며, 단지 밖으로 나타난 모습이 다르다는 것뿐이었다. 따라서 그 공격은 사회상의 문제 및 민족적 의식의 대립 위에서 전개되었던 것이다.

4. 교단의 발전과 그 폐해

교단의 발전

時　代		寺	僧　尼
西	晋	180	3,700
東	晋	1,768	23,000
	宋	1,913	36,000
	齊	2,015	32,500
	梁	2,846	82,700
	陳	1,232	32,000
	國家大寺	47	
魏	王公造寺	849	2,000,000
	百姓造寺	30,000	
北	齊	40,000	3,000,000
	隋	3,985	236,200

동진시대에 기초를 다진 불교 교단은 남북조에 이르자 급속한 발전을 이루었다. 교단의 중심을 이루는 사원과 승려의 수를 당나라 법림(法琳)의 『변정론』, 도선(道宣)의 『속고승전』 등에 의하여 살펴보면 표와 같다

이 같은 통계를 어느 정도까지 신용할 수 있는지는 의문이

며 특히 북조의 사원이 3만~4만 개이고, 승니의 수가 2백만~3백만이라는 것은 충분한 검토가 있어야겠지만 이로 미루어보아 당시 교단의 융성함을 짐작할 수 있다.

한편 이토록 사원과 승려가 급증하게 된 계기는 어디에 있을까?

제일 먼저 역대 왕조의 조사조탑(造寺造塔)과 도승(度僧)이 빈번히 행하여졌음을 그 첫째 이유로 들 수 있다. 북조에서는 북위 문성제가 흥안(興安) 원년(452) 천하의 군·현에 각각 부도를 세우고, 효문제는 태화(太和) 16년(492)에 조칙을 내려 4월 8일과 7월 15일에 대주(大州)에 100명, 중주(中州)에 50명, 소주(小州)에 20명씩 승려가 되는 것을 허락하였으며, 이후 이를 본받아 효명제 희평(熙平) 3년(518)에 영태후는 대주에 100명을 허락하고, 효명제는 신구(神龜) 원년(518)에 모든 군에 5층 부도를 세우게 한 것도 그 한 예라 할 수 있다.

이처럼 역대의 황제는 거의 다 승려를 득도하게 하고 절과 탑을 건립하고 있는데, 이것을 본받아 조정백관과 귀족부호도 사찰을 짓고 승려를 득도시키고 있다. 따라서 이 경우 대부분이 사사(私寺)와 사도승(私度僧)이었다. 이 사사와 사도승은 왕족과 귀족의 특권으로 행하여진 것으로 그 목적은 경제적, 세속적 세력이 뿌리내리게 하기 위한 것이 대부분이었다. 또한 일반서민 중에는 국가의 부역을 면하고자 불문에 몸을 감추는 자도 생겨났다.

이처럼 북위에서는 조사도승(造寺度僧)이 끊임없이 행하여져서 그 수 또한 많았고, 교단의 융성과 함께 여러 가지 폐해를 수반하게 되었기 때문에, 드디어는 조사도승의 금지령도 여러 번

104

내리게 되었다. 북위가 도움을 낙양으로 천도하고 얼마 지나지 않아 성중의 삼분의 일은 사원이 차지했다고 하니까 그때의 상황이 어떠하였는지 알 수 있으며, 앞에서 본 사원과 승려의 수가 그다지 과장된 것은 아님을 짐작할 수 있다.

게다가 이들 사원의 구조를 살펴보면 그 호화스러운 정도가 극에 달했는데, 특히 유명한 것은 북위 효명제의 희평 원년(516)에 영태후가 건립한 낙양의 영녕사였다. 대웅전은 태극전과 같으며, 9층 부도는 높이가 96자, 그 위에 10자의 찰간을 올려 합계 1천 자나 되었으며, 100리 떨어진 곳에서도 탑을 볼 수 있었다고 한다. 탑 위에는 금으로 된 보병(寶甁)을 올려 그 속에 각각 25석을 넣고, 아래는 승로금반(承露金盤) 30중이 있었다. 주위에는 전부 금탁(金鐸)을 달았는데, 그 크기는 1석이 들어가는 항아리와 같았고, 보탁을 울리면 10리 밖에까지 들렸으며, 불전 안에는 금불상 3천 구가 안치되어 있었다고 한다. 승방루관 천여 칸이 모두 금은으로 채색되었으며, 수미보전은 도솔천궁도 이를 따르지 못할 정도였다고 한다.

강남의 양나라에서도 무제가 건립한 대애경사(大愛敬寺)는 중원(中院)에서부터 대문에 이르는 길이 7리나 되고, 36암자를 거느리는 호사의 극치를 이루었는데, 그 구조는 마치 천궁과 같았고, 항상 천여 명의 승려가 살았다고 한다.

이렇게 사원과 승려를 중심으로 한 교단은 차츰 강대하고도 웅대해져 갔다. 여기서 주목해야 할 것은 신앙단체적인 법사 및 읍사(邑社) 등이 결성된 일이다. 법사는 주로 강남에서 재회(齋會)를 중심으로 하여 승속이 모였으며, 강북에서는 불상 건립을 인연으로 해서 이에 하나의 종교단체가 이루어졌던 것이다.

남북조시대에 들어 강북은 조상이 특히 성행하여 일족이나 한 마을을 중심으로 읍자읍의(邑子邑儀) 등이 모여서 불상을 건립하였다. 현재 남아 있는 금석문을 보아도 그때의 상황을 알 수가 있다. 예를 들면 동위 효정제(孝靜帝) 무정(武定) 원년(543)에 약 10년 걸려서 완성한 하남성 등봉부(登封府)의 불상은 비구와 비구니, 우바이와 우바새 등 500여 명의 힘으로 만들어진 것이라고 한다. 읍자읍이란 마을의 남녀를 가리키는데, 이들은 모두가 농민계급이었던것 같다.

이렇게 볼 때 북방불교는 강남의 귀족불교나 산림불교보다 더 일반화되고, 사회화되어 왔음을 여실히 보여주고 있는 셈이다. 물론 이러한 단체도 거의 불상 조성의 공덕으로 현세의 행복과 아울러 미래의 안락을 기원하였으므로 현세적 공리적인 것이 주종을 이루었다.

이에 비해 강남에서는 주로 귀족적이고 지식적이며, 고답적인 풍조가 많이 가미되어 있는데, 팔관재 등을 중심으로 하여 승속의 많은 사람들이 여기에 모이고 있다. 계를 지키고 경을 독송하며 교리를 논의하는 등 진지한 모임도 있었지만, 대부분은 귀족계급이 지식층으로서 즐기는 여유롭고 한가한 일이었다고 해도 과언이 아닐 것이다. 그러나 어느 쪽이든 이 같은 일은 당시 불교교단의 일면이며 불교발전의 양상을 보여주는 것이다.

통제기관

불교계를 통제하는 승관의 설치는 이미 동진시대 때부터 있었지만 이 시대에 와서는 남북이 함께 정비를 하였다. 북조에서는 태무제 폐불 후에 사현(師賢)이 도인통(道人統)이 되고, 승현, 담요 등이 이것을 계승하였는데, 그 후에 혜광, 법상, 영유 등이 사문대통, 혹은 사문통 등에 임명된 것은 유명하다.

이와 같은 승계(僧界) 통제기관은 처음으로 홍로사(鴻臚寺)에 속해 있었는데 후에 감복조(監福曹)가 되었다. 그러다 북위의 담요 무렵부터는 개정되어 소현사(昭玄寺)로, 다시 숭현서(崇玄署)로, 그리고 다시 동문사(同文寺)로 바뀌었다. 대체로 북조에서는 소현사라 하여 사문통을 소현사문통, 또는 소현사문도통이라 불렀다. 이 소현사에서는 대통(大統) 한 사람, 통(統) 한 사람, 도유나(都維那) 세 사람의 정부(正副) 승관이 있고, 그 밑에 공조(功曹), 주부원(主簿員)이 있어서 전국 모든 군·현의 사문조(沙門曹)를 관리하였다. 이것은 중앙 승관이며, 지방의 주·현에는 제각기 주통, 군통, 현통 또는 주도 이하 도유나 등의 기관이 마련되어 각기 소재의 승계를 관리하였다. 순서는 통, 도, 유나였는데, 대통이라는 것이 있어 통 위에 자리하고 있었다. 북제 때에 소현 10통이 설치되자 법상은 대통에 임명되었다. 또 국도, 국통인 승관도 보이는데, 이것은 모두 사문도, 즉 소현도, 소현통이므로 이것을 국도, 국통이라 칭한 듯하다.

남조에서의 승관은 북조와 달리 사문통, 사문도, 소현사와 같은 명칭이 없이 승정(僧正), 열중(悅衆), 도유나(都維那), 승주(僧主), 법주(法主) 등으로 불렀다. 송나라 초 지빈(智斌)은 승정이 되고, 승근(僧瑾)은 천하의 승주가, 혜거(慧璩)는 경읍 도유나가, 도온(道溫)은 도읍 승주가 되었다. 승주와 승정, 법주는 같은 것이며, 승정 밑에 도유나 혹은 열중이 위치해 승정을 돕는 역할을 맡았다.

여기서도 중앙에 있는 천하의 승정, 도유나가 전국을 통괄하고 이 밑에 도읍승정이나 도읍도유나를 비롯하여 각지에 승정과 유나가 설치되어 승계를 관리하였다.

이처럼 승관은 전부 국가로부터 임명된 관리이므로 경제적 지급은 물론이고 교통비에서 부리는 노비까지 부여되었기 때문에 국가적 세속 권리와 함께 경제적으로도 아주 넉넉하여 결국 그 때문에 교단 타락의 한 원인이 되기도 하였다.

각 사찰에 있었던 사관(寺官)으로서 삼강(三綱)제도가 마련되었는데, 『위서석로지』에 의하면, 상좌, 사주, 사유, 유나의 사무(寺務) 관리의 역할을 맡고 각 사찰을 통괄하고 있었다. 이것은 물론 사원의 법무, 사무를 비롯하여 모든 업무를 취급하였는데, 보통 큰 사원에는 이 삼관이 임명되었고, 그 중에는 한두 관리만으로 통괄되던 절도 있었다.

불교계는 이렇게 위와 같은 승관 사관들이 통괄하였지만 승니를 단속하는 불교 독자적인 법률도 제정되어 있었다. 원래 출가는 방외(方外)의 선비이므로 세간법에 의해 다스려질 것이 아니라, 불교 속의 계율을 따라 처분되어야 마땅한 것으로 여겨졌다. 중국에서도 계율을 따랐는데, 북위 효문제 태화(太和) 17년(493)에는 승제 47조가 제정되고, 이어 혜광은 승제 18조, 영유는 승니제 등을 만들었다. 대체로 국가의 법률과 불교의 계율을 합친 것으로 보통 살인죄 이상은 국가의 형법에 의하고 그 외는 불교의 계율에 따라 처벌하였던 것 같다.

양무제는 살인죄까지도 계율에 맡겼으나 양무제의 독실한 신앙에서 볼 때 그것은 논외의 문제다. 어쨌든 교단은 사법자치권을 가지고 사찰 안에서는 삼강이 이것을 담당하고 다시 승관이 지배 관리하였다.

남북조 초기에 구나발마에 의하여 계단이 설치되자 남북이 잇달아 설치하여 이로써 승니는 정규계법을 받게 된다. 각 사찰에다 승적을 두고 안거 등에 참석하거나 불교학 연구에 종사하였는데, 여러 지방을 다니며 수행하거나 무리를 지어 각 지방을 다니면서 교화하는 일도 있었다. 이 지방유화를 할 때도 매우 엄중하여 북위에서는 승적 없는 사도승의 횡포를 방지하기 위하여 순화승(巡化僧)에게는 반드시 주진(州鎭)인 유나의 증명서를 휴대케 하였다.

니승 교단의 성립

중국에서의 비구니는 이미 삼국시대 때부터 있어온 것 같으나 문헌에 나타난 최초의 비구니는 동진 성제(成帝)의 함강(咸康) 연중(335~342)에 생존했던 비구니 정검(淨檢)이다.

그 후 송나라 원가 10년(433)경 구나발마, 승가발마에 의하여 계단이 설치되고 정식으로 비구니 수계법이 갖추어지며 비구니가 차차 증가해 갔다.

이리하여 남북조시대에 이르자 비구니 교단이 성립 발전되었는데, 비구니를 위한 비구니 사찰도 세워지고 비구니 승관도 설치되었다. 보현니(寶賢尼)는 송나라 명제(明帝) 태시(泰始) 원년(465) 조칙에 따라 보현사의 주지가 되었으며, 다음해 도읍승정에 임명되었고, 법정니(法淨尼)도 같은 해 경읍도유나에 임명되었다. 이럴 경우 승정은 정관(正官)이고, 도유나는 부관(副官)에 해당할 것이다. 이 승관은 그 이름이 나타내듯이 전 비구니 교단의 승관이 아니라 경읍의 관리직이었다. 이 밖에 전국의 승정이 임명되고 있으며, 지방에도 이와 같은 관직이 임명되고 있었던 것 같다.

양나라 보창(寶唱)은 『비구니전』을 저술하여 비구니 65명의 사적을 서술하고 있다. 이를 보면 모두가 계행정진하고 불법을 위해 소신 공양하였거나 황제의 특별한 대우로 궁정에 출입하기도 하며, 여러 곳을 유력하면서 승속을 교화하고, 굶주린 이에 먹을 것을 주고, 추운 자에게 옷을 주는 사회사업에 종사하는 한편, 경전을 강술 연구하여 승속 제자 수백 명을 거느리는 사람도 있었다. 그들은 비구니 절을 세우고 이를 중심으로 활동하였는데, 이 시대의 비구니 교단은 아주 눈부신 활약을 하였다.

북위 낙양의 요광니사(瑤光尼寺)는 그 구조가 아름다움의 극치를 이루며, 500여 칸이나 되는 강당과 방은 물론이요, 진귀한 초목은 말로 형언할 수가 없었다. 양무제가 건립한 대지도사(大智度寺)의 구조도 지극히 웅대하여 500명의 상주 비구니가 이곳에서 경전공부를 하였다고 한다. 그 밖에 여러 비구니 사찰이 이를 본받고 있는 것으로 보아, 그 발전된 모습을 알 수 있다 하겠다.

비구니 사찰은 당시 왕비의 은둔소가 되기도 하였다. 『북사(北史)』에 의하며 북위 효문제의 폐황후 빙(馮)씨는 연행니(練行尼)가 되어서 일생을 요광니사(瑤光尼寺)에서 보냈고, 효문제의 유(幽)황후는 한때 병 때문에 친정으로 쫓겨갔다가 비구니가 되었

110

으며, 선무제의 황후 고씨도 비구니가 되어서 요광니사에서 살았다. 뿐만 아니라 선무제의 영(靈)황후 호(胡)씨도 비구니가 되었으며, 효명제 황후 호(胡)씨는 요광니사에서, 서위 문제의 문황후 을불(乙弗)씨는 수십 명의 노비와 함께 출가하였다. 이 밖에 북제 북주의 많은 왕비들도 비구니가 되었다. 이것은 비구니 교단의 귀족화를 의미할 뿐만 아니라 사회의 은둔소로서의 사원을 연상하게 해주고 있는데, 이로 인하여 사원과 귀족과의 관계는 더욱 깊어지게 되었다.

사원경제

비구는 무일물(無一物)이며 걸식하여 생활하는 것이 원칙이었지만, 사원이 세워지고 교단이 성립하고 승려 수가 증가함에 따라 자연히 자급자족이 필요해지고 사원재산도 요구되었다. 이것이 바로 시방상주물(十方常住物)이며, 삼보물(三寶物)로서 부처님이 허용하신 것이라도 한다.

상주물 중 가장 큰 것은 사전(寺田)인데, 이 사전이야말로 사유(寺有)재산의 첫째가는 것이었다. 이 사전은 처음 보는 거의 보시에 의지하였다. 최초에 사탑을 건립할 때 시주자가 전원 등을 기증함으로써 경제적 기초를 확립하고 있는 경우가 대부분이다. 또한 단월(壇越)이나 신도가 추선보리(追善普提)를 위해, 현제안온 기도나 질병 치료를 위하여, 그 밖에 여러 가지 명목으로 많은 전원을 보시하자, 사원재산은 점차 비대해졌다. 이렇게 사전이 불어나자 사원측에서도 이것을 자본으로 하여 적극적으로 부의 증식을 꾀하게 되었으며, 이로써 사원의 사유재산은 더욱더 증가하게 되었다. 다시 말해 전원의 매매나 병합, 또는 이를 자본으로 한 영리사업 등을 적극적으로 벌였던 것이다.

남북조 교단의 급격한 발전은 자연히 사원재산의 비대를 불러왔다. 송나라 문제는 아육왕사에 상주전(常住田)을 두고, 송나라 원가(元嘉) 중엽 범태(范泰)는 기원사(祈洹寺)를 건립하여 과죽원(果竹園) 60정보를 보시하고, 양나라 무제는 아육왕사 상주전의 세금을 면제하는 한편 대애경사를 건립하여 사찰 방향내 위치한 동진 왕도(王導)의 사전(賜田) 80여 경을 사서 사전(寺田)으로 만들었다. 역시 양무제 때, 장효수(張孝秀)는 동림사에 살면서 부곡(部曲) 수백 명을 거느리고 수십 경의 사전을 경작하여 그 수확을 전부 대중에게 공양하였다고 한다.

북방에서의 사전 역시 방대하였다. 북위 태무제 때 폐불의 도화선이 된 장안의 한 사원은 주군(州郡)의 목수부인(牧守富人)으로부터 많은 보시를 받아 절 안에 보리밭이 있고 말을 사육하기까지 하였다고 한다. 서위 때는 중흥사의 논이 100경이나 되고, 배, 대추, 잡과 등은 멀리서 바라보면 구름같았다고 한다.

승지호(僧祗戶), 승지율(僧祗粟), 불도호(佛圖戶) 제도는 불교의 사회사업이었는데, 그 중 중죄인을 다스리는 불도호는 사원의 잡역이나 전원에 종사시키기도 하면서 사찰자산으로 취급하였다. 승지율도 빈민구제의 목적이었지만 후에는 사원재산의 중요한 한 부분을 차지하게 된다는 점에 주목해야 할 것이다. 북위 효문제가 석벽(石壁) 현중사(玄中寺)에 사장(寺壯)을 하사한 것을 비롯하여, 각 단월과 신도들이 여러 사원에 많은 사전과 택지를 보시한 사실은 많은 금석문을 통하여 볼 수 있다.

112

또한 사도승의 증가와 징병과 사역을 피하기 위해 출가한 승니는 전체 승니의 자질을 저하시켜 때로는 이익을 추구하여 일반 서민과 축재를 다투는 등 영리에만 정신을 쏟는 일마저도 일어났다. 『위서석로지』에 의하면 사원의 넓기가 전택(田宅)마저 점령하여 마치 빈민을 침략하는 것 같은 상태였기 때문에 조정에서 여러 번 금지령을 내렸으나 이도 또한 철저하지 못하였다 한다.

이와 같이 사원은 공유재산으로서 많은 사령(寺領)과 그 밖의 많은 사유(寺有)재산을 가지고 있었는데, 한편 승니에게도 사유(私有)재산이라고 간주되는 것이 있었다.

출가인의 사유재산은 계율로 금지되어 있었지만 승니의 증가에 의한 자질 저하는 승니로 하여금 상인과 이익을 다투게까지 만들었다. 양나라 시대에 형주 장사사(長沙沙)의 승려는 수천 냥의 황금으로 용을 만들어 땅속에 묻어 두었으며, 북위 선무제 때 자기재산으로 이자놀이를 한 승니도 있었던 것 등은 가장 대표적인 예이다.

또한 황제를 비롯하여 단월 신도들로부터 받은 보시는 제자를 양성하고도 남았다. 송나라 도맹은 명제로부터 매달 봉급 3만 전과 영리 4명, 백적리 20명, 수레와 가마를 각각 하사받았으며, 제나라 국사인 법완(法瑗)은 봉급 3천 호(戶)를 하사받았으며, 승관이 된 사람들은 모두 국가로부터 충분한 경제적 지급을 받고 있었다. 더욱이 엄청난 양의 보시를 생각하면 승니 개인의 재산은 대단히 큰 것이었다. 이 사유재(私有財)와 사원재산과의 관계도 분명하게 구별되어야만 하는 것이었지만 그렇지 않은 부분도 있었다.

당시 승니의 생활을 보면, 먼저 출가자는 절에 가서 행자가 되어 잡역에 종사하며 수행하다가 스승 밑에서 사미가 되고 다시 계를 받아 비구나 비구니가 되는데, 승적은 그 절에다 두었다. 이렇게 스승을 따라 불교를 연구하다가 다시 여러 지방을 순력하여 여러 선지식의 강의에도 참석하여 그들의 교학을 충분히 배운다. 그 후 자신도 강의를 열어 승속에게 설법하기도 하고 교화사업에 진력하기도 하는데 여러 지방을 돌아다니며 포교하거나 한 사찰을 중심으로 활동하기도 하였다.

옷은 삼의일발주의(三衣一鉢主義)로서 검소함을 중요시하였다. 옷 색깔은 처음에는 빨간색이었으나 나중에는 잡색으로 바뀌게 된다. 남북조에서는 검은색 옷도 입었는데 북주 무제가 검정색을 싫어하여 모두 황색 옷으로 바꾼 적도 있었다. 칠조가사(七條袈裟), 구조가사(九條袈裟) 등도 있고, 차츰 색조와 장식을 더하여 금색이 수 놓인 비단처럼 눈부신 것도 있었던 모양이다.

밥은 정오를 지나면 먹지 않는 것이 규정으로 되어 있었으나 중국에서는 계율대로 여법하게 수행하는 자는 적었던 것 같다. 처음에는 부처님과 같이 걸식행각을 본받았지만 이 시대가 되자 거의 없어지게 되고 오히려 그런 행위를 멸시하게까지 되었으며, 그 대신 여러 단월로부터 식사를 대접받는 것이 보편화되었다.

겉으로만 채식일 뿐 이면으로는 술과 고기도 마다 않는 승려도 있었기 때문에 자주 문제가 되었다.

주거는 사원 내의 당당한 승방에서 살았다. 그러나 이들 승니의 경제생활은 남북조시대에 들어와서는 점차 눈에 걸리는 현상들이 생겨나 결국에는 폐불정책의 한 원인으로 작용하였다.

교단의 타락과 폐해

교단의 발흥함에 따라 타락과 폐해를 수반하게 되는 것은 당연한 일이다. 북조에서는 승니 2백만 명이라는 대교단이 형성되어 참다운 출가자를 가리기가 어렵게 되었으며, 특히 징병을 피하기 위해 절에 들어온 사도승이 증가하게 되니 교단이 얼마나 부패되었는가는 상상하고도 남음이 있다.

승니는 병역을 면하는 특권을 가지기 때문에 이를 이용하여 승니가 되려는 자가 헤아릴 수 없을 정도였다. 이런 경향은 남북이 다 마찬가지였는데, 국가로부터의 세금을 비롯하여 일체의 부역에서 빠져나가려는 자들이라서 출가의 의지도, 소양도 전혀 없이 그저 축재에 바쁠 뿐이었다. 출가란 표면뿐이고, '논을 경작하기가 농민과 같았고, 장사에 종사하여 상인과 이익을 다투며, 길흉까지 점쳐서 대중을 혼란시키는' 사람들이 불어났다. 드디어는 승려로서 막대한 재산을 축적하여 고리대금 행위를 하는 자들까지 생겨나 승지속(僧祇粟) 대차(貸借)로, 증권을 조작하는 등 부정까지 행하여져 민중으로부터 지탄받는 일도 있었다. 도유나 승섬(僧暹), 승빈(僧頻)의 부정 착취 등으로 인하여 마침내 목을 매거나 강물에 투신하여 자살한 사람들이 50여 명이나 되었다고 하니 당시의 폐단이 어느 정도였는지 추측할 수 있다.

또한 왕공귀족은 교단을 이용하여 자기의 재력을 양성하고자 빈번히 노비들을 출가시켜 사도승들을 많이 걸러냈는데, 북위 태무제는 이러한 사문양육을 금지하고 선무제 때에는 노비출가 금지령을 내렸다.

이와 같은 위람(僞濫)의 사도승은 풍기상으로도 지탄을 받고 많은 문제들을 일으켰으니 그 예로 낙양 요광니사에서 일어났던 사건은 사회적으로도 문제가 되었다. 승니가 서로 계율을 범하고 비구니가 비구의 처첩이 되는 일까지도 왕왕 벌어졌기 때문에 불교 배척자들의 좋은 구실이 되기도 하였다. 따라서 양무제의 「단주육문(斷酒肉文)」에 보이는 바와 같이 '어육류와 술을 먹고 진수성찬으로 포식을 하며' 탁발행각을 멸시하는 그런 승려들도 있었던 것이다.

종교적 단체를 이용하여 불평분자가 폭동을 일으킨 일이 있었다. 종교일규(宗敎一揆)라고도 하는데, 북위 효명제 때에 사문 법경(法慶)이 스스로 대승불(大乘佛)이라고 칭하여 대중을 모아 폭동을 일으켰으며, 이보다 앞서 효문제 때에 사문 법수(法秀), 선무제 때에 사문 유혜왕(劉慧汪), 유광수(劉光秀), 유승소(劉僧紹) 등이 잇달아 반란을 일으키고 있다.

5. 남북조의 불교문화

불교미술

남북조의 불교는 상술했듯이 대단한 발전을 이루었으며 사원과 승니의 수는 중국불교사에서 가장 많았다. 하지만 그 내용은 아직 서역불교를 그대로 받아들인 것으로 중국화한 불교는 다음 시대를 기다리지 않으면 안 되었다. 즉 사상적으로 통일된 것이 아니라 어수선한 그대로 보급된 것이었다. 따라서 이러한 불교에서 나온 불교미술도 역시 어수선한 것이었지만, 거기에는 서방문화를 중국화하려는 의지가 나타나 있는 점도 간과할 수 없다.

불교미술로서 먼저 불상, 사탑, 회화 방면을 살펴야 할 것이다. 이 시대 조상(造像)의 성행은 전후에 비할 수 없을 정도인데, 특히 석불조성은 세계에서 으뜸가는 것이었다. 그 중에서도 북위의 운강과 용문석굴사원의 대석불은 당시의 호화 웅대한 모습과 북위 불교문화의 융성을 말해주고 있다.

운강석불(雲崗石佛)은 북위의 도읍지인 대동에서 서쪽으로 약 20Km, 무주산의 산중턱을 개착한 것인데, 동서로 약 1Km나 되는 대규모의 것이다. 불상의 크기는 19m로부터 21m나 되며, 그 웅대한 구상은 실로 세계제일이라고 하여야 할 것이다. 현재는 다소 파손되어 있으나 40개가 넘는 크고 작은 석굴과 헤아릴 수 없이 많은 석불은 옛날의 모습을 그대로 보여주고 있다. 이 석불은 북위 문성제 때, 사문통 담요의 간청으로 시작된 것이다. 태무제가 단행한 폐불의 뒤를 이은 문성제는 태무제의 참회멸죄, 추선공양과 선왕들의 깨달음을 위하여 공사를 시작하였으며 그 후 헌문제, 효문제도 이를 본받아 계속 작업을 이끌어갔다.

대동의 석불은 낙양 천도로 인해 일단 중지되고 그 대신 낙양의 남쪽 용문(龍門)에 다시 대석굴이 개착되었다. 이것은 선제추선(先帝追善)을 위하여 만든 것인데, 석굴 3곳, 23년의 기간, 80만 2천3백여의 거액을 들여서 만들어졌다고 하니까 얼마나 큰 규모인가를 알 수 있을 것이다. 20개 정도의 굴이 현존하고 있는데, 북위시대 것뿐만이 아니라 당나라 때까지 개착이 계속되었기 때문에 각 시대의 불상이 그대로 남아 있다.

이들 운강과 용문석불(龍門石佛)은 멀리 인도의 간다라 식과

굽타 양식을 수입하고 있으며, 거기에다 북위 특유의 강건하고도 호화스런 기풍이 넘치는 데다 중국화하려고 한 의도까지 엿보이고 있다. 그러나 이 모두가 육조미술의 대표적인 것이며, 그 맥락에서 일본 고대 불교미술의 원류를 이루는 것이기도 하다.

그러면 이들 석굴은 어떤 경전과 신앙에 근거를 두고 만들어진 것일까? 이것은 적어도 불상과 비문 등으로 미루어 보면 『법화경』, 『유마경』, 『화엄경』, 『반야경』, 『금광명경』, 『무량수경』과 불전인 『서응본기경』 등에 의한 것임을 알 수 있다.

이상의 운강, 용문 외에 북위시대의 것으로서 용문의 동쪽에 공현(하남성)석굴이 있다. 이 석굴은 운강, 용문의 2대 석굴에 이어서 북제 불교문화를 대표하는 것으로서 천룡산 및 향당산의 석굴이 있다. 북제문화의 중심지는 진양(晉陽), 즉 태원과 업이었는데, 천룡산은 이 태원의 서남 부근에 위치하며, 향당산은 업도에서 가까운 북쪽에 위치하고 있다.

천룡산 석굴은 동서 두 봉우리로 갈라져, 북제 문선제의 선암석굴사, 효소제의 천룡석굴사를 비롯하여 많은 사원이 건립되었는데, 그 후 당대까지 이어지고 있다. 지금 21개의 굴이 현존하지만 북제의 것은 5개 정도이고, 나머지는 수대의 것이다. 북제의 조상(造像)은 북위의 것을 답습한 것으로 그 기법은 한층 더 진전을 보이고 있다. 향당산석굴도 남북으로 갈라져 있는데, 모두 북제 왕실과 깊은 관계를 가지고 있다. 다시 말해 천룡산의 석굴과 함께 북제 왕실의 영묘로서 석굴사가 건립된 것이다.

이러한 대규모 석굴뿐만 아니라 그 밖의 석굴 불상으로 산동성 제남 부근의 천불산을 비롯한 당시의 석불조상은 최고조에 달

118

한 것인데, 이것은 모두 현세적 이익과 미래의 행복을 얻으려는 목적에서 조성되었다. 위로는 황제와 왕족귀족들로부터 아래는 일반서민에 이르기까지 모두 이 조상에 참여하였다.

다음 북제시대의 석각(石刻) 경전을 살펴보기로 하자.

석각 경전은 암석에다 경전을 새겨 영원히 불법을 전하고자 하는 호법불사(護法佛事)의 표현이다. 현존하는 것으로서 산동성 태안 부근에 위치한 태산의 금강경석경, 향당산석굴, 북제의 당옹발원(唐邕發願)의 석경이 있다.

이 불사는 특히 북제가 들어서면서 성행한 것인데, 그 외에도 산동성 방면의 철산, 강산, 첨산, 갈산 등지에서도 석경이 발견되었다. 이와 같은 석상미술은 지세와 석재와의 관계 때문에 북방에서 성행하였고, 강남에서는 그다지 찾아볼 수가 없다.

불교건축에서 사탑의 화려하고 장엄함을 자랑하는 것은 이 시대 불교미술의 일면을 말해주고 있는데, 북조 낙양의 사원을 기술한 『낙양가람기(洛陽伽藍記)』를 보면 그러한 모습을 잘 알 수가 있다. 넓은 회랑에 연결되어 당탑(堂塔)이 즐비하며, 그 모습은 천궁과 같고 황실을 능가할 정도였다고 하며, 금벽으로 장엄하고, 채색된 벽화와 단엄한 불상들이 안치된 모습은 마치 정토에 있는 듯하다고 표현하고 있다. 불탑도 성행하여 낙양 영녕사의 불탑은 "백리 밖에서도 이를 볼 수 있다"고 말할 정도였다. 이들 건축들이 현존하지 않기 때문에 그 양식까지는 알 수 없지만 어쨌든 당시의 불교건축이 얼마나 진전되어 있고 화려한 것이었는지 짐작이 가며, 또한 일반건축에도 큰 영향을 주었던 것만은 사실이라 하겠다.

불교회화도 상당히 발달하였는데, 그 대부분은 벽화에서 잘 나타나고 있다. 남제의 모혜수(毛惠秀), 북제의 조중달(曹仲達), 진의 요최(姚最) 등이 다 유명한 불화가들이며, 그 밖에 고의지 (顧顗之), 재기(載基), 장승요(張僧繇) 등도 불교회화와 관계를 맺고 있었기 때문에 당시의 벽화 중에는 훌륭한 작품들이 많았을 것이다.

불교의례

의례는 종교에 있어서 중요한 역할을 하고 있는데 불교에서는 일반적으로 법회(法會)라 부른다. 중국에서는 동진시대부터 차츰 성행하여 남북조에 이르러 법회행사는 거의 정비되었다.

그 중 가장 대표적인 것이 부처님 오신 날인 사월 초파일에 행해졌던 법회이다. 관불회(灌佛會), 욕불회(浴佛會)라 불리는 초파일 법요식은 일찍이 후조 석륵(石勒) 때부터 행하여졌다. 이 시대에 들어와서는 송나라 효무제가 대명(大明) 6년(462)에 내전에 관불회를 마련하고, 송나라 유경선(劉敬宣)은 대중이 관불하는 것을 보고서 자신도 어머니를 위하여 관불회를 베풀었다고 한다. 또한 형초지방의 사원들이 모두 재를 베풀었는데 향탕으로 욕불하였다고 한다.

사월 초파일에는 관불회 외에도 행상(行像)이라는 행사가 열렸는데, 불상을 가마에다 장엄 안치하여 성 안을 순행하면 사람들이 불상을 향해 분향 예배하는 행사이다. 이는 인도 서역에서 행하던 것이다. 북위 태무제는 사원의 행상에 친히 산화 예배하고 낙양 경흥니사의 행상은 100사람이 들어야 할 정도의 가마였고, 또한 장추사(長秋寺)의 행상에는 구경꾼이 너무 많아 밟혀 죽은 사람도 있었다고 한다. 선무제가 건립한 경명사에서는 4월 7일에 도읍지의 모든 불상을 이곳에다 집합시켜 다음날인 8일에 선양문에서 행상을 거행하였는데, 황제가 친히 꽃을 뿌렸으며, 그 혼잡함은 말로 다할 수 없을 정도였다고 한다. 성도(成都)에서도 행상이 행하여지고 그 외 지방의 사원에서도 행해진 듯하며, 그 중에는 탄생일을 2월 8일로 정해서 행상을 한 곳도 있었던 것 같다.

초파일 법요식에 이어 일반적으로 자주 행해진 것은 7월 15일의 우란분회(盂蘭盆會)이다. 양문제는 대동(大同) 4년(538), 동태사에 나아가 우란분재를 올렸는데, 이것은 일반사원에서도 행하던 행사였다.

강남의 귀족들 사이에서 활발히 행해진 것으로 팔관재회가 있다. 승니들을 청하여 하루 종일 계율을 닦는 것인데, 제나라 무제가 궁중에서 팔관재를 베푼 것을 시작으로 불교에 관심 있던 귀족들이 모여서 이를 행하게 된 것이 하나의 행사로 자리잡은 듯하다. 처음에는 규칙 등을 정하여 엄수한 모양이지만 이후에는 귀족계급의 일시적인 유희로 전락하여 형식적인 것이 되어 버렸다.

북위 태무제는 자신의 생일에 전국 사원에 명하여 축수법회를 행하고, 효문제는 경성의 사찰에 7일간의 행도(行道)를 시켰다. 북주 선제도 동서 두 경성의 척고사(陟岵寺)에서 행도를 시키고, 양무제와 진나라 황제들은 무차대회, 평등대재 등을 대규모로 행하였는데 모두가 나라를 위하고 일반사회를 위하여 공덕을 닦는 법회라 볼 수 있다. 양무제가 중대통(中大通) 원년(529)에 경성의 전염병 때문에 구고재(救苦齋)를 베푼 것도 사회구제를 위한 법회였다.

천승회(千僧會), 만승회(萬僧會)라는 이 재회는 한꺼번에 천 명 만 명이 모이는 것이 아니라 100명, 200명을 단위로 하여 수회 또는 수십 회에 걸쳐 행한 것이었다. 양무제, 남제의 문혜태자, 진나라의 후주, 북제의 문선제 등이 천승회를 베풀고 북위의 효문제를 만승회를 베풀었는데, 이 모두가 공덕을 쌓기 위한 것이었다.

이 밖에 재회와 강경(講經), 때에 따라서 열리는 법회, 불탑공양의식, 성도회, 열반회 등은 모두 이 시대에 행해진 불교의례였다.

이와 같은 법요는 아니지만 승니에게는 하안거가 있었는데, 남제의 황태자는 4월 15일부터 7월 15일까지 현포원(玄圃園)에서 승려의 안거를 마련하였으며, 북의 효문제는 대주에서는 300명, 중주는 200명, 소주는 100명씩 정원을 정하여 하안거를 하도록 하였는데, 이때의 비용은 승지속(僧祇粟)으로 충당하였다.

6. 사회사업

남북조에서 불교사회사업으로 유명한 것은 북위의 승지호(僧祇戶), 불도호(佛圖戶)제도와 양무제의 무진장 설치이다.

승지호 제도는 북위 초 사문도통인 담요의 간청으로 설치된 것인데, 평제군호(平齊郡戶) 및 백성들에게 곡식 60석을 정월에 승조(僧曹)에 바치게 하였다가 그 좁쌀을 승지속이라 하여 빈민구제에 이용하려고 하였다. 이 승지속은 기근에 대비하여 빈민에

122

게 대여하였다가 풍년에 거둬들이는 제도인데, 그 관리가 승려에게 일임되고 있었다. 효문제 승명(承明) 원년에는 양주군호(涼州軍戶) 조순자(趙筍子) 등 200호가 승지호로 되어 있으며, 후에는 승속을 가리지 않고 모두에게 대여하여 구제의 목적으로 사용하였다.

승지호와 동시에 담요는 중죄 범인과 관노들을 동원하여 불도호라하여, 절의 청소, 논밭 경작 등 일체의 잡역에 종사토록 하였다. 승지호, 불도호 제도는 당시 대단히 환영받아서 전국의 여러 곳에 보급되었고, 모든 사원이 다 이 제도를 이용하게 되었다. 이것은 불교의 사회구제 사업임과 동시에 한편으로 사원경제에 가장 유력한 재산으로서 발전하게 되었다.

양무제는 무진장을 13곳이나 마련하여 방생, 보시에 이용하였는데, 무진장은 당대(唐代) 삼계교의 구제사업인 무진장원과 연관되어 있으며, 둘 다 복전사상에 의한 빈민구제사업이었다. 또한 이들과 관련하여 사원에 전당포가 설치되어 서민계급의 금융에 대처한 일도 있었다. 형주(호북성) 장사사(長沙寺)의 사고(寺庫)는 그 한 예이다.

이 시대에 사원과 승니가 구빈, 구기근, 구병 등에 종사한 예는 상당히 많다. 북제의 무평(武平) 6년(575) 수해로 인하여 사람들이 기근에 허덕일 때 사원부호(寺院富戶)가 일어서서 구제에 노력하고 송나라 승전(僧詮), 승근(僧瑾), 법공(法恭), 도맹(道孟)은 많은 보시를 모두 빈민구제에 베풀었으며, 진나라 법랑, 담연, 영유 등이 가난한 사람에게 보시하였던 것도 같은 맥락에서 이루어진 것들이다.

의료 방면에서 활약한 승니 또한 적지 않았다. 송나라 배도(杯度), 제나라 승혜(僧惠)는 신이로운 사람이며, 송나라 고조(高祖)가 창병에 걸렸을 때, 사문 한 사람이 황산약으로 치료했다고 한다. 또한 제나라 법영(法穎)은 보시로 약장(藥藏)을 세웠으며, 어머니의 병 치료를 위하여 사문에게 7일기도를 올리게 한 제나라 진안왕소의 행위 등은 모두가 불교 의료구제의 일례이다. 나아가 북제 무평 6년 불상을 세운 기록인 『도흥조상기(道興造像記)』에는 매우 상세한 병치료 처방이 서술되어 있는데, 이것은 불교의 료와의 밀접한 관계를 나타내는 것이라 볼 수가 있다.

동위의 무정(武定) 7년(549) 양응사(楊膺寺)를 비롯하여 금성사(金城寺), 옹성사(甕城寺), 항안사(恒安寺) 이하 일곱 개 사찰의 승려가 뜻을 모아 목재를 보시하여 의교(義橋)를 만들고, 낙양 경락사(景樂寺)에서는 뽕나무를 몇 그루 심고 그 아래 우물을 파고 철두레박을 마련해 여행자가 그늘에 쉬면서 갈증을 달래도록 하였다. 이것은 인도 서역에서도 행하여진 무료휴게소, 무료숙박소인 복덕사(福德舍)사상을 받아들인 것으로 이와 같은 설비가 각지에 설치되고 있었다.

불교는 부처님의 대자비정신을 완벽하게 구현 교화하는 데에 그 목적이 있었다. 따라서 당시에도 여러 가지 사회시설과 사회사업이 이루어졌다. 구나발마가 송나라 문제에게 선정을 베푸는 것이야말로 공덕 제일이라고 말한 것은 바로 불교의 사회교화의 첫걸음이라고 할 수 있을 것이다.

북위 명원제(明元帝)는 사문으로 하여금 백성을 교화케 하였다. 당시 사문들의 민중교화는 매우 폭넓게 행하여져 모든 사문

124

들이 촌락을 돌면서 재회를 베풀고 강의하거나 창도(唱導)를 하는 등 다양한 방법으로 민중을 교화하였다. 양나라『고승전』에도 창도라는 과가 마련되어 도조(道照), 담영(曇穎), 혜거(慧璩), 담종(曇宗), 담광(曇光), 혜분(慧芬), 도유(道儒), 혜중(慧重), 법원(法願), 법경(法鏡) 등을 예로 들고 있는데, 창도란 설교라는 뜻이다. 그들은 당시 창도사로서 이름을 떨치며 뛰어난 변설과 해박한 지식과 재능으로 비유를 들어 불교를 가르쳤기 때문에 그 감화는 대단한 것이었다. 또한 경사(經師)라고 하여 경전을 독송하거나 전독하고 범패로써 교화하는 사람들도 있었다. 북조에서 조상(造像)에 관한 모임에는 반드시 이런 사문들이 사람들을 교화하였는데 강남의 재회에도 또한 이런 강설이 행하여지고 있었다.

불교의 자비에 의한 방생사상은 널리 사회의 상하계층에 보급되었다. 양무제는 천감(天監) 16년(517) 조칙을 내려, 천하의 종묘에 살아 있는 제물 올리는 것을 금지하고 소찬(素饌)을 사용하게 하였으며, 의사가 산 목숨으로 약을 만드는 일, 일정한 구역을 정하여 축생류를 살생하는 일 등을 금지시켰다. 이것은 일찍이 북위의 효문제 때에 행하여진 일이다. 효문제 연흥(延興) 2년(472)에 칙명으로써 종묘에는 희생물의 사용을 금지하였는데, 그로 인하여 설날에 7만 5천의 희생물이 목숨을 구했다고 한다. 황제는 산 목숨의 살상을 금할 뿐만 아니라 다시 대화(大和) 원년(477) 영녕사에서 재를 베풀어 사형수들을 사면시켰다. 북제의 문선제는 천보(天保) 초엽, 승조로부터 보살계를 받고 술과 고기를 끊고 사냥과 낚시를 멀리하였으며, 이어서 천하에 도살을 금하고 백성에게까지 재계하기를 권하였으니, 이것은 다 불교교화의 결과로 나타난 것이다.

사원은 사회교화의 본거지이다. 산림에 있으면서 사회와 교섭이 전혀 없었던 적도 있었으나 이 시대부터는 차차 도시에 진출하게 되었다. 따라서 사회와 교섭이 친밀해지면서 사원이 민중의 휴식공간이나 휴양지가 되기도 하였다.

『낙양가림기』에 의하면 보광사의 경치를 칭송하여 경성의 많은 어린이들이 거기서 놀기도 하고, 귀족들도 응원사(凝園寺)의 아름다운 산수를 찬탄하여 시작(詩作)에 몰두 하였다고 전한다. 4월 초파일의 관불회에는 경성의 자녀들이 대거 하간사에 노닐었던 것으로 기술하고 있다. 또한 이와 같은 연중행사에는 여러 가지 놀이가 벌어져 일종의 유희장으로 변했으며, 모이는 사람들이 많았다. 이것은 『낙양가람기』의 경명사와 경락사 등의 조에도 보인다. 단엄한 불상과 정토를 연상하게하는 사원의 장엄은 민중의 좋은 휴식공간임과 동시에 이와 같은 법회와 유희장소는 민중이 한층 더 불교에 친숙할 기회를 만들어 주게 되었다.

7. 말법사상과 석경사업

말법사상

중국에서의 말법사상은 남북조 말에서 수나라에 걸쳐 성립하였으며, 당나라로 들어오면서 완전히 일반화되었다.

말법사상이란 불교의 시대관으로 정법, 상법 말법의 삼시사상(三時思想)에 근거한 것이다. 정법시(正法時)란 석존입멸 후 정법이 남아있는 시대를 말하며, 상법시(像法時)란 정법이 가려지고 정법을 닮은 법이 존재하는 시대를 가리키고, 말법시(末法時)란 교법이 멸진한 시대를 말한다. 이 삼시사상과 더불어 당시 불교에는 오탁(五濁)과 법멸(法滅)이라는 사상이 형성되고 있었다. 즉 후세에는 시대의 혼탁, 인간의 혼탁, 사상의 혼탁, 생활의 혼탁, 번뇌의 혼탁 등 오탁이 도래한다는 사상과 법이 없어진다는 사상이 이미 원시경전인 『아함경』과 그 밖에도 보이고 있다. 이들 불교 요말(遶末)사상을 말법사상, 또는 말법오탁사상이라고 한다. 이 정·상·말의 삼시사상은 중국에서 조직된 것이지만 정법·상법 사상은 그 전부터 경전에 나타나 있으며, 또한 말법이라는 단어도 보이고 있다.

그런데 이 정법·상법의 연시를 어떻게 정하는가에 대해서는 경전마다 조금씩 차이가 있는데, 대체로 4종류로 분류할 수 있다. 즉 정법과 상법 각기 5백 년 설, 정법 5백 년 상법 1천 년 설, 정법 1천 년 상법 5백 년 설, 정법과 상법 각기 1천 년 설이다. 말법은 이 상법이 끝난 후 시작되는 것인데 말법은 1만 년이라고 한다. 그러나 이것은 중국의 설일 뿐이다.

중국에서는 이 4가지 설 가운데 보통 정법 5백 년, 상법 1천 년, 말법 1만 년 설을 취하고 있다. 그러나 상법이 끝나고 말법이 시작하는 연대를 결정하기 위해서는 먼저 불멸연대를 결정하지 않으면 안 된다. 불멸 연대에 대해서는 당시에도 논의가 분분했었는데 대체적으로 남북조 이래 불멸 연대는 『주서이기(周書異記)』에 따라서 주나라 목왕 53년 임신년(B.C. 949)으로 되어 있다. 이 설에 의하면 말법시는 양나라 원제(元帝) 승성(承聖) 원년(552)경부터 시작되는 셈인데, 그러나 단순히 연대만으로 말법도래의 사상이 일어난 것은 아니다.

말법도래사상이 사람들 사이에서 의식되게 된 것은 적어도 요말사상을 설하는 경전의 보급과 불멸연대론과 말법시라고 생각하게 하는 사회정세가 갖추어진 때문이다. 당시는 북제의 대통인 법상 등에 의해서 불멸연대가 거의 결정되었을 뿐만 아니라 요말사상을 설하는 『마하마야경』이 제나라 담경(曇景)에 의해 번역되고, 나련제야사(那連提耶舍)가 『대집월장경』을 번역하였다. 이 『대집월장경』이야말로 말법사상에 가장 유력한 근거를 준 것으로, 예를 들면 수나라 삼론의 길장, 삼계교의 신행(信行), 당나라 정토교의 도작, 선도 이하의 승려들, 화엄의 종밀(宗密)등 모두가 이 경을 근거로 말법사상을 강조하였던 것이다. 이 경전의 번역 후에 북주 무제가 일으킨 폐불의 참상은 실로 말법시대 법멸의 모습을 여실히 보여준 것으로서 이 사건으로 말미암아 사람들의 뇌리에 말법도래라고 하는 자각을 재촉하게 되었다.

중국에서 말법도래를 가장 빨리 의식한 사람은 문헌상으로 혜사(慧思)선사이다. 그는 『입서원문(入誓願文)』에서 불멸연대를 언급하면서, 이미 말법이 시작되었음을 확인하고 있는데, 이것은 『대집월장경』 번역 이전이며, 물론 북주폐불이 일어나기 전이기도 하다.

수 · 당 불교는 실로 이러한 말법사상을 바탕으로 발전한 것인데, 특히 말법불교, 시기상응의 종교로서 사회의 주목을 받은 것은 신행의 삼계교와 도작, 선도의 정토교였다. 모두가 철저한 말법관에 입각한 것이기는 하나 신행의 경우는 극단적으로 시대인

128

악(時代認惡)을 주장하였기 때문에 결국 위정자들의 방해로 금지령을 맞게 되는 액난을 만나게 된다. 도작은 "지금은 말법이자 바로 오탁악세이다. 오직 정토일문(淨土一門)만이 이에 통하는 길이다."라고 주장하였다. 이렇게 말법 오탁의 법멸에 떨며 무불(無佛)의 세상을 한탄하고, 불법파멸의 현실을 통감한 사람들은 한결같이 진지하게 스스로의 길을 구하고자 노력하였다. 수·당 불교는 실로 이 말법사상에서부터 출발하였다고 해도 좋을 것이다.

석경사업

말법사상과 함께 성행한 석각경전(石刻經典)과 석굴불상 조성사업에 대하여 살펴보기로 하자.

수나라 정원(靜宛)의 원력으로 만들어진 방산(房山)의 석경사업은 실로 법멸에 대비하기 위하여 시도된 불사였다. 하북성 방산(석경산)의 석경각기(石經刻記)에, "정법, 상법은 대개 천오백여 년이며, 정관 2년(628)은 말법이 시작된 지 75년이며, 미래에 불교폐해가 있을 때 이 석경을 꺼내 세상에 유통케 하라."는 각문이 있는 것으로 보아 이 석각경전 사업이 말법시의 법멸을 대비하고자 한 것임이 분명하다.

그가 대장경의 석각을 시도한 것은 수나라 대업(大業) 초년경이었다. 방산의 산기슭에 운거사를 짓고 그곳에 살면서 산 위에 석실을 마련하여 사방 벽에 경전을 새김과 동시에 다시 돌을 다듬어서 경문을 새기고 그것을 석실에 넣은 뒤 철로써 단단히 폐쇄한 것이다. 현재는 9실(室)이 남아 있는데, 정원이 만든 것은 그 가운데 7실이며, 대업 초년부터 당나라 정관(貞觀) 13년(639)

에 입적할 때까지 대략 30년간에 걸쳐 진행하였다. 방대한 대장경을 모두 돌에 새겨서 영원하게 전하고자 한 그의 업적이야말로 실로 숭고한 일이지만 그의 혼자 힘만으로는 도저히 완성할 수 없는 사업이었다. 이 대사업은 그 후 당, 요, 금, 원나라의 약 700년에 걸쳐 계속되어 정원의 발원을 완수시킨 것이다. 현재는 석경산, 또는 방산석경이라 하여 당시 석경의 모습을 그대로 남기고 있다.

방산의 정원이 새긴 석경과 함께 말법도래사상의 영향을 받아 오탁악세의 법멸을 우려하여 역시 석굴을 조성하고 석경을 새긴 것이 바로 보산석굴이다. 발원자는 북제에서 수나라에 걸쳐 활동한 영유인데 그는 폐불의 비참함을 직접 체험하였기 때문에 더 강한 말법오탁법멸의 사상을 수용하여 보산에 들어가 석굴을 파고 경을 새겼다.

이 굴을 대주성굴(大住聖窟)이라 하는데, 수나라 개황 9년 (589)에 만들어진 것으로 그 안에 노사나불, 아미타불, 미륵의 삼존이 조성되어 있고, 그 밖에 35불(佛)과 7불 등이 새겨져 있고, 석굴 안팎 벽면에는 『승만경』, 『열반경』, 『법화경』 등의 경문이 새겨져 있다. 이 석경 가운데 『대집월장경』의 「법멸진품(法滅盡品)」과 정법 · 상법 · 말법 사상의 근거가 되는 경문이 들어 있는 점은 이후 계속 이어 조성된 정원의 석경과 함께 말법사상의 근거를 명확하게 나타내고 있다고 하겠다.

더불어 앞장에서 서술한 북제시대의 산동 태산석경과 강산, 철산, 첨산, 갈산의 석경 및 향단산석경을 들지 않을 수 없다. 이것은 모두 무주폐불이 일어나기 전이며, 말법사상에 직접 자극받고 개착된 것으로 단정할 유력한 증거는 없다. 하지만 위에서 서술했듯이 혜사를 비롯하여 당시부터 이미 말법이 도래했다고 하는 사상이 유행해 나가던 시대이므로 이와 같은 사업은 말법 법멸에 대비하고자 하는 생각에서 나온 것임은 부정할 수 없을 것이다. 원래 석굴석불은 이와 같이 법을 길이 전하고자 하는 취지에서 조성된 것이다. 북제 때의 석경은 직접 간접으로 영유, 정원 등이 석경을 새기게 된 한 가지 원인이 되었다는 점도 부정할 수 없다.

이상과 같이 중국불교는 북주 무제 폐불 후에 일대전환을 불러일으켜 사람들로 하여금 말법도래사상을 처절하게 체험케 함과 동시에 새로 이 시대에 적응하는 불교로 나아갔던 것이다. 이것은 상술했듯이 삼계교, 정토교를 융성하게 한 계기가 되었다.

제5장

수대의 불교

수(隋)대의 불교

1. 수조(隋朝)의 불교부흥

수나라 고조 문제는 북주의 대정(大定) 원년(581)에 정제로부터 양위받아 왕위에 올라 개황(開皇)이라고 개원(改元)하였다. 이어서 그는 개황 9년(589)에 남조의 진나라와 합하여 천하를 통일하였다. 동진 이래로 천하가 분열된 지 260여 년, 수나라가 들어서서 처음으로 전 중국을 통일하여 대제국을 건설하게 되었던 것이다. 그러나 수나라가 당나라의 고조에게 멸망하기까지는 불과 3대에 걸친 30여 년간뿐이었다.

남북을 통일한 수나라는 문화적으로도 대약진을 함과 동시에 불교계에서도 일대 전환점을 맞게 되었다. 북주 폐불 이후 수나라의 불교부흥사업은 남북불교를 통합시켰을 뿐만 아니라 한 걸음 나아가 남북조시대의 수입불교가 중국불교로서 새롭게 조직된다. 그리하여 불경의 번역, 해석, 연구가 결실을 맺고, 교단의 조직이 재편성되어서 여러 종파가 독립하게 되었다. 북주의 폐불은 불교에 중대한 영향을 주었을뿐만 아니라 오히려 이 사건으로 인하여 수·당 불교가 융성하게 되는 결과를 가져왔다고도 할 수 있다. 앞장에서 언급했듯이 불교의 말법사상은 수나라에 들어오면서 강력하게 고개들기 시작한 것으로, 수·당 불교는 어떠한 형태로든 이 사상과 관련되어 있었다.

　수대 불교의 부흥과 융성에 있어 가장 크게 공을 세운 사람은 문제이다. 문제가 북주 폐불의 뒤를 이어서 천하를 통일시킨 후, 불교의 부흥에 착수한 것은 실은 불교에 의한 통치정책을 계획하였기 때문이다. 이는 지금까지의 단순한 불교보호정책에서 벗어나 유교 중심의 정치사상을 대신해서 불교를 국가통치의 지도원리로 채택하였던 것이다. 이는 종래의 제왕들과는 다른 하나의 특색이라 볼 수가 있다.

　한편 문제의 불교에 대한 치적을 보자면, 조상(造像)이 대소 10만 6,580구, 수리한 고상(古像)이 150만 8,940구, 사경(寫經)이 46장 13만 2,070권, 수리한 고경(古經)이 3,853부라고 한다.

　문제는 즉위하자마자 바로 조칙을 내려서 오악(五嶽)의 명산에 각각 대찰을 세우게 한 후 모든 지방에도 각각 승니들이 머물 절을 지어서 밭과 장원을 하사하였다. 이리하여 대흥국사라는 동일 명칭의 관사(官寺)가 45주에 세워졌다. 뿐만 아니라 조칙을 내려서 민간인의 출가를 허락하고 아울러 사경을 할 수 있게 하였다. 그로 인하여 민간에도 사경들이 보급되었는데 그 수는 유교전적보다도 수백 배나 많았다고 한다. 민간인의 자유로운 출가를 허락함과 동시에 개황 18년(598)에는 종전의 사도승까지도 공인해 주었는데, 그 수가 수십만 명에 이르렀다.

　문제의 사적에서 제일 특기할 만한 것은 사리탑의 건립이다. 이것은 전후 3회에 걸쳐서 행하여졌는데, 제1회는 인수(仁壽) 원년(601) 6월 13일 문제의 생일을 맞아 전국 30주에 조칙을 내려 탑을 건립하고 황제가 친히 사리를 나눠 보내서 이를 봉안케 하였다. 제2회는 인수 2년(602) 4월 초파일에 다시 전국 53곳에 사리를 보내 함에 넣고 탑을 세웠으며, 제3회는 인수 4년(604) 4월 초파일에 다시 30주에 사리분송건탑(舍利分送建塔)의 칙명을 내렸다. 이렇게 하여 전후 113곳에 사리탑이 세워졌는데, 이것은 문제의 불교에 의한 사회정책의 일환임과 동시에 이렇게 하여 불사리신앙의 유행을 촉진시켰던 것이다.

또한 사리분송과 입함건탑을 할 때는 장엄한 의식이 행하여졌는데, 중앙에서 고승이 사리를 모시고 내려가면 각 지방에서는 승니가 모두 모여서 이를 받아들였다. 그리고 황제와 태자, 그리고 여러 왕을 비롯하여 일체의 중생들을 위하여 7일간 행도참회가 행하여진 후 엄숙하게 사리입함건탑 의식이 행하여졌다. 이때 그 지방 관리가 모두 참석하고 7일간 정무를 쉬게 하였다고 한다. 그리고 그 건탑할 때의 일체 비용은 참석한 대중들의 보시로 충당하였는데, 그것도 1인 10문(文) 이하로 제한하여 되도록 많은 사람들이 참여하기 쉽도록 배려하고, 이렇게 함으로써 불교정신을 사회에 보급시키고자 노력하였다. 이것은 문제의 불교정책에 따른 것이겠지만 이러한 사항들은 수나라의 불교가 지역적으로도 폭넓게 보급되고 또한 중국불교가 더욱더 민중의 종교로서 개개인에게 얼마나 잘 전달되었는가를 설명하여 주고 있다.

이와 같은 일들은 문제가 불교부흥사업에 힘을 다한 결과이며, 일찍이 없었던 대제국을 건설하고서 그 국가를 어떻게 통치하여야 할지 고심한 결과 불교를 근본적인 지도이념으로 삼았던 것이다. 또한 문제는 동주(섬서성) 반야사에서 태어나 비구니 지선(智仙)의 양육을 받았기 때문에 유아시절부터 불교와 관계를

136

맺어왔었다. 그 후 개황(開皇) 5년(585) 법경(法經)으로부터 보살
계를 받고 당시의 고승인 담천, 담연, 혜원, 영유, 지의 등에 감화
를 받아 불교신자가 되었던 것이다. 그의 불교에 대한 신심은 마
침내 개황 5년에는 죄질이 가벼운 죄수 2만 4,900여 명을 석방시
키고, 사형수 3,700명을 감형시켰으며, 다시 개황 3년(583) 정월,
5월, 9월과 6재일에는 살생을 금지시키고, 인수 3년(603) 6월 13
일 문제의 생일에는 도살금지령을 내리기도 하였다.

이와 같이 문제는 불교를 국가통일의 지도원리로 삼았지만 결
코 왕법과 불법을 혼동하지 않았다. 뿐만 아니라 정교일치의 정
책을 펼치면서도 정교 혼동의 폐해에 빠지지 않았으니, 문제가
얼마나 현명한 군주였는지 알 수 있다.

양제와 불교

문제의 불교 귀의는 수 왕실 일족을 모두 불교신자로 만들 정
도였으니, 문제의 태자인 용(勇), 둘째 아들 진왕광(晉王廣), 셋째
아들 진왕준(素王俊), 넷째 아들 한왕량(漢王諒), 다섯째 아들 촉
왕수(獨王秀)와 문제의 황후인 문헌, 누이인 성안장 공주 등도 모
두 불교에 귀의하여 불교 홍륭에 노력하였다.

진왕광, 즉 양제는 문제만큼은 열성적이지 않았지만 역시 불
교부흥에 진력하였다. 황위에 오르기 전부터 천태지의와 교류하
였는데, 그를 위하여 천승재(千僧齋)를 베풀고 진심으로 귀의하
였다. 불상 수리가 10만 1,000구, 새로운 조상이 3,856구, 수경 및
사경이 612장 90만 3,580권, 도승(度僧) 1만 6,200명 등이었다. 이
로 미루어 볼 때 양제가 불교부흥정책에 얼마나 노력하였는가 알

수 있다. 그러나 대업(大業) 3년(607)에는 승려와 도사로 하여금 왕을 예경하게 하고, 전국의 승려들 가운데 여법하지 못한 자는 환속시키며 사원을 정리하였고, 9년(613)에는 전국의 절을 '도량'이라 개칭하였으니, 이러한 일 등은 불교에 대한 혁신적인 정책이었다고 할 수 있을 것이다.

교단의 상황을 검토하여 보면, 수나라의 부흥사업은 승니 23만 6,000여 명, 사원이 대략 4천 개소로서 중국불교 부흥의 기초를 마련하였다. 북조의 관직을 본받아 수국대통(隋國大統) 및 국통(國統), 사문도(沙門都) 등의 관직을 마련하고, 지방에도 나름대로 승관을 두어서 각 사원에는 삼강(三綱) 등의 사관(寺官) 직책이 내려졌다. 그리고 수대 불교의 독특한 5중(衆) 및 25중(衆)이 정해졌는데, 열반중(涅槃衆), 대론중(大論衆), 강론중(講論衆), 강률중(講律衆), 십지중(十地衆)의 5중에는 각자 중주(衆主)가 칙명으로 임명되어 각 중 사람들의 교육을 도맡았다.

불교문화 계통으로는 용문석굴, 방산석경, 보산석굴이 있고, 그 밖에도 석굴을 뚫고 불상을 조성한 것은 수대 불교미술의 특징을 잘 나타내고 있으며, 사회 교화에 있어서도 사원의 승니들이 많이 활약하였다. 특히 장안의 법순(法純)은 시정을 돌아다니며 사람들을 위해 봉사하였는데, 도속의 의복을 빨아주거나 거리의 청소 등을 하여 주고, 그렇게 하여 얻은 돈을 가난한 이들에게 나누어 주었다. 그리고 혜달(慧達)은 양도(場都)에서 약방을 세워 병든 사람들을 구제하고 있으며, 도순(道舜)은 나병환자를 간호하면서 입으로 피고름을 빨아주는 등 자비행을 실천하였다.

138

2. 수대의 종파불교

중국에 있어 수·당 이전의 시대는 불교연구 시기로서 주로 서역에서 불교를 수입해 배웠으나 바야흐로 수대로 접어들면서 연구의 결실을 맺고 종파불교가 형성되기 시작한다. 따라서 수·당의 불교는 명실공히 중국불교로서 정착되었던 것이다. 그 중에 수나라에서의 천태지의의 천태종, 가상사 길장의 삼론종, 신행의 보법종(삼계교)은 종파불교의 선구를 이룬 것이었다.

천태종과 지의

천태종이란 천태산에서 따온 이름으로서 소의경전은 『법화경』을 근본으로 삼고, 다시 『열반경』, 『대품반야경』, 『대지도론』 등을 중요시하였다. 북제의 혜문을 계보의 제1조로 삼고, 남악의 혜사가 그 뒤를 이으며, 다시 혜사에게 사사한 천태지의에 의해 독립 대성되어 천태종이 세워졌다. 혜문과 혜사에 대해서는 앞서 기술했으므로 여기에서는 사실상 천태종의 개조라고 할 수 있는 지의에 관하여 검토해 보기로 하자.

지의(智顗, 538~597)는 천태대사, 지자대사(智者大師)라고도 부른다. 양나라 대동(大同) 4년(538) 형주(荊州) 화용(華容: 화북성)에서 태어났다. 속성은 진씨(陳氏)로서 지방의 명문이었다고 한다. 양친이 돌아가시자 18세때에 상주(湘州: 호남성) 과원사(果願寺) 법서(法緒)의 문하에 들어가 출가하여 혜광율사에게 사사하였으며, 20세 때 구족계를 받고 비구가 되었다. 그 후 광주(光州: 하남성)의 대소산(大蘇山)에 들어가서 혜사선사에게 사사하여 선법의 수련에 전념하여 '대소(大蘇)의 개오(開悟)'라고 일컬어지는 법화삼매를 체험하였다. 이렇게 지견을 얻은 후에 스승인 혜사를 대신하여 『반야경』을 강하였다고 한다.

그 후 얼마 되지 않아 혜사가 남방 남악으로 옮기자 지의도 함께 광주에서 진나라 수도인 금릉(남경)으로 나와서 와관사(瓦官寺)에 주석하였다. 이것이 그의 나이 30세 때의 일로서 그로부터 8년간, 이 와관사를 중심으로 교화에 전념하였는데, 그의 명성은 순식간에 널리 알려졌고 존경을 한몸에 받게 되었다.

그의 특색은 남지에서 성행하던 학해(學解) 중심의 불교에 혜사로부터 배운 북지의 실천불교인 좌선을 첨가하여 청신한 기풍을 불러일으킨 데에 있다. 또한 그 자신도 거기서 용수의 공관(空觀)불교를 연구하여 학해불교를 터득하였던 것이다. 이리하여 와관사에서는 『법화경제(法華經題)』와 『대지도론』, 『차제선문』의 강의를 열었다.

마침 그 무렵 북방의 북주에서는 폐불사건이 일어났는데 자신의 교단도 반성해야 한다고 생각한 지의는 대중들의 만류에도 불구하고 천태산에 은거하여 오로지 수행에만 전념하게 된다. 그로부터 재차 금릉으로 나올 때까지의 11년간 천태산에서 은거를 계속한다. 그동안 그는 화정봉(華頂峯)에서의 수행으로 법화원돈의 일실중도(一實中道)를 체험하고 자신의 교학상 커다란 전환점을 맞이하였다.

그 후 지의는 진나라 왕의 간청에 못 이겨 천태산을 내려와 금릉으로 향하였는데 금릉의 태극전에서 『대지도론』과 『인왕경』을 강론하고, 광택사에서는 『법화문구』를 강설하였다. 이때 소주(少

主)는 광택사에 행차하여 사신대시(捨身大施)를 행하고, 황후 심씨(沈氏)는 해혜보살(海慧菩薩)이라는 보살 칭호를 받았으며, 황태자도 궁중에서 천승회를 마련하여 보살계를 받았다.

진나라도 마침내 수나라에 의해 멸망하게 되는데, 이 전란 동안 지의는 여산과 남악에 있었다. 수나라 진왕광(수양제)은 양주 총관이 되어 양주에 있었는데, 그때 지의는 진왕광의 간청으로 그에게 보살계를 주고 총지라는 법호를 주었다. 이후로 진왕과 지의 사이에는 친교가 이루어지고 이들의 친교는 천태종이 융성하는 데 있어 큰 힘이 되었다. 그때 진왕은 지의에게 지자대사라는 칭호를 하사하였다. 뒷날 그는 고산(故山)의 형주로 돌아가 거기에 옥천사를 창건하고 『법화현의』를 개강하였으며, 이듬해 『마하지관』을 강설하였다. 이러한 것들은 결국 천태교학의 대성이며, 천태종의 독립 개종을 의미하는 것이기도 하다.

그의 고향인 형주 옥천사에서의 교화활동은 대중들로부터 절대적인 신뢰를 받았지만, 얼마 후 진왕의 간청으로 재차 양주로 내려가게 되며 그곳에서 다시 천태산으로 들어갔다. 하지만 얼마 되지 않아 병을 얻어 60세를 일기로 입적하였다. 그때가 개황(開皇) 17년(597) 11월 24일이었다.

그의 저서로는 『법화현의』, 『법화문구』, 『마하지관』 등 천태삼대부와, 『관음현의』, 『관음의소』, 『금광명현의』, 『금광명문구』, 『관경소』 등 천태오소부가 그 중심을 이루고 있다. 이것들은 제자인 장안대사 관정(灌頂)이 스승의 강술을 필록한 것이라고 한다. 그러나 연구 결과 오소부 가운데 『관경소』는 『아미타경의기』와 『정토십의론』과 마찬가지로 후세 사람들이 천태에게 가탁하

여 만든 것이며, 또 그 밖의『관음경소』와『금광명경소』도 천태
의 저술이 아니라 관정의 단독 저술이었을 것이라 보고 있다. 하
지만 이것들이 지의의 저서가 아니라하더라도 천태종의 입장에
서는 대단히 귀중한 문헌임에 틀림이 없다.

현재 그의 진찬서로서는『차제관문』,『법화삼매참의』,『육묘법
문』,『각의삼매』,『방등삼매행법』,『법계차제』,『소지관』,『선문구
결』등의 소부들이 있지만 그중 특히 중요한 것이자 천태종의 근
본 성전으로 간주되고 있는 것은 역시 법화삼대부이다. 모두가 제
자인 관정이 기록하고 정리하여 편찬한 것들로서 이 점에서 볼 때,
관정과 지자대사의 관계는 마치 아난과 부처님의 관계와 똑같아
서 상수제자로서 후세에 남긴 공적은 말할 수 없이 크다고 하겠다.

지의가 입적한 후 천태종의 교단을 유지하고 굳게 이끌어 나간
사람들로서 관정, 보명(普明), 지조(智璪) 등 전법제자 수십 명이
참여하고 있지만 그 가운데 관정을 제일로 꼽고 있다. 23세 때에
처음으로 지의에게 사사하여 관법을 배웠으며 지의의 상수제자
가 되었다. 스승의 입적 후에는 그 유지를 받들어서 천태종의 종
풍을 선양하였는데, 당 태종 정관 6년(632)에 72세로 입적하였다.
그의 저서로는『열반소』,『관심론소』,『국청백록』,『지자대사별
전』등 그 밖에도 여러 가지가 있지만 그보다도 법화삼대부라는
스승의 강술을 필록 정리한 공덕이 가장 높이 평가되고 있다.

한편 천태의 교의는 교상(敎)과 관심(觀心)의 이문으로 나뉘어
있는데,『법화현의』,『법화문구』는 교상을 설한 것으로 다시 말
하면『법화경』의 대의를 설하여 오시팔교의 교판을 설명한 것이
고,『마하지관』은 관심문으로 실천수행에 의해 불교 진리를 마음

으로 체험할 수 있게 설명한 것이다. 교상과 관심은 쉽게 말하자면 이론과 실천이라 할 수 있다. 이론의 근거는 제법실상론이며, 일체의 현상이 그대로 실상이라고 보는 것이다. 현상의 차별을 초월하여 평등한 본체계가 이루어지는 것이 아니라 차별적인 현상 그 자체가 바로 본체의 현현이라고 보는 것이다. 삼제원융(三諦圓融), 십계십여(十界十如), 일념삼천(一念三千) 등의 강론들이 결국은 이러한 제법실상론을 나타낸 것이다.

삼론종과 길장

삼론종이란 용수의 『중론』, 『십이문론』과 제바(提婆)의 『백론』을 소의로 한 종파이다. 이 논서들은 모두가 라집에 의해 번역, 연구되었으며, 그 제자들이 계승한 것이다. 그러나 그 상승(相承)에 대해서는 이론이 있다. 보편적으로는 라집으로부터 도생, 담제, 도랑, 승전, 법랑, 길장의 순서로 이어지며, 길장 때에 이르러 대성되었다고 보고 있는 것이 통설이다. 하지만 도랑은 실은 승랑을 말하며, 하서의 도랑을 가리키는 것이 아니다. 승랑은 강남의 섭산(攝山: 강소성) 서하사(棲霞寺)의 법도(法度) 밑에서 수학하고 거기서 삼론을 강설한 사람으로 강남에서 일어난 삼론종의 사실상의 초조로 일컬어지는 사람이다. 승랑의 제자인 승전은 섭산의 지관사에 주석하며 삼론을 강술하였는데, 승전의 문하에서 법랑(法朗), 지변(智弁), 혜포(惠布), 혜용(惠勇)의 사철(四哲)이 배출되었다.

법랑(507~581)은 처음에는 양주(강소성) 대명사의 보지선사에게 선법을 전수받고 다시 여러 스승을 찾아다니면서 비담, 성실,

율을 배웠다. 그리고 승전의 문하에 들어가서 사론, 화엄, 대품 등의 깊은 뜻을 터득하고, 그 후 칙명을 받고 장안의 홍황사에 머물면서 대중을 교화하였다. 그때 청중들은 항상 1,000여 명이 모여들었다고 한다. 이 홍황사 법랑의 문하에서 길장이 나와 삼론종을 대성시켰다.

길장(吉藏, 549~623)의 선조는 안식국 사람이며, 그가 태어난 곳은 금릉(남경)이다. 아버지를 따라서 진제삼장(499~569)을 친견하고, 진제로부터 길장이라는 이름을 받았다. 아버지도 출가하여 도량이라고 하였는데, 언제나 길장을 데리고 법랑의 법석에 참석하였다. 그것이 인연이 되어서 길장도 출가하여 법랑의 제자가 되고, 삼론을 공부하였던 것이다. 어려서부터 명석하여 이름을 날렸지만 21세에 구족계를 받고부터는 더욱더 명성이 알려져서 진나라 계양왕으로부터도 대단히 존경을 받았다. 진나라가 망하고 수나라가 강남을 통일하자 길장은 회계(절강성)의 가상사에 머물면서 삼론의 강술과 저술에 전념하여 삼론종의 교의를 조직 대성하게 된다. 후세에 그를 일러 가상대사라고 하는 것은 그가 살던 절에서 이름을 따온 것이다.

수나라가 들어서자 황제의 존경을 받았는데 양제는 양도에 혜일도량을 세워서 길장을 이곳으로 초청하였으며, 장안에는 일엄도량을 세워 거기서도 살게 하였다. 그는 이곳에서 성대하게 팔불중도의 묘리를 설하였을 뿐만 아니라 당나라 때는 십대덕의 한 사람으로 뽑혀서 승려계를 관리하다가 무덕(武德) 6년(623) 75세로 입적하였다.

그가 삼론을 강론하기 100여 회, 『법화경』 300여 회, 『대품』,

144

『화엄』 등은 수십 회에 이르렀다고 한다. 또한 저술도 상당히 많지만 그 가운데서도 『중론소』, 『백론소』, 『십이문론소』의 삼론소를 위시하여 『삼론현의』, 『법화현론』, 『대승현론』, 『정명현론』, 『유마경소』, 『무량수경소』, 『관무량수경소』, 『인왕반야경소』 등, 40여 부 160여 권에 이르고 있다. 그 가운데 『삼론현의』는 삼론종의 개론서로서 지금까지도 많이 읽혀지고 있다. 길장의 제자로는 혜원, 지발, 지의를 위시하여 많은 준재들이 배출되었는데, 그 후 종파로서는 번창하지 못하고 당나라 때 일본으로 전래되어 일본 나라불교의 중심을 이루게 된다.

삼론의 교의는 파사현정(破邪顯正)과 진속이제(眞俗二諦) 등 팔불중도(八不中道)이다. 유와 공에 치우치지 않고 다만 중도의 도리를 설하여 무소득공을 실천하고자 한 것이다. 파사란 일체 유소득(有所得)의 사견(邪見)을 파하는 것으로 거기서 무소득공인 중도의 도리가 나타나는 것이다. 파사 외에 따로 현정이 있을 수 없고, 파사가 그대로 현정이라고 주장하고 있다. 그리고 제법의 인연에 따라 유가 생겼다고 설하는 것이 속제(俗諦)이며, 일체는 필경공(畢竟空)이라고 주장하는 것이 진제(眞諦)이다. 유에 집착하는 사람에게는 진제를 설하고, 공에 집착하는 사람에게는 속제를 설함으로써 모든 사람들을 진공묘유(眞空妙有)의 세계로 이끌기 위한 것이다. 팔불중도란 중생들의 어리석음은 생멸단상일이거래(生滅斷常一異去來)의 여덟 가지 유소득의 견해에서 오는 것이라고 보고 불생, 불멸, 부단, 불상, 불일, 불이, 불거, 불래의 팔불(八不)을 주장하며, 이 여덟 가지의 미혹에서 벗어나면 무소득중도(無所得中道)의 도리가 나타난다고 주장하고 있다.

삼계교와 신행

삼계교는 보법종(普法宗)이라고도 불리는데 이것을 창설한 사람이 신행이다. 몇 번이나 사교(邪敎)라고 지탄받고 금지되었다가 급기야 당나라 시대에 그 자취를 감추었으므로 후세에는 그렇게 알려져 있지 않다. 그러나 수당시대에는 말법시대에 상응한 종교로서 대단한 환영을 받아 일반 대중의 종교로서 폭넓게 사회 속에 침투되어 한동안 유행하였던 점은 주목하지 않으면 안 된다.

신행(信行)은 양무제 대동(大同) 6년(540) 위주(魏州: 산동성 대명부)에서 태어나 수문제 개황 14년(594) 정월 4일 장안 진적사에서 55세로 입적하였다. 성은 왕씨(王氏)이고, 어려서는 그다지 건강하지 못하였으나 출가한 후로는 폭넓게 경론을 연구하여 제방의 선지식을 찾아 유력하였다. 상주(하남성 창덕) 광엄사의 혜정, 엄정사의 도진, 위주의 왕선행, 조주의 왕선성 등 네 사람은 신행에게 참으로 선지식이 되어 주었다. 처음 상주를 중심으로 하여 시대에 상응하는 삼계교를 주장하였다가 개황 9년 무렵 조칙에 의해 수도 장안으로 나와서 공식적으로 신흥종교의 홍포에 진력하였다. 신행은 상주 법장사에서 구족계를 버리고 일개 사미가 되었는데, 그는 두타 걸식행을 평생 계속하면서 장안 거리를 오가는 모든 사람에게 절을 하며 모두가 당래불(當來佛)이 될 것이라고 말하였다. 그는 장안에 있으면서 근본성전이 된 『삼계집록(三階集錄)』을 위시하여 많은 저서를 저작함과 동시에 한편으로는 노동에도 종사하며 세상의 빈민 구제에 진력하였다. 뒷날 유명한 삼계사원인 화도사(化度寺)에 무진장원을 설치한 것은 신행의 이 같은 원력에 의한 것이었다.

장안에서의 삼계사원으로는 화도사, 광명사, 자문사, 혜일사, 홍선사 등이 있고, 그 밖에 삼계원이 설치되고 있다. 그 가운데에서도 화도사는 이 삼계교단의 본산이라 불리던 사원으로서 수나라 공신인 고경(高熲)이 신행에게 깊이 귀의하면서 세웠던 진적사(眞寂寺)의 후대 이름이다. 이곳은 엄격한 수행도량으로서 신행은 개황 14년(594) 정월 4일 여기서 병사하였다. 따라서 정월 4일은 삼계교도들의 가장 중요한 날로서 이날 화도사에 모이는 신도들이 보시한 금은재보가 산을 이루었다고 전해진다. 그리고 이때의 보시금이 무진장원의 기본 재산이 되었다.

　그가 입적한 후, 문하생 300여 명이 나름대로 활약하였는데, 그 중에서도 본제(本濟), 승옹(僧邕), 혜여(慧如), 혜료(慧了), 법장 등과 그 밖에 외호자로서 배현증(談玄證), 고경, 소우(蕭瑀)는 이 교단의 중심 세력이었다고 한다.

　그러면 삼계교 보법종이란 어떠한 종교였는지 살펴보자. 삼계라고 하는 것은 불교를 시대와 장소와 사람에 대하여 제각기 3단계로 분류하였기 때문에 삼계교라고 불렀다. 시대의 3계란 불멸 이후의 시기를 정법과 상법과 말법으로 나누고, 장소의 3계란 현실적인 세계와 이상의 정토로 나누며, 정토는 제1계, 현실의 예토는 2, 3계로 나누었다. 사람의 3계란 사람들을 상·중·하로 3등분하고, 제1계의 사람은 정법시대의 사람들로서 깨달음을 얻은 훌륭한 사람들을, 제2계의 사람은 상법시대의 사람들을, 제3계는 말법시대의 사람들로서 악을 좋아하고 파계사견타지옥(破戒邪見墮地獄)의 사람들이라고 규정지었다. 그리고 현재의 시기는 말법이고, 장소는 오탁의 예토이며, 사람들은 악견악행의 극악한 무리들이라고 하였다. 이러한 근본적인 사고의 저변에는 이러한 사람들을 구제하기 위하여서는 어떻게 하면 좋을까 하는 의문이 제기되고 있는데, 여기에 해답을 내려준 것이 바로 보법종이라는 가르침인 것이다.

종래 불교의 예를 들면 정토교라든가 또는 법화의 가르침 등은 일불일법(一佛一法)을 권장하던 불교로서 말하자면 제1계와 제2계의 성자들을 위한 가르침이었을 뿐, 말법의 우매하고 무지하며 전혀 불교를 모르는 사람들을 위한 가르침은 아니었다. 법의 우열을 판별하지 못하고 또한 부처의 차별도 볼 수 없는 이 같은 제3계의 사견중생들에게는 모든 부처와 법을 믿도록 가르치지 않으면 안 된다. 법을 차별하지 않고 부처를 가리지 않으며 보불보법(普佛普法) 보진보정(普眞普正)을 설하는 불교이어야만 비로소 말법의 파계무참하고 무지문맹한 중생들을 구제할 수 있다고 주장함으로써 이에 삼계불교 보법종을 세운 이가 바로 신행이었다.

그의 근본사상은 어디까지나 말법시대라고 하는 시대적 인식의 바탕으로부터 그 시대에 적응할 수 있는 시대상응의 종교를 만들어야 한다는 입장이었다. 그리하여 종래의 불교는 모두가 시대에 불상응한 것이라고 비판하면서 말법오탁의 세상에서 중생들을 구제할 수 있는 가르침은 삼계교뿐이며, 이 가르침만이 유일한 말법불교라고 역설하였다. 이와 같이 강렬한 자기반성과 사회를 비판한 삼계교의 가르침은 일반 대중들로부터 크게 환영받고 민중들 속에 깊이 뿌리를 내렸으나 위정자로부터는 엄중한 비판을 받아 결국에는 금지령이 내려지게 된 것이다.

3. 여러 거장들의 연구활동

남북조 말기부터 수나라에 걸쳐서 위에서 서술한 사람들과 함께 그 이름을 세상에 드날렸던 사람은 많다. 열반학자인 담연, 영유를 비롯하여 열반·지론의 학자인 혜원, 섭론종의 담천, 언종, 그리고 역경학자, 경전목록학자 등 대단히 많은 학장들이 배출되었다.

담연(曇延, 516~588)은 포주(浦州: 산서성) 사람인데, 열반학자로서 명성이 높았고, 『열반의소』라는 유명한 저서를 남겼다. 담연보살이라고 불릴 정도로 존경을 받았고, 북제 때는 국통이 되었다. 북제 폐불 때는 중지할 것을 충언하였으나 받아들여지지 않자 산 속에 은둔하였다가 수나라가 들어서자 칙명을 받고 나아가 영흥사에 살면서 황제의 스승이 되어 존경을 받았다. 그가 입적하자 조정에서는 정무를 사흘간 쉬고 왕공 이하 모두가 칙명에 의하여 조문하였다고 한다.

영유(靈裕, 518~605)는 앞에서 말한 바와 같이 말법도래를 자각하고 보산석굴을 개착하였다. 그는 혜광의 제자 도빙에게서 지론을 연구하던 학자로서 북제 폐불 이후 수나라의 초대를 받아가서 도통이 되었다. 유(裕)보살이라고 존경을 받은 그는 『십지』, 『화엄경』, 『열반경』, 『지지경』, 『반야경』, 『사분율』, 『관경』, 『무량수경』 등의 소를 포함해 그 밖에도 많은 저서를 남겼으며, 특히 율에도 밝아 승제(僧制)를 만들고 승의(僧儀)를 바로잡는 등 당대에도 보기드문 학승이었다.

혜원(慧遠, 523~592)은 돈황 출신이다. 법상에게서 불교의 깊은 뜻을 배웠는데, 특히 지론과 열반학자로서 명성이 드높았다. 55세 때에 북제의 폐불을 당하자 무제에게 직언을 하고 불법의 외호에 진력하였으나 역부족임을 알고 급군서산(汲郡西山)에 숨어 살았다. 수 왕조가 들어서자 문제로부터 부름을 받고 도읍으로 나와 정영사에 살면서 사문도(沙門都)가 되었다. 개황(開皇) 12년(592) 70세로 입적하였는데, 그의 저서로는 『열반소』를 비롯하여 『십지』, 『화엄경』, 『유마경』, 『승만경』, 『무량수경』, 『관경』 등의 소와 『대승의장』 등이 남아 있다. 삼론의 길장과 함께 당시의 학계를 이분할 정도의 학승이었다.

섭론의 학장 담천(曇遷, 542~607)은 북조 사람으로 북제의 폐불을 만난 것은 그의 나이 36세 때였다. 남방 건강산에 숨어 살면서 그곳에서 섭론을 연구하였다. 수대에 이르러 칙명을 받고 장안의 대흥선사에 살면서 섭론종을 번창시켰다. 한편으로는 많은 문하를 길러내었으며, 대업 3년(607) 66세로 입적하였다. 그의 저서로는 『섭대승론소』를 위시하여 『능가경소』, 『기신론소』, 『유식론서』 등 많은 주소가 남아 있다. 문하생도 많았을 뿐만 아니라 정영사 혜원도 그의 강석에 참여하였다고 한다.

언종(彦琮)은 북제에서 폐불을 만났지만 그 후 통도관학사(通道觀學士)로 뽑혔던 준재로서 수나라가 일어서자 황제의 대우를 받으며 낙양에 건립된 번경관(飜經館)에 기거하였다. 그는 범어를 잘하여 당시의 역경에는 빠짐없이 참여하였으며, 경전을 반대로 범어로 번역하여 서역 여러 나라에 보내기도 하였다. 그는 역경뿐만 아니라 『창도법』을 저술하여 구본(舊本)을 개정하고, 『변교론』을 지어 도교가 허망한 것임을 밝혔다. 또한 『중경목록(衆

經目錄)』을 편찬하여 경전을 정리하였으며, 사리송견사(舍利送遣使)로 뽑혀서 수나라 사리탑 건립의 일익을 담당했다. 『승관론』, 『복전론』, 『귀신록』 등 그 밖에도 정토교에 관한 저서가 있으며, 그의 활약은 실로 눈부실 정도였다.

이들 외에 수나라 역경승들로서 나련제야사(那連提耶舍, Narendrayasas), 사나굴다(闍那堀多, Gñâtagupta), 달마급다(達摩笈多, Dharmagupta)의 3인이 있다. 나련제야사는 북제 천보(天保) 7년(556)에 업(鄴)에 들어가 『대집월장경』, 『월등삼매경』 등을 역출하고 수나라가 들어선 후에도 역경을 계속하여 『대집일장경』 등을 번역하였는데, 개황 9년(589) 90세로 입적하였다. 그가 북제에 있을 때 사문도통에 임명되었던 점 등으로 보아 평범한 역경가는 아니었던 것 같다.

사나굴다도 동학인 야사굴다 그리고 스승인 사나야사와 함께 북주에 들어가 사천왕사에 살면서 번역에 종사하였다. 그 후 폐불을 만나자 북방에 숨어 살다가 수나라가 일어나자마자 칙명을 받고 역경에 종사하였다. 『불본행집경』, 『첨품법화경』 등이 전해진다.

달마급다는 개황 10년(590)에 왔는데, 장안 대흥선사에 살면서 경전을 역출하다가 그 후 양제가 낙양에다 설립한 번경관에서도 일하였다. 개황으로부터 대업 말년까지의 28년간 『섭대승석론』, 『금강반야론』, 『약사여래본원경』, 『보리자량론』 등을 번역하였다.

경전 역출의 정리는 칙명에 의하여 대흥선사의 사문 법경 등이 담당하여 개황 14년(594)에 『중경목록』 7권을 완성하였다. 그리고 북주 폐불을 만나서 환속하였던 비장방(費長房)은 개황 17년(597)에 『역대삼보기(歷代三寶記)』15권을 찬술하였으며, 양제의 인수 2년(603)에는 칙명을 받아서 대흥선사 사문 언종(彦琮) 등이 중심이 되어 『중경목록』 5권을 찬술하였다.

제6장

당대 불교의 융성

당(唐)대 불교의 융성

　　당 고조는 수도를 다시 장안에 정하고 무덕(武德)이라 개원하였다. 이로써 당나라를 건설한 이후 한 300년간 미증유의 대판도를 차지하면서 중국문화의 황금시대를 만들어냈다. 불교의 입장에서도 그 융성함은 전후로 비할 바 없으며, 당대 불교는 중국불교사상 최전성기를 맞았다고 해야 할 것이다.

　　당대의 불교는 수나라에 이어 종파적으로도 대성을 보게 된다. 다시 말하면 남북조시대의 수입불교 영역에서 벗어나 중국불교의 독자적인 면모를 갖추게 되는 것이다. 이것은 당 왕실의 불교보호정책과 함께 고승석학들이 우후죽순처럼 쏟아져나온 결과이기도 하다. 도작·선도에 의한 정토교, 도선의 남산율종, 현장·규기의 법상종, 신수·혜능의 선종, 법장의 화엄종, 선무외·금강지·불공의 밀교 등 이 모든 것이 당대에서 독립되고 대성한 것들이다.

　　그리고 경전 번역의 방면에서도 역경사상 동진시대의 라집과 함께 이대역성(二大譯聖)이라 불리던 현장이 출현해서 새로운 번역법을 채택하여 소위 신역(新譯)시대를 맞게 되었다. 더구나 보리류지, 의정, 지바하라, 실차난타, 반야, 금강지, 선무외, 불공 등의 역경가가 대거 나와 당대 이후의 불교 교학상에 커다란 변화를 주었다. 위에서 말한 바는 모두 초당(初唐)에서 중당(中唐)

에 이르기까지의 불교상태이고, 만당(晚唐)이 되어서는 저 유명한 무종의 폐불사건 등 큰 타격을 입었기 때문에 고승석학들의 출현도 초당과 중당 같지는 않게 된다.

1. 당대의 종파불교

정토교의 성행과 그 신앙

당대의 정토교(淨土敎)는 도작과 선도에 의하여 독립 대성되었다. 일반적으로 중국 정토교는 여산의 혜원(慧遠) 계통과 도작(道綽)·선도(善導) 계통, 그리고 자민(慈愍) 계통 등 세 가지 유파가 있었는데, 도작선도 계통은 담란의 계통을 물려받은 것으로 알려지고 있다. 이 세 가지 유파는 교의적으로 제각기 차이점은 있지만 중국에서는 그다지 명확한 구별을 하지 않고 모두가 혜원으로부터 시작된 것이라고 하고 있다. 그러나 정토교과 명실공히 독립 대성된 것은 당대의 도작과 선도의 공적이다.

도작(562~645)은 병주문수(并州汶水: 산서성 태원) 출신으로 열반학자였는데 우연히 담란이 살던 현충사를 참배하고, 담란의 비문을 읽고 감화를 받아 정토교에 입문하였다. 『관경』을 강의하기를 전후 200회, 칭명을 매일 7만 회씩 하였다고 전해지고 있다. 사회 교화에도 진력하여 염불을 외우기 쉽게 콩으로 헤아리는 소두염불(小豆念佛)을 권장하였다. 이로 인하여 태원, 진양, 문수의 3현에 사는 7세 이상의 남녀노소는 모두가 염불을 할 수 있게 되었다고 한다. 태종 정관(貞觀) 19년(645) 86세로 입적하였는데,

그의 저서 『안락집』 2권은 담란의 학설을 이어받아 『관경』을 중심으로 한 염불의 가르침이자 정토교를 독립시킨 책이다.

선도(613~681)는 도작의 상수제자로서 임치(산동성) 출신이다. 서방변상도(西方變相圖)를 보고 정토문에 입문한 후, 병주의 도작을 찾아가서 그의 문하가 되었다. 스승이 입적하자 장안으로 가서 오진사, 실제사, 광명사 등에 살면서 오직 염불교화에 주력하였는데, 어느새 성 안이 염불소리로 가득 넘쳤다고 한다. 엄숙한 염불생활을 실행하면서 『아미타경』을 사경한 것이 10만 권, 정토변상도 그린 것이 300폭이었다고 한다. 그리고 용문 봉선사의 대석불 조성시에는 검교(檢校)라는 중책을 맞는 등, 그의 명성이 널리 퍼져 상하로부터 존경을 한몸에 받았다. 고종 영륭(永隆) 2년(681) 69세로 입적하였는데, 저서로는 『관경소(觀經疏)』, 『왕생예찬(往生禮讚)』, 『관염법문(觀念法門)』, 『법사찬(法事讚)』, 『반주찬(般舟讚)』 등 5부 9권이 유명하다. 특히 『관경소』의 「현의분」, 「서분의」, 「정선의」, 「산선의」는 사첩소(四帖疏)라고 불리는데, 이는 종래의 『관경』 해석을 일변시킨 것으로서 정토교의 진수를 잘 나타낸 저술이라 한다.

그뿐 아니라 당대 정토교에서는 많은 고승들이 배출되었다. 선도보다는 조금 선배인 가재(迦才), 선도의 제자인 회감(懷感), 자민 계통의 자민(慈愍, 680~748), 형산 미타사의 승원(承遠, 712~802)과 그의 제자 법조(法照), 법조와 동시대에 장안에서 활약한 비석(飛錫)과 소강(少康), 만당 무렵의 대행(大行), 도경(道鏡) 등은 모두가 염불을 권장하던 사람들이다.

자민 계통의 자민삼장은 혜일(慧日)이라고도 불린다. 천축에서 돌아온 의정을 만나 입축구법의 뜻을 품고 측천무후 장안(長安) 2년(702) 해로로 인도에 들어갔다. 그는 여러 나라를 편력 구법하다가 북천축에서 관음을 만나 정토법문을 들었다고 한다. 전후 약 18년간을 보내고 현종 때에 귀국하였다. 그때 현종은 그를 만나보고 자민삼장이라는 호를 내렸다. 저서로는 『왕생정토집』(자비집), 『반주삼매찬』 등이 있다. 그의 교학은 인도 전래의 특색을 지닌 것으로 자민 계통이라고 불리며, 그의 교의는 도작과 선도 계통과는 상당한 차이가 있다.

가재(迦才)는 도작의 『안락집』을 정리 체계화하고자 『정토론』을 저작하고, 선도의 제자 회감(懷感)은 『석정토군의론(釋淨土群疑論)』을 지었다.

중당 무렵에 활약한 법조(法照)는 오회류(五會流)라는 염불을 창작해서 새롭게 음악적 요소를 곁들여 정토교를 홍포하는 『오회법사찬』을 지었다. 법조는 미타사의 승원으로부터 가르침을 받고 오대산에 죽림정사를 창건하였으며, 오대산, 태원, 장안으로 왕복하면서 열심히 홍법에 전념하였다. 그로 인하여 오회류의 염불은 궁정을 위시하여 일반사회에까지도 널리 알려지게 되었다. 그는 후선도(後善導)라고 일컬어질 정도로 교의적으로 선도의 영향을 받아들였다.

그와 함께 소강(少康)도 동시대 사람으로 장안에 있는 선도의 영정을 참배하고 열렬한 서방원생자(西方願生者)가 되었다. 『왕생정토서응편전』을 저술하였는데, 이것이 왕생전의 효시라고 한다. 그로 인하여 민중교화의 영향은 대단히 컸으니, 그가 살던 목주(절강성)의 한주는 모두가 염불을 외웠을뿐만 아니라 입적한 후 묘소의 흙까지도 효험이 있다고 하여, 병든 사람들이 묘지에 찾아가 그 흙을 먹었다고 한다. 그도 역시 후선도라고 불렸는데, 그의 가르침이 선도의 영향을 받았기 때문이라고 생각된다.

비석(飛錫)은 법조와 함께 장안에 살던 역경승으로 불경의 번역에 참여하는 등 역경에 종사하였으며, 황실에까지 큰 세력을 가지고 있었다. 선도와 같은 순수한 정토교도는 아니었지만『염불삼매보왕론』을 지어서 정토법문을 설하였으며, 만당 무렵에는 도경이 선도와 함께『염불경』을 짓고 선도의 교의를 보급시키는 데 힘을 기울였다.

한편 수나라의 영유, 혜원, 지의, 길장 등에 의한 정토경전 연구의 뒤를 이어 당대의 정토교는 도작, 선도가 중심인물이 되었으며, 그 가르침은 순전히 말법사상을 근거로 하여 죄악감에 중점을 두고 강조된 사상이었다.

당대의 사상계에서는 현재는 말법이라는 강박관념이 널리 상식적으로 받아들여지고 있었기 때문에 여기에 적응할 수 있는 정토교의 발전 유행은 어찌 보면 당연한 것이었을지도 모른다. 그렇기 때문에 이 말법시대를 만난 사람들이 가장 적응하기 쉽고 익히기 쉬운 칭명염불업(稱名念佛業)으로써 정토왕생할 수 있다고 하는 사상은 누구에게나 쉽게 받아들여졌는지 모른다. 그 중에서도 선도의 정토변상도를 비롯한 지옥변상도 등과 같이 직접 눈에 비쳐진 선악응보의 가르침은 얼마나 강렬하게 민중들의 가슴 속에 감명을 안겨주었을까. 당시 오도현(吳道玄)을 비롯하여 세상에 알려진 화가들이 각 사원의 벽면에다 그려낸 수많은 정토변상도와 지옥변상도는 일반 대중들로 하여금 한층 더 염불을 하게 하는 동기를 만들어주었다. 도작의 소두염불도 적게 하는 사람은 한두 되 정도이지만 많이 정진하는 이들은 80석에서 90석까지 염불을 하였다고 전해지고 있다. 법조의 음악적인 오회염불 또한 민중들에게 쉬운 정토왕생 방법으로서 환영받았을 것이다.

당 말기의 문종과 무종 무렵, 조정에서는 장안에 있는 모든 절에 명하여 사람들에게 염불을 가르치게 하였다. 그리고 사찰을 순회하여 매 사찰마다 3일간씩 머물러 가르치며 이것을 매월 순회하여 끊이지 않도록 하였다고 한다. 또한 여산혜원의 백련사를 모방하여 오군(강소성) 신호(神皓, 716~790)의 서방사(西方社), 소주(강소성) 지염(智琰, 564~634)이 주관한 승속 500명의 염불결사(念佛結社), 팽주(사천성) 지현(知玄, 810~882)의 연사(蓮社), 강주(강서성) 신주(神奏)의 보리향화사(菩提香火社) 등의 염불결사가 전국에서 결성되었다. 이것은 당대 정토교의 성행을 한눈에 보여주는 것이라 하겠다.

율종과 도선

당대에는 『십송률』도 성행하고 있었지만 어디까지나 그 율의 중심은 『사분율』이었다. 『사분율』 연구는 북조 혜광(慧光)이 시작하여 이후 수로부터 당나라 때까지 성행하였는데, 도선의 남산율종과 함께 법려(法勵)의 상부종(相部宗), 회소(懷素)의 동탑종(東塔宗) 등이 다투어 흥기하여 연구가 활발하였다. 그러나 도선의 계통만이 훗날까지 성행하게 된다.

도선(道宣, 596~667)은 혜광, 도운, 도공의 학계를 전수한 지수(知首, 567~635)의 제자이다. 도선은 수나라 대업 연간(605~616)

에 지수에게서 율을 배웠다. 지수는 학덕이 높아 당나라 왕실로부터 두터운 존경을 받았는데, 입적하자 칙명에 의해 국장의 예우를 받은 인물이었다.

그는 장안 서명사(西明寺)가 완성되자 칙명으로 교단의 상좌(上座)가 되었다. 처음에는 종남산의 풍복사에 살았기 때문에 남산율사라고 불렸다. 고종 건봉(乾封) 2년(667) 72세로 입적하였는데, 율종의 대성자로서 이름을 드날리던 도선의 율을 남산종이라고 부르고 있다. 그의 저서인 『사분율행사초』, 『갈마소』, 『계본소』, 『습비구니의초』, 『비구니의초』를 율의 5대부라 일컫고 있으며, 그 중에서 『행사초』는 특히 유명하여 율의 연구자 사이에서는 필독서로 여겨지고 있다. 그는 율뿐만 아니라 실로 당대에 있어서도 드물게 보는 학승으로서 현장의 역경장에 참여하여 역경을 돕기도 하고, 『대당내전록』을 지어서 경전을 정리하는 한편, 『고금불도논형』, 『광홍명집』을 찬술하여 도교와 대립하고 있던 불교를 선양함으로써 호법운동의 일단을 과시하기도 하였다. 그 밖에도 그는 당대 제일의 사학자로서도 명성이 높아 그가 저술한 『속고승전』, 『석씨약보』, 『석가방지』, 『삼보감통록』 등은 『광홍명집』과 함께 후세 사학자들의 지침이 되는 저술들이다.

도선의 많은 제자들 중에서도 대자(大慈), 문강(文綱), 주수(周秀) 등은 그의 뒤를 이어 율종을 널리 펼쳤다. 그 밖에 남산종 출신들로서 도선과는 동문이자 그의 동생인 도세(道世)는 『사분율토요』, 『사분율니초』 등의 저술이 있는데 도선과 함께 지수 문하의 양웅(兩雄)이라 불렸다. 그 밖에 도세에게는 유명한 『법원주림(法苑珠林)』 100권이 있다.

160

상부종의 개조라 불리는 법려(法勵, 569~635)는 도운(道雲), 홍준(洪遵), 홍연(洪淵)의 계통을 이어받았는데, 도선보다는 27세나 연장자였다. 영유의 제자가 된 후 정홍, 홍연에게서 율을 공부하고 후에 남지에서 『십송률』을 배웠다. 북지에서는 『사분율』을 강하였으며, 『사분율소』, 『갈마소』의 저서가 있다. 제자로는 만의, 회소 등이 있는데, 회소는 동탑종의 개조가 되었다.

회소(懷素, 625~698)는 현장에게서 수학하고 법려와 도선 밑에서도 율을 배웠다. 그 후 법려의 학설에 만족하지 못하여 『사분율개종기』를 지어서 새로운 설을 발표하였다. 법려의 소를 구소(舊疏)라 하고, 회소가 지은 소를 신소(新疏)라고 한다. 그 후로 상부종과 동탑종은 서로 논쟁을 벌였으나 둘 다 자연히 쇠퇴해 버려 오늘날 율종(律宗)이라고 하면 도선의 남산율종을 가리키게 되었다.

율에 대하여 논할 때는 의정(義淨)의 율전 번역을 빠뜨릴 수 없다. 의정(635~713)은 처음에는 법려와 도선의 율소를 연구하여 율에 정통하였지만 현장이 인도에서 돌아온 것을 보고 자신도 입축할 뜻을 굳히다가 드디어 고종 함형(咸亨) 2년(671)에 해로를 따라 인도로 건너갔다. 체재를 하기를 25년, 귀국한 뒤에는 인도에서 가져온 많은 범본들을 역출하였는데, 그 분량이 무려 68부 190권이나 되었다.

그 대부분이 유부율(有部律)에 관한 것들로서 『근본설일체유부비나야』를 비롯한 유부율전은 거의 역출하였다. 그뿐 아니라 『금광명최승왕경』, 『미륵하생성불경』, 『대공작왕주경』 등도 번역하였다. 그가 인도에서 찬술한 『대당서역구법고승전(大唐西域求法高僧傳)』과 『남해기귀내법전(南海寄歸內法典)』은 유명하지만 특히 후자는 현장의 『대당서역기』와 함께 당시 인도의 사정을 이해하는 데 좋은 지침이 되고 있다.

이와 같이 율종이 성행되고 연구 보급하게 된 것은 불교의 입장에서 보면 삼학(三學) 가운데 하나인 계가 독립된 것이며, 이로 인하여 당대 불교교단은 한층 더 조직과 기초가 다져지게 된다. 따라서 승계의 위의도 일신하여진 바 당대 불교는 더욱더 융성해졌다고 할 수 있다.

법상종과 현장

불교학의 2대 계통 가운데 하나인 세친의 유식사상은 일찍이 남북조 때의 보리류지, 륵나마제 등에 의해 전해져 훗날 지론종(地論宗)이 되고, 다시 진나라의 진제에 의해 전해진 것은 섭론종(攝論宗)이 되었다. 그리고 세 번째 현장에 의하여 호법과 계현의 계통이 전해졌는데, 그의 제자 규기 때에 이르러 법상종(法相宗)이 성립되었다. 법상종은 이렇게 현장, 규기에 의해 개종되었다.

수나라 개황 20년(600)에 현장(玄奘)은 하남성 진류에서 태어났다. 각지를 유력하여 여러 선지식들을 찾아다니면서 열반, 비담, 섭론을 비롯하여 다양한 학문을 익혔다. 또 멀리 인도로 건너가 불교의 진수를 탐구하고자 정관 3년(629) 입축의 장도에 올랐다. 그는 엄청난 위험과 고난을 참아내며 천산 북로를 따라 인도에 들어가게 된다. 당시의 나란타사는 불교대학으로서 석학들이 사방에서 구름처럼 모여와 계현논사 밑에서 수학하고 있었다. 현장도 그의 문하에 들어가 이곳에서 유가유식의 깊은 뜻을 터득하게 된다. 그로부터 여러 곳을 유력하다가 남쪽 길을 따라 태종 정관 19년(645)에 장안으로 돌아왔다. 그가 인도에 체재한 기간은 17년간이다. 장안에 돌아왔을 때는 군중들이 그를 마중하였는데 그 광경이 마치 미륵의 하생을 만나는 것과 같았다고 한다. 태종도 대단히 기뻐하여 그를 홍복사로 맞아들였으며, 다시 자은사가 창건되자 그곳에다 번경원을 세워서 현장을 그곳의 상좌로 삼고 역경에 종사하게 하였다. 그 후로도 서명사와 옥화사 등에서 역경에 종사하다가 드디어 고종 인덕(麟德) 원년(664) 옥화궁에서 65세로 입적하였다. 고종은 조정을 3일간 폐하고 칙명으로 금관은곽(金棺銀槨)에다 유해를 봉안하였다고 한다.

그가 불교학사에 남긴 공적은 대단한 것이었다. 특히 역경사에 비추어 볼 때 라집과 함께 그의 업적은 천고에 빛을 내는 것과 같다고 하겠다. 인도에서 가져온 경·율·논은 모두 520협 657부로서 20마리의 말에 싣고 왔다고 하며, 범본이 흐트러지지 않도록 자은사에 높이 27자 7부의 대안탑(大雁搭)을 조성하여 거기에다 모셨다고 한다. 홍복, 자은, 서명, 옥화 등의 절에 옮겨 살면서 번역하기를 20여 년, 『대반야바라밀다경』 600권을 위시하여 『불지경』, 『불지경론』, 『현양성교론』, 『유가사지론』 및 『유가사지론석』, 『섭대승론』, 『섭대승론』(무성 지음)과 『섭대승론』(세친 지음), 『해심밀경』, 『변중변론』, 『유식론』, 『성유식론』, 『이부종륜론』, 『구사론』, 『집론』, 『집잡론』, 『순정리론』, 『파사론』, 『발지론』, 육족론의 5부, 『칭찬정토경』, 『약사본원공덕경』 등이 특히 유명하다. 이처럼 여러 방면에 그의 영향이 미쳤던 것이다. 더구나 그는 조정의 보호 아래 역경에 종사하던 중 홍복사에서 『유가론』을 역출하였는데, 그때 태종은 「삼장성교서」를 짓고, 황태자였던 고종도 「술성기」를 지어서 하사하였다.

그의 번역법은 종래의 번역을 일변시킨 것이기 때문에 이후로는 모두가 이 번역법을 따르게 되었다. 그래서 종래에 번역한 것을 구역이라 부르고, 현장 이후 번역한 것을 신역이라 부르게 되었다. 이로써 중국의 역경은 현장에 의하여 일대 개혁이 일어났던 것이다.

『대당서역기』 12권은 서역 인도 여행기이지만 그곳의 종교 사정을 비롯하여 지리, 역사, 풍속 등에 관한 귀중한 사료를 제공하고 있으며, 법현의 『불국기』와 의정의 『남해기귀내법전』과 함께 서방 연구의 가장 중요한 문헌으로 다루어지고 있다. 당시 장안은 실로 현장을 중심으로 한 교단이 일세를 풍미하였는데 문하생이 수천 명이나 되었다. 그 중 가장 유명한 인물로서 규기(窺基), 원측(圓測), 보광(普光), 법보(法寶), 신태(神泰), 정매(靖邁), 혜립(慧立), 언종(彦悰), 신방(神昉), 종철(宗哲), 가상(嘉尙) 등이 있으며, 특히 자은대사 규기는 스승인 현장과 함께 법상종을 대성시킨 사람으로서 명성이 높다.

규기(窺基, 632~682)는 장안 출신으로 자은사와 여러 곳에서 현장을 따라 대소의 삼장을 역출하였으며 많은 경론소를 찬술하였다. 그는 현장이 세상을 떠난 후 18년이 지난 고종 영순(永淳) 원년(682) 자은사에서 51세로 입적하였다.

자은대사라고 불리는 것은 그가 자은사에서 현장의 정의(正義)를 전하였기 때문이다. 그가 호법의 『유식론』을 중심으로 다른 사람들의 이설을 참조·합유(合糅)하여 만든 것이 바로 스승인 현장과 함께 역출한 『성유식론』 10권이다. 이것은 『해심밀경』, 『유가론』과 함께 법상종의 근본성전이 되고 있다. 규기는 이 논에 대하여 『성유식론술기』 및 『유식론추요』를 찬술하고 자세하게 주석을 가하였다. 그는 백본(百本)의 소주(疏主)라고 불릴 정도로, 『변중변론』, 『유식이십론』, 『이부종륜론』 등의 술기와 『법화경현찬』, 『아미타경소』, 『미륵상생경소』, 『법원의림장』을 비롯한 많은 저술을 하였다.

　원측(圓測, 613~696)은 신라 사람이다. 15세에 중국으로 유학하여 장안에서 여러 스승을 찾아다니며 배운 후에 현장 문하로 들어갔다. 칙명을 받아서 서명사에 살면서 『유가론』, 『성유식론』 등을 강론하였으며, 측천무후의 귀의를 받았다. 저서로는 『성유식론소』, 『해심밀경소』 등 여러 가지가 있다. 그의 학설은 규기와 견해가 다른 부분이 있었기 때문에 자은계 사람들로부터 이단시되고 배척되었다. 제자인 도증(道證)은 스승의 학설을 계승하여 『성유식론요집』, 『강요』를 지어서 스승의 뜻을 선양하였다. 그의 제자로는 태현(太賢)이 있다.

　규기(자은)의 계통으로 치주대사 혜소(慧沼, 650~714)와 그의 제자 박양대사 지주(智周, 668~723)가 있다. 혜소는 현장과 규기로부터 배웠으며, 치주(산동성) 대운사에서 살았다. 『성유식료의등』을 저술하여 규기의 정의를 주장하였으며, 원측, 도증의 설을 격파하였다. 지주에게는 『유식론연비』가 있는데, 이것은 규기의 『술기』를 주해한 것으로 규기의 『추요』, 혜소의 『요의등』과 함께 유식의 삼소라 하여 유식 연구에 있어 중요한 역할을 하고 있다. 그러나 이 법상종도 중당 이후로는 자연히 쇠퇴하여 오히려 현장에게 배운 도소 등에 의하여 일본에 전해져 나라불교 때에 융성을 보게 되었다.

법상종을 개종한 현장은 또다시 구사종도 성립시켰다. 현장 교단의 교학은 주로 법상, 구사로 갈라지고 있는데, 구사종을 계승한 이로는 보광, 법보, 신태가 있다. 원래『구사론』은 진제에 의해 역출되었지만 그다지 빛을 보지 못하였다. 그러다 현장의『구사론』신역이 완성되자 보광은『구사론기』를, 법보 · 신태는『구사론소』를 지어서 교학을 넓혔기 때문에 이로써 구사종의 연구가 더욱 성행하게 되었다. 종래로부터 비담학이라든가 비담종으로 알려져 있던 소승경전의 연구는 이후부터 모두 구사종에 포함되게 되었다.

화엄종과 법장

화엄종(華嚴宗)은 현수대사(賢首大師) 법장(法藏)에 의하여 개종된 것이지만 초조로는 당나라 초기의 두순(杜順)을, 제2조는 지엄(智儼)을 들고 있으며, 법장은 제3조가 된다. 화엄종은 이처럼 당대에 일어났지만『화엄경』연구는 벌써부터 성행되고 있었다. 동진 때 각현(覺賢)에 의하여『화엄경』이 역출되었으며,『십지경』을 중심으로 일어난 북방 지론종 연구는 화엄사상의 발전을 예시한 것으로 혜광을 위시하여 많은 연구자를 배출하였다. 그리하여 화엄종은 드디어 독립 개종되는데, 천태와 함께 불교학의 쌍벽을 이루었다. 특히 법장이 세운 오교십종(五敎十宗)의 교판은 불교교학의 최고봉을 차지하는 것이다.

두순(杜順, 557~640)의 이름은 법순(法順)인데 성이 두(杜)씨였기 때문에 두순이라고 부른다.『법계관문』의 저서가 있다. 지

166

엄(602~668)은 두순에게 수학하였을 뿐만 아니라 지상사 지정(智正)에게도 배웠고, 여러 스승을 찾아다니며 연구하다가 『화엄경수현기』를 저술하였다. 다시 『화엄공목장』, 『화엄오십요문답』을 지었으며, 화엄종 성립의 기초를 닦았다. 지상사에 살 때는 지상대사라고 불렸으며, 운화사에서도 살았기 때문에 운화존자라고도 불렸다. 그의 많은 제자들 중에서도 의상과 법장이 유명하다.

의상(義相, 625~702)은 신라에서 건너가 화엄을 배운 후에 귀국하여 해동 화엄종의 초조가 되었다. 의상과 함께 현장, 규기 문하를 앙모하여 같이 입당하려 했던 원효(元曉, 617~686)는 화엄학자이며, 법상유식은 물론 정토교학까지도 연구하였고, 그 밖의 모든 불교학에 통달한 학자로서 그의 저서도 헤아릴 수 없이 많다.

법장(法藏, 643~712)은 사실상 화엄종의 개조이다. 장안에서 태어났으며 지엄이 『화엄경』을 강론하는 것을 듣고 그의 문하에 들어갔다. 따라서 그는 출가 이전부터 화엄의 묘리를 터득하였다. 측천무후는 그에게 후의를 베풀어 태원사를 건립하고 그를 거기서 살게 하였다. 그때 그의 나이 28세, 비로소 삭발하여 사문이 되었다. 그는 칙명을 받고 태원사에서 『화엄경』을 강론하였는데, 무후는 이를 듣고 감명하여 현수대사라는 호를 내렸다. 그는 역경에도 종사하여 당시 번역가인 지바하라의 역경장이나 실차난타의 『화엄경』 역장에도 참여하였으며, 의정과 제운반야의 역경을 돕기도 하였다. 실차난타의 『신화엄경』 역출은 법장에게 새로운 활력을 주었는데, 이 『신화엄경』은 칙명에 의해 즉시 낙양의 불수기사에서 강론되었으며, 다시 궁중의 장생전에서도 반복되었다. 『화엄경』을 강론하기를 30여 회, 많은 저서를 남기고 현종 선천(先天)

원년(712) 서경의 대천복사에서 70세를 일기로 입적하였다.

그는 불교를 오교십종의 교판으로 분류하고, 『화엄경』을 그 중 으뜸으로 삼아 일승원교의 사상인 화엄종을 대성케 하였다. 당시는 현장 규기가 주장한 법상유식의 삼승교가 최전성기를 누리고 있었는데, 법장은 이에 대해 화엄일승의 묘리를 선설하였던 것이다. 저서로는 『탐현기』, 『오교장』, 『화엄경지귀』, 『유심법계기』를 비롯하여 『기신론의기』, 『범망경소』, 『화엄경전기』 등 무려 60여 부가 있다. 그의 제자로는 굉관(宏觀), 지광(智光), 종일(宗一), 문초(文超), 혜원(慧苑) 등이 있는데, 그 중 혜원은 『화엄간정기』에서 스승인 현수의 설에 반대하는 해석을 하였기 때문에 정통에 속하지 못하고, 그로 인하여 현수가 입적한 뒤에도 세력을 넓히지 못하였다. 따라서 화엄종은 청량대사(清凉大師)의 출현을 기다려야만 하였다.

청량대사 징관(澄觀, 738~839)은 월주 회계(절강성) 출신인데, 천태의 담연(湛然)에게서는 천태와 유마를, 그리고 우두(牛頭)의 혜충(慧忠)에게서는 선을 배웠다. 그 밖에도 여러 스승들을 찾아다니며 일체의 불교학을 연구하였고, 나아가 경사백가(經史百家)로부터 실담(悉曇), 오명(五明), 비주(秘呪), 의궤(儀軌)에 이르기까지 배우지 않은 학문이 없을 정도였다. 그의 학문의 중심을 이룬 화엄은 전당(절강성 항주) 천축사의 법선(法詵)에게서 수학하였다. 그때부터 그는 오대산 대화엄사에서 살면서 『화엄경』을 강론하고 그 무렵 『화엄경소』 60권, 『수소연의초』 90권을 저술하는 한편, 장안에서는 불공의 역경장에도 참여하였으며, 다시 칙명을 받아 반야와 함께 40권 본 『화엄경』을 역출하였다.

그의 저서로는 이 밖에도『화엄경소연의초』,『법계현경』,『화엄경강요』,『화엄경초화』등 많이 있는데, 이러한 저술들을 통해서 화엄의 본뜻을 밝히고, 화엄종을 대성시켰다. 진국대사, 청량국사의 호를 하사받고 대통국사가 되었으며, 여러 황제들로부터 신임이 두터웠다. 문종(文宗) 개성(開成) 4년(839) 102세로 입적하자 조정에서는 3일간 정무를 쉬고 그를 애도하였다고 한다.

그가 활약한 시대는 마침 천태의 형계담연(荊溪湛然)이 나와서 천태를 부흥시키고 선종도 바야흐로 교세를 넓혀갈 무렵이었다. 따라서 그의 사상적인 면을 보자면 대부분 이러한 주위의 영향 아래서 선교일치의 맹아를 발견할 수 있다. 나아가 천태와의 융화를 시도한 것은 중국불교가 이미 제종(諸宗)융합의 경향으로 기울어져가는 과정이라고도 볼 수 있다. 다음의 제5조 종밀은 선교일치를 강력히 주장하였던 사람이다.

제5조 종밀(宗密, 780~841)은 유가에서 태어나 유학을 배워오던 사람으로, 남종선의 도원(道圓) 밑에서 출가하여 선학을 배웠다. 훗날 징관을 만나 화엄의 진리를 터득하게 된다. 그의 교학은 단순히 선과 화엄뿐만 아니라, 모든 경론에도 통달하였다. 그는 화엄과 선을 융합하고 일치시키려고 하는 선교일치론을 주장하고 있다.『원각경』은 가장 심혈을 기울여 연구한 경전으로 화엄의 입장에서 이에 많은 주석을 가하였다.

그의 저서로는『신화엄합경론』,『원인론』,『선원제전집』및『원각경대소』를 위시하여『원각경』에 관한 많은 저술이 있으며,『사분율소』등 30여 부의 저서가 있다. 무종(武宗)의 회창(會昌)원년(841) 62세를 일기로 입적하였다.

역시 화엄에 대하여 많은 공적을 남긴 사람으로서는 거사 이 통현(李通玄)이 있다. 현수 법장과는 동시대의 후배로서 『신화엄경』을 연구하고 여기에 주해를 가하여 징관에게도 많은 영향을 주었다. 후세에 와서 징관의 소와 함께 세상에 유행하게 되었다. 그의 저서로는 『화엄경합론』, 『신화엄경론』, 『화엄회석』 등이 남아 있다.

선종의 발전

양나라 때 보리달마에 의하여 전래된 선종(禪宗)은 그로부터 혜가, 승찬, 도신, 홍인에게 전해지고, 당나라가 들어서자 신수, 혜능 등이 출현하여 비로소 선종이 확립되었다. 뿐만 아니라 그 밖에도 많은 고승석학들이 이 계통에서 배출되어 선종의 일파는 융성해졌다. 당나라 말기부터 여러 종파들은 차례로 쇠퇴하여 갔으나, 선종만은 전성기를 맞아 이후 중국불교는 선종으로 대표되기까지 하였다. 그것도 이후의 선종은 거의가 육조 혜능 계통이 맥을 잇는데, 당대에는 신수 계통인 북종선과 혜능 계통인 남종선이 공존하면서 불교계에서 활약하였다. 한편으로는 우두선이라고 하여 4조 도신(道信, 580~651)의 제자 법융(法融, 594~657)의 계통도 있었다.

법융(法融)은 당 초기에 활약하던 사람으로 처음에는 유학자였다. 불교에 입문한 후 도신에게서 법을 받고 우두산 유서사에 선실을 세워 수행하였는데, 그의 덕화는 금수에게까지 미쳤다고 한다. 이 계통을 우두선이라고 한다. 이로부터 2조 지엄(知儼, 600~677), 3조 혜방(慧方, 629~695), 4조 법지(法持, 635~702), 5

조 지위(智威, 653~729), 6조 혜충(慧忠, 683~769)으로 이어지는 데, 특히 백낙천과의 문답으로 유명한 조과선사(鳥窠禪師) 도림 (道林, 741~824)도 이 계통에 속하는 사람이다. 그러나 얼마 가지 않아 쇠퇴하고 만다.

당 초기의 5조 홍인에게는 신수, 혜능, 혜안, 지선 등 유명한 제 자들이 있었다. 신수, 혜능이야말로 당대의 선종을 이분하는 대 표적인 인물로서 이들에 의하여 선종은 성립하고 발전을 보게 되 었다. 신수와 그 계통은 장안, 낙양을 비롯한 북방을 중심으로 교 세를 넓혀간 데 반하여, 혜능은 처음에는 소주(광동성)에서 교화 를 펴다가 그 후에 호남, 강서를 중심으로 하여 교세를 넓혀갔다. 그로 인해 신수 계통과 구별하여 남종선이라고 불렀다. 그리고 또한 교의의 차이는 남돈북점(南頓北漸)이라고 불리기도 한다. 후세에 남종이 번창하고 북종은 대가 끊겼지만 당대에는 북종이 오히려 발전하였으며, 그 세력은 남종인 혜능 일파를 훨씬 능가 하고 있었다.

신수(神秀, 606~706)는 낙양 천궁사에서 수계하고 뒤에 5조 홍 인을 좇아 형주 옥천사에 들어가 두타행을 하였는데, 그의 선풍 이 알려지자 주변에 3천 명의 학도가 몰려들었다고 한다. 측천무 후의 청을 받고 궁정에 들어가서 무후, 중종, 예종 세 황제의 국 사가 되었다. 수도에 살기를 6년, 신룡(神龍) 2년(706) 100여 세를 일기로 낙양 천궁사에서 입적하였다. 그때 대통선사라는 시호가 내려졌는데, 이것은 시호가 내려진 첫 번째의 일이며, 사문으로 서 왕에게 예배를 직접 받기로는 그가 최초였다고 한다.

그의 제자 가운데 가장 뛰어난 이는 의복과 보적이다. 의복(義

福, 658~736)은 신수가 형주에 있다는 소문을 듣고 찾아가서 입문하였는데, 스승이 입적하자 종남산 화감사에 있으면서 후학들을 지도하고 뒤에는 장안의 자은사로 옮겨가 살았다. 그 외에도 여러 곳에서 살았으나 황제를 위시하여 상하로부터 존경을 받다가 79세에 입적하였다.

보적(普寂, 651~739)은 의복과 마찬가지로 형주 옥천사의 신수를 찾아가 신수로부터 인가를 얻어 쌍밀과 같이 황제로부터 신임을 받아 세 황제의 왕사가 되고, 교화한 실적은 신수 이상이었다고 전한다. 교화에 힘쓰기를 20여 년, 89세의 나이로 개원(開元) 27년(739)에 입적하였다.

당나라 중엽에 이르기까지, 즉 의복과 보적이 입적할 때까지만 하여도 북종선의 전성시대로서 남종선의 교세가 미칠 정도는 아니었다. 그러나 이 두 사람이 세상을 떠나자 그때부터는 남종선이 북방전파에 힘썼기 때문에 북종선은 차츰 쇠퇴기에 접어들었다. 한편 신수 계통의 사람들이 당대에 걸쳐서 교세를 잡고는 있었으나 혜능 계통과 같은 고승들의 배출이 적었기 때문에 결국 남종선에게 그 지위를 넘겨주지 않을 수 없었다.

6조 혜능(慧能, 638~713)은 남종선의 초조이다. 신수보다 30세나 젊었으므로 홍인 문하에 들어가 처음에 하위의 소임을 맡았던 것은 당연하다. 그의 전기에는 후세에 와서 첨가된 부분이 많고 또한 불분명한 점들도 있다. 그는 신주(광동성 신흥현)에서 태어나 『금강반야경』을 듣고서 불교에 뜻을 품고 북상하여 황매(호북성)에 있던 5조 홍인을 찾아가 문하생이 되었다. 처음에는 중용되지 못하다가 나중에 인정을 받고 의발을 전수받았다. 신수의 천거를 받아 측천무후가 불러들였으나 이를 사양하고 오직 고향인 남방의 소주 조계(광동성 곡강현)의 보림사를 중심으로 하여 선풍을 떨쳤다. 혜능과 신수의 의발 전수에 대해서 신수를 비방하는 것으로 전해지고 있으나 이러한 것들은 다 후세 혜능파 사람들에 의해서 조작된 것으로 알려진다.

남종선이 마침내 선종을 대표하게 되기까지는 혜능 문하와 그 계통으로 영재들이 모여들었기 때문이다. 혜능의 제자 43인 가운데 유명한 사람으로는 청원행사(靑原行思), 남악회양(南嶽懷讓), 하택신회(荷澤神會), 영가현각(永嘉玄覺), 남양혜충(南陽慧忠), 법해(法海) 등이 있다.

남악회양(677~744)은 혜능에게서 법을 받았다. 그리고 혜능의 문하에 살기를 15년, 후에는 남악(호남성)의 반야사에 있으면서 혜능의 종풍을 진작하였다. 청원행사(?~740)는 혜능에게서 인가를 받고, 고향인 길주(강서성 길안현) 청원산 정거사에 살면서 교화에 힘썼다. 그 문하의 융성함은 조계에 버금갈 정도였다고 한다.

하택신회(?~760)는 처음에 유학과 노장학을 배워 통달하였지만, 이후 혜능에게서 참학하여 선기(禪機)를 얻었다. 당시 북방의 장안과 낙양을 중심으로 신수의 제자인 의복과 보적 등이 열심히 교화를 펴고 있었는데, 이때만 하여도 혜능계 선풍은 그다지 알려지지 않았다. 신회는 북방의 낙양과 장안을 다니면서 열심히 혜능선을 선양하였다. 이를 계기로 하여 남북 양종이 대립하는 양상으로 갖추어지는데, 이로 미루어 볼 때 신회의 낙양 교화는 중대한 의미를 지닌다고 하겠다. 뒤에는 하택사로 옮겨서 『현종론』을 저술하여 2종(宗)을 비판하였다. 근래에 와서 『신회어록잔권(神會語錄殘券)』 등이 돈황에서 발견되어 신회가 당시에는 남악, 청원 이상으로 명성이 있었음을 알 수 있다. 이 계통을 하택종이라 부른다.

신회에 이어 북방에서 남종선을 폈던 이로는 남양의 혜충 (?~775)이 있다. 그는 혜능에게서 공부한 후에 남양(하남성) 백애산에 들어가 살기를 40년, 신회가 입적하자 그를 대신하여 장안으로 나와 광택사에 살면서 남종선을 크게 선양하였다. 그러나 그는 선교일치설을 주장했다고 하므로 거기에는 이설이 있었음을 인정하지 않을 수 없다.

영가현각(665~713)은 온주 연가(절강성 온주부) 출신으로 처음에는 천태를 배우다가 후에 혜능을 친견하고 인가를 받았다. 『영가집』과 『증도가』는 그의 저서로서 오늘에 이르기까지 널리 읽혀지고 있다.

위에서 보듯이 남종의 혜능파는 남방에서 일어나 그 종풍을 선양하다가 차츰 북종선을 능가하여 홀로 그 세력을 확장시켰다. 그러나 혜능 문하에서도 신회의 하택종을 비롯하여 남악, 청원 이외의 계통들은 점차로 쇠퇴하여 버리고, 오직 이 두 계통만이 번창하게 되었다. 훗날 선종의 5가(家)라고 불리던 인물들도 모두 이 계통에 속하고 있다.

(1) 임제종 · 위앙종

중당 이후 불교의 여러 종파들은 점점 쇠퇴하여 갔지만 오직 선종만은 번창해 갔다. 남악회양의 제자인 마조도일(馬祖道一,

174

709~788)은 강서에 살면서 홍포하였기 때문에 강서선(江西禪)이라고 불렸으며, 강서의 마조라는 명성으로 일세를 풍미하였다. 마조라고 하는 것은 그의 성이 마(馬)씨였기 때문이다. 그의 제자인 홍주(강서성) 백장산의 회해(懷海, 720~814)는 『백장청규』를 저술하여 처음으로 선종의 제도를 확립하고, 선종 발전의 기틀을 닦았다. 백장의 문하에 두 파가 있었는데, 진주(하북성 정정) 임제사의 의현(義玄, ?~867)은 황벽산(강서성) 희운(希運, ?~855)의 제자로서 임제종(臨濟宗)을 일으켰고, 담주(호남성 장사) 위산의 영우(靈祐, 771~853)와 그의 제자인 원주(강서성 선춘) 앙산의 혜적(慧寂, 814~890)은 위앙종(潙仰宗)을 세웠다. 임제선이 남쪽에서 북방지역으로 교세를 넓힌 것은 남종선이 북지에다 큰 거점을 이루는 원인이 되었다.

(2) 조동종 · 운문종 · 법안종

한편 청원 문하에서도 영재들이 구름과 같이 모여들어 호남의 석두희천(石頭希遷, 700~790)을 위시하여 그의 제자인 예주(호남성) 약산의 유엄(惟儼, 745~828), 남양단하(하남성 남양)의 천연(天然, 735~820), 그리고 천황도오(天皇道悟, 748~807) 등이 있는데, 모두 당시 강남에서 명성을 날리던 마조, 백장 등과 함께 나란히 칭송받았다. 그리고 유엄 문하에서 운암담성(雲巖曇晟, 782~841) 등이 나오고, 다시 그로부터 동산양개(洞山良价, 807~869)가, 동산 문하에서는 조산본적(曹山本寂, 840~901)이 나왔다. 이로부터 조동종(曹洞宗)이라는 이름이 생겨나 임제종, 위앙종과 함께 나란히 번성하였다. 게다가 이들은 같은 강서에서 생겨난 종파이다.

천황도오의 계통도 번창하여 그 밑에 용담숭신(龍潭崇信)이 있고, 그의 제자에 덕산선감(德山宣鑒, 780~865)이 나왔으며, 그 문하에서 설봉의존(雪峰義存, 822~908)이 출현하여 무종 폐불 이후로 불교부흥에 노력하여 그의 법석에는 항상 1,500명의 대중이 모였다고 한다. 그의 제자인 소주(광동성) 운문산의 문언(文偃, ?~949)은 운문종(雲門宗)을 세우고, 의존의 제자인 현묘사비(玄妙師備, 837~908)로부터 나한계침(羅漢桂琛, 867~928)을 거쳐 청량문익(清凉文益, 885~958)이 나왔는데, 그는 금릉에 살면서 법안종(法眼宗)을 세운 인물이다. 입적한 후에 법안선사라고 부르게 된 것은 시호이다. 그러나 운문종과 법안종은 나란히 5대에서 일어나 발전한 것이다.

이와 같이 선종은 혜능의 남종선이 중당 이후로 크게 교세를 떨친 가운데 청원과 남악의 계통이 특히 번성하여 주로 강서 호남지역을 중심으로 번창하였지만, 임제는 북지에서, 법안은 금릉에서도 홍법하였다. 이렇게 임제, 조동, 위앙, 운문, 법안의 다섯 종파를 선종의 5가라고 부르고 있다. 중당 이후 선가에서 고승석학이 수없이 배출되었다는 사실은 불교의 모든 종파가 쇠퇴하여 가는 것에 비해 안도의 한숨을 내쉬게 해주고 있으며, 이로써 선이 불교를 대표하게 되지 않았나 한다.

밀교의 전래

중국에 밀교가 전래한 것은 이미 동진 초기 무렵, 백시리밀다라(帛尸梨密多羅)에 의하여 그 경전의 일부가 전역되면서부터이다. 그러면서 그에 관한 경전들이 점차로 역출되고 밀주(密呪)도 유행하게 되었지만 이런 것들이 본격적으로 행하여지지는 않았다. 따라서 본격적이고 조직적인 밀교가 전래된 것은 당 중기 때 선무외(善無畏), 금강지(金剛智), 불공(不空) 등의 밀교승들이 출현하면서부터였다.

선무외(Subhakara, 637~735)는 인도 나란타사의 학자로서 현종(玄宗) 개원(開元) 4년(716)에 입조하였다. 개원 23년(735)에 입적할 때까지 무려 23년간 밀교경전을 역출하였는데, 그 중에서도 제자인 일행(一行)과 함께 역출한 『대비로자나불신변가지경』은 일본에서는 『대일경』이라고 불리며, 진언종에서는 소의경전으로서 중요시되고 있다.

제자인 일행(一行, 683~727)은 삼론과 선, 천태, 율 등을 배우고 또 다시 천태의 포산산법(布算算法)을 배워서 이에 정통하였다. 후에 선무외를 따라 역경에 참가하여 『대일경』을 역출하고, 다시 『대일경소』를 지어서 밀교를 세간에 전하였다. 이것이 다시 훗날 온고(溫古) 등이 손으로 정리되어서 『대일경의석』이 되었다. 그는 승려로서보다 천문학자로 더 유명하여 개원 9년(770)에는 칙명으로 궁정에 들어가 『대연력』을 짓고, 11년(772)에는 『황도의』를 지어서 역법을 고쳤다.

금강지(Vagrabodhi, 671~761)도 역시 나란타사의 학승으로 개원 8년(720) 선무외보다 4년 늦게 입조하였다. 개원 29년(741) 낙양에서 입적할 때까지 약 20년간 많은 경전을 역출하였으며 『유가유기경』, 『약출염송경』 등이 남아 있다. 제자로서는 불공이 가장 유명하다.

불공(Amoghayagra, 705~774)은 금강지와 함께 해로를 타고 낙양에 들어와 수계를 하였다. 스승이 입적하자 문하인 함광(含光) 등과 함께 일단 귀국하여 여러 곳을 유력하면서 진언을 터득하고 경전을 구한 뒤, 천보 5년(746) 재차 장안에 들어왔다. 이곳에서 대력(大曆) 9년(774)에 70세로 입적하기까지 무려 30년간, 장안불교계에 군림하면서 현종, 숙종, 대종의 조정에 봉사하여 황제로부터 존경을 받았다. 당시 질병이 돌자 대종은 개부의동삼사(開府儀同三司)를 내리고, 숙국공에 봉하여 식읍(食邑) 3천 호를 하사하였다. 그가 입적하자 조정은 3일간 정무를 폐하고, 시호를 내렸으니 대변정광지불공삼장화상이라 하였다.

밀교경전의 역출이 많은데『금강정일체여래진실섭대승현증대교왕경』즉『금강정경』이라고 불리는 이 경은『대일경』과 함께 진언종의 소의경전이 되고 있다. 그 밖에『금강정오비밀수행염송의궤』,『발보리심론』등의 저술이 있고, 역경사상 라집, 진제, 현장 등과 함께 높이 평가되고 있다.

문하에는 함광, 혜과(惠果), 혜림(慧琳)을 위시하여 밀교 홍포에 노력한 이들이 많이 있는데, 함광은 불공과 함께 오대산 불교에 힘을 쏟았고 혜과는 일본 홍법대사의 스승으로 그 가르침을 일본에까지 전하였다. 혜림은 현응의『일체경음의』를 참작해서『일체경음의』100권을 저술하여 이 방면으로 이름을 날렸다.

밀교는 의궤를 중요시하는데, 밀주를 지송함으로써 업장이 소멸된다고 한다. 어떠한 가르침도 의궤의 실천이 뒤따르지 아니하면 공론에 그치고 만다. 그리하여 리(理)에 속하며 중관파 계통으로 보는 태장계만다라와 지(智)에 속하며 유가파 계통으로 보는 금강계만다라로 나뉘고 있는데, 선무외와 일행은 전자에 속하고, 금강지와 불공은 후자에 속한다. 이러한 밀교의 전래는 중국불교계뿐만 아니라 국가적으로도 문화의 모든 분야에 큰 영향을 끼쳤는데, 특히 불공의 활약은 불교계에 큰 공적을 남기고 있다. 의궤에 의한 불교는 불교 의례에도 커다란 변화를 가져와 건축, 조각, 회화까지도 밀교적인 요소가 가미되게 되었다. 또한 오대산의 문수신앙과 함께 전국적으로 문수신앙이 보급됨과 동시에『불정존승다라니경』의 신앙이 민중 속에 보급된 것은, 말하자면 밀교가 민간신앙와 함께 융화되고 발전되었음을 의미하므로 주목할 필요가 있다.

천태종과 삼계교

수대의 지의에 의하여 일어난 천태종(天台宗)은 제자 관정(觀頂, 장안)에게로 전하여졌으나 당대에 들어와서는 그 후계자가 없어 일종의 암흑시대를 맞았다. 비록 그동안 지위, 혜위, 현랑 등의 순서로 그 명백은 유지되었지만 당대 여러 종파의 눈부신 활동에 비할 수 없을 만큼 초라한 것이었다. 이리하여 당 초기부터 100년 정도 지난 현종 때에 이르자 현랑의 제자 형계담연이 나와서 천태종은 다시 한번 부흥을 하게 되었다.

형계담연(荊溪湛然, 711~782)은 보통 묘락대사라고 하며 제6조가 된다. 중당 이후 선종이 크게 번창할 때에 화엄종의 청량대사 징관과 함께 명성을 남긴 천태종의 중흥조이다. 처음에는 진릉 형계(강소성 의흥)에서 유학자로 지내다가 현랑을 만나 천태를 배웠다. 그의 저술은『법화현의석참』,『법화문구기』,『마하지

관보행전홍결』, 『지관대의』, 『지관의례』, 『지관수현기』 등 이 모두가 천태학 연구에서는 빼놓을 수 없는 것들이며, 이 외에도『열반경소』, 『유마약소기』 등이 있다. 만년에 화엄종의 징관이 두각을 나타내자 그것에 대항하였는데, 이에 영향을 받아 그의 교학에는 화엄의 교리가 가미되어 종래 그가 주장하던 교의와는 다소 차이를 보이고 있다. 이것은 중당 이후 각 종이 상호융합 조화해 가는 현상의 일례이기도 하다.

그의 제자로는 도수(道邃), 행만(行滿) 등 여러 명이 있는데 도수는 일본 전교대사의 스승이기도 하다. 그는 천태, 진언, 선, 원돈계(圓頓戒)의 4종을 융합한 사상을 가지고 있었기 때문에 스승 담연과는 달라 이설이라고 배척을 받았다. 이와 같이 천태는 담연에 의하여 재흥되고 그의 제자가 뒤를 이었으나, 얼마되지 않아 회창폐불을 만나 종풍을 드날리지 못한 채 5대에 들어서서는 3대부조차 찾아볼 수 없는 상태로 전략하고 말았다.

이어서 신행(信行)에 의하여 처음으로 주창된 것이 삼계교(三階敎), 즉 보법종(普法宗)이다. 신행의 제자들은 모두 300여 명이며, 그 중에 본제, 승옹, 혜여, 혜료, 법장, 배현중, 고경, 소우 등이 중심인물이다. 이들은 모두 수나라에서 중당까지 활약하던 사람들로 보인다. 수나라 때 신행이 입적하자 곧바로 삼계교에는 금지령이 내려지게 되었다. 그러나 삼계교단은 그들 교도들의 목숨을 아끼지 않는 노력에 힘입어 드디어는 당나라 때 교세를 키워나갈 수 있게까지 되었다. 특히 고경과 소우 같은 유력한 인물들이 삼계교단을 외호하는 신도로서 교단발전에 중요한 역할을 다하였다.

이렇게 특수한 처지에 놓은 보법종 교단은 발생지인 상주(하

180

남성 창덕)를 중심으로 널리 보급되었지만 동시에 장안도 이 교단의 융성한 거점이었다. 신행이 장안에서 교세를 펼치다가 입적하자 종남산 백탑사에 장례를 치르고 나서부터 장안은 말 그대로 삼계교의 중심지가 되었다. 삼계교의 사원으로는 저 유명한 무진장원이 있던 화도사를 비롯하여 신행시대에는 혜일, 광명, 홍선, 자문 등 여러 사찰들이 있었고, 종남산의 백탑사, 법장의 정역사, 또는 자비사, 천복사 등이 이 모두가 삼계교 관계의 유명한 절로서 그 절 안에는 삼계원(三階院)을 설치하였다. 그 중에서도 화도, 혜일, 광명, 자문, 황선의 다섯 개 절은 삼계의 5사라고 불리던 곳으로 특히 화도사는 삼계교단의 총본산격이었다.

화도사(化度寺)는 처음에는 진적사라 불렸다. 수나라 때 고경이 세운 절로서 신행이 입적한 곳이기도 하다. 신행이 입적한 후 승옹이 그곳에 살면서 교단을 통솔하였고, 또한 삼계교단의 경제적 기초를 다진 무진장원을 설치한 것도 바로 이 절이다. 중종과 예종 두 임금이 이 절에 와서 무차대회를 행하였던 것으로 미루어볼 때 삼계교가 당시에 얼마나 큰 교세를 가졌던가는 이로써 입증이 된다 하겠다. 현종이 금지시킨 후에도 경종 때에 임금이 화도경원(化度經院)이라는 현판을 내리고 있고, 무종의 폐불 때에도 화도사는 숭복사라고 절 이름을 바꾸고서 존속의 허락을 얻는 등, 삼계교가 당나라 일대를 통하여 오랫동안 숨은 세력을 가지고 있었던 사실을 알 수 있다.

삼계교의 교의는 앞에서도 말한 바와 같이 극단적으로 말법오탁의 현실비판의 입장에서 현세인악(現世因惡)의 기틀 위에 보법, 보불, 보진, 보정의 보편적이고 범신론적 불교를 주장하여 보법종 이외에는 그 어떤 종파도 당시 현실에 딱 들어맞는 불교가 아니라며, 현세비판과 죄악관을 내세웠다. 따라서 국가 통제상으로 볼 때 용인되기 어려운 문제를 안고 있었던 것이다. 또한 다른 종파와 융합하지 못하여 결국 당나라 무후의 증성 원년(695)에는 삼계교 전적을 이단서로 결정하고 성력 2년(699)에는 칙명으로 이 삼계교의 위법성을 공포하였다. 현종의 개원 원년(713)에는 삼계교단의 기초가 되는 무진장원을 폐지시켜서 그 경제적 기반을 없앴다. 이리하여 동 13년에는 마침내 여러 곳에 설치되었던 삼계원을 없애버리고 삼계교 전적까지도 금지시켰다. 이로써 이 교단은 표면적으로는 두 번 다시 그 화려한 모습을 찾아볼 수 없었는데, 그 후 5대로부터 송나라 초기까지는 다소 흔적이 남아 있으나 얼마 안 되어 완전히 그 모습을 감추고 말았다.

삼계교단은 정토교와 마찬가지로 말법사상에 입각하여 부상한 시기상응의 종교였기 때문에 전적으로 민심에 합치되었다. 그러나 양자는 참으로 대조적인 존재로서 한쪽은 보법, 보불과 범신론을 주장했던 것에 비하여 다른 한쪽은 오로지 전념으로 무량수불을 주장했던 것이다. 따라서 이러한 문제를 둘러싸고 양자간에 논쟁도 벌어졌다. 정토교도들의 입장에서는 참으로 강적을 맞은 셈이어서 회감의 『군의론』, 지의의 저술인 『십의론』, 규기의 『사방요결』, 비석의 『염불삼매보왕론』, 도경의 『염불경』 등은 모두가 이 문제에 대해 많은 지면을 할애하여 동이(同異)를 논하면서 공격을 가하고 있다. 아무튼 자세한 내용은 차치하고라도 삼계교 보법종은 실로 수 · 당 시대에 있어 특수한 종교로서 충분히 관심을 기울어야 함에는 틀림없다고 하겠다.

2. 당대의 번역사업

당대에는 이상과 같이 제종파가 다투어 일어나 그 황금시대를 맞이하였고, 번역면에서도 한 시기를 구획 짓는 시대라고 할 수 있다. 즉 앞에서 말하였듯이 현장은 라집과 쌍벽을 이루는 사람으로서 그의 번역은 종래의 번역법을 일변시킨 것인데, 이후로는 모두가 이 번역법에 따랐기 때문에 소위 신역이라고 부르고 있다. 불공 또한 4대 번역가의 한 사람이며, 선무외, 금강지 등과 함께 밀교경전을 역출함으로써 중국불교에 하나의 특색을 안겨주었다. 끝으로 의정이 번역한 『유부율경전』도 결코 빠뜨려서는 안될 것이다.

이 밖에 당대의 번역가로서 중요한 인물로는 실차난타, 보리류지, 지바하라, 제운반야 등이 있다.

실차난타(Sikshânanda)는 『화엄경』을 번역한 이로서 유명하다. 측천무후는 우전국에 『화엄경』 범본이 있다는 소문을 듣고 사자를 보내어, 그 범본과 함께 번역할 인물도 같이 구하였는데, 바로 실차난타가 뽑혀서 오게 되었다. 그는 낙양의 대편공사에서 5년간 번역에 종사하여 성력 2년(699)에 드디어 완성을 보게 되었다. 이 역경장에는 무후도 친히 왕림하여 서문을 지을 정도로 관심을 가졌고, 보리류지, 의정, 화엄종의 법장도 여기에 참가하였다. 그 분량은 80권이나 되는 것으로서 동진의 각현이 번역한 60권 『화엄경』에 구별하여 『80화엄』이라고 한다. 그리고 각현 번역을 구역이라고 하고, 이것을 『신역화엄경』이라고 부르며, 후세에는 양쪽 모두 이용하고 있다.

보리류지(Bodhiruci)는 인도 사람으로 본명을 달마류지(達磨流支)였는데, 측천무후에 의하여 보리류지라고 개명하였다. 무후 때인 장수 2년(683)에 와서 장안의 불수기사, 서숭복사에 살면서 번역에 종사하였다. 번역한 것으로는『대보적경』120권의 대총서를 비롯하여『보우경』,『불공견삭신변진언경』등 여러 가지가 있다.

지바하라(Devâkara), 즉 일조(日照)는 고종의 의봉 4년(679)에 와서 태원사 등에서 살면서『화엄경입법계품』을 비롯하여『불정최승다라니경』등을 역출하였다. 또한 고종과 무후의 시기에는 우전으로부터 제운반야(Devaprajña)가 들어와『화엄경』의 분품(分品)과 그 밖의 것들을 역출하고, 불타파리(Buddapâla)는 멀리 인도로부터 오대산에 와서『불정존승다라니경』을 역출하였다. 이 경전은 당나라 이후에도 크게 유행하여 존승다라니경당(尊勝陀羅尼經幢)으로 더욱 유명하다. 의봉(義鳳) 4년(679) 경조 사람인 두행의(杜行顗)가 최초로 번역하였다고 한다.

당나라의 번역사업은 거의가 고종과 중종 무렵에 이루어졌고, 중당 이후에는 반야삼장의 역경이 있을 뿐이며, 그 밖에는 찾아볼 수가 없다. 반야(Prajña)는 덕종 때인 정원 14년(798)에『화엄경』「입법계품」을 역출하였는데, 이것은 40권으로 이루어졌기 때문에 '40화엄경'이라고 부른다. '60화엄', '80화엄'과 함께 후세에도 널리 읽혀졌던 경전이다. 그뿐 아니라 이러한 범승들의 역경장에는 많은 중국 승려도 참가하였는데, 때로는 그들이 따로 독립하여 번역에 힘쓴 결과 역경승으로서 이름을 남긴 이들도 있다.『송고승전』을 보면 역경승들로서 서역범승과 함께 역경편에 올라 있는 인물로 도인(道因), 지통(智通), 지엄(智嚴), 회적(懷

迪), 비석(飛錫), 자린(子隣), 오공(悟空) 등이 있다.

한편 당대에는 역경과 함께 경전의 정리, 말하자면 경전의 목록이 작성되었다. 현장의 역경장에 참석한 정매(靖邁)는 『역경도기(譯經圖記)』 4권을 지었고, 도선(道宣)은 『대당내전록(大唐內典錄)』 10권을 저술하였다. 측천무후는 다시 불수기사의 명전(明佺) 등에게 명하여 천책 만세(万歲) 원년(695)에 『대주간정중경목록(大周刊定衆經目錄)』 15권을 제작케 하였다. 개원 18년(730)에는 지승(智昇)이 『개원석교록(開元釋敎錄)』 20권과 『개원석경록약출(開元釋經錄略出)』 5권, 『속고금역경도기(續古今譯經圖紀)』 1권을 지었다. 이 『개원석교론』은 종래의 경록을 충분히 검토하여 실록 제정한 것으로서 오늘에 이르기까지 제일 많이 이용되고 있다. 다시 그에게는 도선의 『집고금불도논형』에 이어서 『속집고금불도논형』 1권과 정토교 관계의 것으로서 『집제경예참의(集諸經禮懺儀)』 2권이 남아 있다. 덕종 정원(貞元) 15년(799)에는 장안 서명사의 원조(圓照)가 『정원신정석교목록』 30권, 『속개원석교록(續開元釋敎錄)』 3권을 간행하면서 당대 장경목록의 대미를 장식하였다.

이리하여 당대에는 경전의 역출과 함께 대장경의 정리가 수차에 걸쳐서 행해지고 그때마다 목록이 제정되었다. 이때에 역경과 수반하여 지광(智廣)의 『실담자기(悉曇字記)』, 의정(義淨)의 『범어천문문(梵語千文文)』, 전진(全眞)의 『당범문자(唐梵文字)』, 예언(禮言)의 『범어잡명(梵語雜名)』이 출간되고, 또한 현장의 역경장에 참여한 현응은 유명한 『일체경음의(一切經音義)』 25권을 저술하였다.

3. 불교사상과 그 신앙

당대에 들어와 불교는 위에서도 말한 바와 같이 여러 종파에서 인재들이 배출되어 독립 대성하였으며, 또한 번역과 저술의 양면에서도 실로 황금시대를 이루고 있었다. 그런데 이러한 불교는 일반민중에게 어느 정도로 이해되고 어떻게 신앙되었으며, 종교로서의 제 역할을 하였을까? 그리고 각 종파마다 주장하는 고원한 불교교학들이 과연 어떤 상식으로 대중의 종교로서 받아들여졌을까?

여기서 주의해야 할 것은 승려사회의 전문가적인 불교와 일반대중적인 종교로서의 불교와는 현저한 거리감이 있다는 것이다. 일반대중들은 심원한 불교철학을 도저히 이해하지 못하였다. 따라서 불교교의의 발전은 승려의 불교, 아니면 일부 지식계급의 불교발전이었을 뿐이지 결코 일반대중 속에서의 불교융성을 의미하는 것은 아니었다. 그러면 일반대중의 종교로서 불교가 당대사회에서는 어떤 상태에 놓여 있었는지 몇 가지 예를 들어 살펴보기로 하자.

인간의 욕망은 장수, 행복, 명예와 이익 그리고 그 밖에도 한없이 많다. 현세의 행복과 안녕만이 아니라 미래에까지도 이것을 영속시키려고 한다. 이러한 욕망을 만족시키려고 불교를 신앙하게 된 것이 중국의 일반대중 종교로서의 불교이다. 따라서 그들이 이해하고 있는 불교사상은 주로 선악 인과법인 인과응보, 윤회전생의 사상이었으며, 조사조상(造寺造像), 독송사경, 그 밖에 여러 가지의 공덕을 닦음으로써 현세의 행복을 얻는 것은 물론이

요, 내세에도 정토에 태어나 정각을 이루는 데 그 목적이 있었다. 이러한 생각에서 사후심판의 사상이 생기고, 시왕(十王) 심판의 신앙형태가 만들어졌으며, 천당과 지옥사상이 유행하게 된 것이었다. 이런 사상은 미타신앙인 정토교에 있어 가장 이해하기 쉽고, 신앙하기 쉬운 것이었으므로 위에서 말한 바와 같이 당대 사회에서의 미타신앙은 상당한 지지기반을 얻어서 폭넓게 보급되어 갔던 것이다.

또한 불교를 대중에게 알리기 위해서는 각 사원을 중심으로 한 여러 강석이 마련되고, 승속의 문도들이 많이 참석하였다. 그러나 이러한 강석은 대부분이 전문적인 것으로서 일반 대중적인 것은 아니었다. 이와는 달리 일반 대중을 상대로 하여 통속적인 불교보급을 목적으로 개설된 것이 다음에 말하게 될 속강(俗講)이다. 이 밖에도 각 지방을 다니면서 교화에 전념하는 유화승들의 활약 또한 컸다고 하겠다. 이리하여 일반 대중들은 누구라도 자신의 마음에 드는 것을 선택하여 믿었다.

미륵신앙

미타신앙에 이어서 육조 때부터 지속되어 온 미륵신앙(彌勒信仰)이 있다. 법상종의 현장, 규기를 비롯하여 많은 지도자들이 신앙하였는데, 말법무불(末法無佛)의 세계에서 미륵정토로 왕생하고자 미륵의 하생을 기다리는 민중들 또한 적지 않았다. 그리고 『법화경』 신앙도 상당히 유행하였는데, 『법화경』의 독송공덕과 그 사경공덕은 제반의 액난을 피하고 행복을 가져다주는 것이라 믿어져 빠른 속도로 보급되었다. 당나라 혜상(惠詳)의 『홍찬법화전』10권, 승상(僧詳)의 『법화전기』10권은 다 이러한 법화신앙에서 나온 감응전들이다. 그리고 『법화경』 수량품의 변상(變相)인 영산정토변(靈山淨土變)이 만들어진 것도 바로 이러한 신앙의 배경을 잘 말해주는 것이다.

관음신앙

『관음경』에 의한 관음신앙(觀音信仰)은 그 문체가 바로 『법화경』이다. 『관음경』이 『법화경』에서 나왔기 때문이다. 이 관음신앙은 중국의 상하 계층을 막론하고 가장 일반적으로 신앙되었는데, 민간신앙의 핵심을 이루었던 것 같다. 그 내용이 관음보살 스스로가 이 세계에 응현하여 33신을 나투어서 모든 사람들로 하여금 화난과 수난은 물론이고 일체의 재난을 없애고자 서원을 세운 분이어서 현세 이익의 관점에서 제일 적절한 신앙이었기 때문이다. 33응화신의 관음신앙은 한층 진전되어 십일면관음, 천수관음, 마두관음, 여의륜관음, 불공견삭관음, 준제관음의 신앙이 되었고, 거기에다 밀교전래 등으로 인하여 더욱 복잡하고 다양한 관음이 나타나게 되면서 관음신앙은 더욱 널리 보급되어 행하여졌다.

문수신앙

관음과 함께 당(唐)·송(宋) 시대 불교신앙의 중심을 이룬 것은 문수보살이다. 문수신앙(文殊信仰)은 오대산 불교이자 오대산 신앙이었다. 즉 오대산 문수신앙은 『화엄경』에 바탕을 둔 것으로 경전에 의하면 '문수보살은 동북방 청량산에 계시며, 지금도 항상 1만 보살 권속들을 위하여 설법한다"고 한다. 사람들은 이 청량산을 오대산(산서성)으로 간주하고, 그로부터 오대산을 청량산이라고 부르며, 문수보살이 일반 보살들과 함께 살고 있다고 굳게 믿었다. 이리하여 오대산은 수·당 이후 문수보살의 정토로서 신앙되었으며, 이곳에 많은 사원들이 건립되었기 때문에 오대산 불교는 당·송 시대 불교의 중심지가 되었다. 이 신앙을 더욱 융성하게 한 것은 『화엄경』의 유행과 화엄종의 독립대성이다. 뿐만 아니라 불공삼장과 그 계통의 사람들의 노력 또한 적지 않았다.

『화엄경』의 유행은 현수 법장의 『화엄경전기』 5권과 혜영(惠英)의 『화엄경감응전』 1권이 간행되어 일반에게 알려지면서부터이다. 불공의 문수신앙은 오대산 불교에 전력을 기울여 오대산의 5대사(大寺) 가운데 하나인 금각사를 건립할 때 제자인 함광(含光)을 이곳에 보내고 있으며, 그 자신은 많은 보시금을 내어서 이것을 돕고 있다. 금각사, 청량사, 화엄사, 옥화사, 법화사 등 오대산 5대사에서는 국가적인 도량으로서 국가를 위하여 끊임없이 『인왕경』과 『법화경』이 전독되었다. 또한 대력(大曆) 7년(772)에는 천하의 절에다 문수원을 건립하게 하였다. 이리하여 문수신앙, 오대산 신앙은 크게 유행을 보게 되었다. 오대산을 순례하고 대성(大聖)에게 참배하여 여러 가지 영험과 가피를 입고자 몰려드는 사람들을 위하여 오대산 참배길에는 보통원(普通院)이라고 하는 무료 숙박소까지 설치되었다. 순례자 중에는 중국 사람들뿐만 아니라, 멀리 서역을 비롯하여 외국에서부터 이 신령한 곳을 참배하고자 일부러 찾아드는 사람 또한 적지 않았다. 일본의 영선(靈仙)은 오대산 영경사(靈境寺)에서 입적하였고, 원인(圓仁), 성심(成尋)의 오대산 순례일기가 있다.

사리신앙

불사리 신앙의 시발점은 멀리 인도에서 아육왕이 세운 8만 4천의 사리탑에 기인하고 있다. 중국에도 아육왕탑이 일찍부터 세워져서 그것이 신앙의 대상이 되었다. 이 신앙을 한층 더 보급시킨 것은 수 문제가 전국의 110곳에 세웠던 사리탑으로 미루어 알 수 있으며, 당대에 들어서도 불사리 신앙은 이러한 상황 아래 크게 유행했던 것이다.

일본의 자각대사(慈覺大師) 원인(圓仁)이 당나라에 있을 때도 장안성에 있는 대장엄사, 숭성사, 홍복사, 천복사에는 불사리가 모셔져 있었고, 매년 2월 8일이나 3월 8일부터 일주일간에 걸쳐서 불사리 공양법회가 성대하게 행하여졌다.

이와 같이 불사리탑은 전국에 산재해 있었는데, 당대를 통하여 유명한 것은 절강성 회계 무현의 아육왕사리탑, 섬서성 기주의 아육왕탑 등이다. 다시 말하면 봉상 법문사의 불사리라고 알려진 것으로 자주 궁정의 초대를 받아 사리공양이 행해졌다. 이 불사리는 30년에 한 번씩 공개되었는데, 그때에 곡물은 풍년이 들며 전쟁은 그치고 사람들에게는 행복이 찾아온다는 전설이 있었기 때문에 공개하는 날에는 대성황을 이루었다고 한다.

덕종 정원 6년(790)과 헌종 원화 14년(819)의 입내(入內)공양은 마침 30년째 맞는 공개공양이었기 때문에 이것을 궁정에서 3일간 공양한 후 다시 성내의 여러 사찰에서 차례로 공양을 올리고 일반민중에게도 참배하게 하였다. 이때 불사리에 대한 서민들의 신앙과 그 성황한 모습은 말로 다할 수 없으며, 하던 일을 멈추고 모두 참석하여 머리와 팔뚝에 연비하여 공양하는 사람들이

190

헤아릴 수 없이 많았다고 한다.

이와 같은 공양은 의종 때에도 행해졌다고 한다. 한퇴지(韓退之)가 『논불골표(論佛骨表)』를 지어서 그 폐해를 지적하는 상소문을 올린 것은 헌종 때였다. 이리하여 당나라의 불사리 신앙은 폭넓게 민중신앙으로 정착하게 되었던 것이다.

다라니신앙

당대의 불교신앙으로서는 다시 지장보살의 신앙이 있고, 또 당 중기 이후부터는 밀교가 전래되어 다라니의 신앙이 성행하였다. 특히 『불정존승다라니경』이 번역되자 이것이 크게 유행되었으며, 아울러 경당(經幢)도 앞다투어 세워지게 되었다.

시왕신앙

사후의 문제로서 명계(冥界)사상이 발달하여 인로왕(引路王)보살 신앙도 행하여졌다. 쉽게 말하면 사후세계에서 좋은 곳으로 인도하고자 하는 보살의 신앙을 말하는 것이다. 이 명계사상은 시왕심판의 신앙이 되었다. 시왕(十王)이란 명부에서 죄인을 심판하는 왕인데 염라왕을 비롯하여 열 명의 판관을 말한다. 죄인들은 사후에 시왕의 심판을 받는다고 하는데, 이러한 신앙은 당 말부터 5대에 이르러 『시왕경』이라는 위경이 만들어지면서 점점 폭넓게 신앙의 형태를 갖추게 되었다. 이것은 불교와 유교, 도교 등의 사상이 하나가 되어 폭넓게 민간신앙으로 발전해 간 것이다. 이 신앙의 특징은 사후에 괴로움으로부터 벗어나기 위하여 칠칠일간 중음(中陰)의 칠재를 올리는데 추선공양을 위한 시왕재(十王齋)신앙으로도 되었다. 시왕재란 칠칠일의 7회와 100일, 1년, 3년의 3회를 합해 모두 10회에 걸쳐 올리는 행사인데, 이렇게 시왕재를 행함으로써 사후에는 괴로움에서 벗어나 안락처에 태어난다고 생각하였다. 이 사상이 진전하여 생전에 이 재를 미리 올리면 괴로움에서 벗어난다고 하여 예수칠재(豫修七齋)라는 유행을 낳게 하였다. 아무튼 이와 같은 명계사상은 시간이 흐를수록 뿌리를 내려 민중들의 중심신앙이 되었다.

4. 불교와 유교 · 도교의 항쟁

동전으로부터 남북조를 거쳐오면서 불교와 유교 · 도교는 민족적인 문제를 비롯해 사상적, 혹은 사회 도덕적인 문제에 이르기까지 서로 간에 이견을 가졌으며, 당대에 접어들어서도 역시 이런 항쟁은 계속되었다.

유교에서는 동진 이래로 특출한 유학자가 없다가 당대에 와서 한퇴지가 대표자의 역할을 하였다. 한편 도교는 당대에 최전성기를 맞게 되므로 결국 불교와의 항쟁도 과격한 편으로 기울어갔다.

원래 당나라 왕실의 종교정책은 평등주의와 세계주의였다. 따라서 포용의 태도로 모든 종교들을 수용하여 자유를 주고, 보호하였는데 도교에 대해서는 특별히 대우하였다. 당 왕실의 이(李)씨 성과 노자의 성이 같다는 이유를 들어 도교를 당 왕실의 종교로 삼아 다른 종교와 차별하였기 때문이다. 이미 고조는 삼교(三敎)의 순위를 노(老), 공(孔), 석(釋)으로 하였고, 태종은 불교도들에게 이를 변명하기를 "노자의 성은 이씨로서 바로 짐의 선조이니, 명위 칭호는 마땅히 불타의 앞에 있어야 한다"고 조칙을 내렸다. 현종 때는 도교의 소속을 불교와 같은 사부(祠部)에 두지 않고 선조의 제사를 받드는 종정사(宗正寺)의 관서에 소속시켜 놓았다. 이는 당 왕실의 도교대책이 어느 정도였는지를 잘 말해주고 있다.

역대에 황제들은 고조를 위시하여 모두가 도교에 대해 깊은 관심을 가지고 이를 보호하였는데, 특히 현종과 무종은 철저한 도교신자였다. 현종 때는 도교의 세력이 특히 왕성하여 개원 26년(738)에는 전국의 모든 군에 조칙을 내려 개원관(開元觀)을 세우고, 29년(741)에는 현원황제(玄元皇帝), 즉 노자의 모습을 초상화로 그려서 개원관에 안치하였다. 그리고 현원황제 묘까지 짓게 하였다. 전국 모든 주의 도관이 고종 때에 이미 설치되었고, 중종 때에도 용흥관(龍興觀)이 건립되었다. 현종은 모든 주의 학생들에게 『노자도덕경』, 『열자』, 『장자』 등을 배우게 하여 이를 과거시험에 포함시키기까지 하였으며, 노자를 대성조(大聖祖) 현원황제(玄元皇帝), 혹은 성조대도(聖祖大道) 현원황제(玄元皇帝)라고 불렀다. 또한 내친왕을 여성 도사로 삼는 등 도교는 이때에 크게 득세하였다.

무종의 도교신앙도 남못지 않았다. 도사 조귀진(趙歸眞) 이외에 81명을 궁중에 출입시켰고, 대궐 안에 150척(尺)의 선대(仙臺)를 쌓아 등선하기를 꿈꾸었으며, 장생비약을 제작하도록 도사들에게 명하였다. 결국 무제는 이 장생비약을 마시고 죽고 말았지만 도교에 치우친 이런 열성적인 신앙이 회창폐불(會昌廢佛)의

한 원인이 되었다.

이와 같은 당 왕실의 특별한 보호로 인하여 관민들까지도 흉내 내어 도교에 빠져들었다. 그리고 그 교의와 교단의 조직은 대부분 불교를 모방하여 조직대성하였고, 경전도 차츰 증가되어 갔다. 사마승정(司馬承禎), 두광정(杜光庭)과 같은 도교학자의 활약이 특히 두드러지며, 교단의 경제까지도 미증유한 발전을 보게 되었다. 많은 전지와 산림을 소유하고 영리사업에도 종사하는 등, 모든 면에서 눈부시게 발전하였던 것이다. 따라서 교단의 큰 세력을 가지고 있던 불교와도 교섭이 시작되면서 상호간에 영향을 주었을 뿐만 아니라 반목도 생겨나 끊임없이 반론이 일게 되는 것은 어쩔 수 없는 일이라 하겠다. 이러한 논쟁의 자취를 살펴보자면 최초로 일어난 사건이 당나라 초기 무덕(武德) 연간에 생겨난 부혁(傅奕)의 배불론이다.

부혁은 수나라 때 도사가 되었지만 천문역수에 능하였기 때문에 당나라 고조 때에 이미 태사령(太史令)이 되었다. 무덕 4년(621) 그는 「사탑승니사태십일조(寺塔僧尼沙汰十一條)」를 상소하여 이에 의해 부국이민의 정책으로 삼았다. 부혁의 이 논지는 당시 승니의 유해무익함을 지적하고 이를 폐멸시키고자 한 것이었다. 이 논지는 당시 조야 내외를 동요시켰는데, 특히 불교계에는 큰 충격을 주게 되어 이후 이를 중심으로 서로 논쟁이 전개되기에 이르렀다.

이러한 배불론에 대하여 제일 먼저 대항한 것은 유·도 이교를 깊이 있게 연구하고 있던 제법사의 법림(法琳)이었다. 그는 무덕 5년(622) 정월에 『파사론』을 지어서 도교의 허망한 점을 지적,

공격하고 논파하였다. 그리고 뒤이어 면주(綿州: 사천성) 진향사의 명개(明槪)는 『결대론(決對論)』을 지어서 부혁의 논을 반박하였다.

이와 동시에 법림의 문하에 있던 유학자 이사정(李師政)은 『내덕론(內德論)』을 지어서 부혁의 설을 반박하였다. 한편 여기에 대항하여 도교측에서도 부혁을 도와서 이중경(李仲卿)은 『십계구미론(十界九迷論)』을, 유진희(劉進喜)는 『현정론(顯正論)』을 지어서 불교를 공격하였다. 그동안 부혁은 전후 일곱 차례나 상소를 올려 자신의 주장이 받아들여지도록 간청하였다. 그러나 황제는 마음을 결정하지 못하여 무덕 7년(624) 백관들을 모아놓고 부혁의 상소를 상의하였으나 역시 결정이 나지 못하였다. 이때에 법림은 또 다시 『변정론』을 지어서 『현종론』과 『십계구미론』을 격파하였다.

도교와 불교의 논쟁

이와 같이 결정을 미루어 오던 황제가 무덕 9년(626)에 드디어 도·불 이교를 없애고자 하는 조칙을 내리기에 이르렀다. 중앙에는 삼사이관(三寺二觀)을, 지방에는 각각 한 개씩을 두고, 그 밖에는 폐지시켰으며, 승니와 도사 및 여관(女冠)의 위람승은 모두 환속하게 하였다. 그러나 이 사건도 같은 해 고조의 양위로 인하여 중지되었는데, 어느 정도까지 실행되었는지에 관해서는 사료가 없다.

이에 앞서 무덕 8년(625)에 황제는 국학에 행차하여 석전제를 행하였는데 이때 자리의 선후 위치를 도, 유, 불의 순서로 정하였던바 승려 혜승과 도사 이중경 사이에 논쟁이 벌어졌다.

　그 후 태종 정관(貞觀) 11년(637)에 조칙을 내려 도사를 승니들의 앞줄에 앉히자 지실(智實)과 법상(法常) 등이 함께 도교의 허망한 점을 들어 크게 논쟁을 벌였다. 황제는 이를 이유로 그들을 유죄에 처하였다.

　정관 12년에도 혜정(慧淨)과 도사 채황(蔡晃) 사이에 『법화경』 내용에 대한 논쟁이 있었으며, 다음해 13년 정월 도사 진세영이 법림의 『변정론』은 황제를 비방한 내용이라고 하여 처벌할 것을 간하자, 법림이 익주(사천성)에 유배되었다.

　정관 15년(641) 태종은 흥복사에 행차하여 도선불후(道先佛後)의 조칙을 내리게 된다. 하지만 원래 태종은 - 다음 장에서도 서술하겠지만 - 불교에 대해 깊은 이해와 동정을 가지고 보호 장려하였던 사람으로 결코 배척하기 위한 것은 아니었다. 도선불후의 조칙을 내렸을 때에도 그 이유를 변명하여 "노자는 바로 짐의 선조에 해당하기 때문이다"라고 말하여 승려 도의(道懿) 등에게 양해를 구하였던 점으로 미루어보아도 충분히 알 수 있는 것이다.

　다음 고종 시대에 접어들자 양자간의 논쟁은 노골화되었다. 현경(顯慶) 3년(658)에는 전후 3회에 걸쳐서 승려와 도사를 내전에 불러서 대론케 하고, 현경 5년(660)에는 낙양에서도 대론을 시켜 격론이 벌어졌는데, 용삭(龍朔) 2년(662)과 3년 사이에도 세 차례에 걸쳐서 대자은사 사문 영변(靈弁) 등이 이영(李榮) 등과 궁정에서 논쟁을 벌였다.

　이와 같이 양자간의 논쟁이 끊임없이 계속되자 도교측은 그 대책으로 여러 종류의 경전을 만들었다. 특히 이영, 요의현, 곽행

196

진 등은 불교의 가르침을 이용하여 많은 도경(道經)을 만들어 내었다. 그러자 이에 인덕(麟德) 원년(664) 사문 도세(道世)는 상소를 올려 도경의 진위를 밝히고 『노자도덕경』 2편 이외는 전부 폐기시켜 줄 것을 간하였다. 이리하여 총장(總章) 원년(668)에 조정 백관과 승려 도사를 모아놓고 『노자화호경』을 강론하게 하였으나 사문 법명(法明)이 이 경이 그릇됨을 주장하자 마침내 칙명으로 이것들을 찾아내어 태워버리게 하였다.

이 『노자화호경』은 다음 대인 측천무후 때 만세(万歲) 통천 원년(696) 복선사의 혜징(慧澄)이 폐지시켜 줄 것을 간청하였으나 허락하지 않았는데, 그 다음 중종 신룡(神龍) 원년(705)에는 도관에 그려놓은 화호성불상(化胡成佛相)과 절에 그려놓은 노자상을 모조리 제거시킴과 동시에 『노자화호경』을 위경으로 금지시키고, 또한 모든 기록에서 화호라 기록한 부분은 전부 삭제케 하였다. 이때 도사 환언도(桓彥道)가 상소를 올렸으나 그다지 효과를 얻지 못하였다.

승려와 도사의 순위문제도 측천무후 때인 천수(天授) 2년(691)에는 승려를 도사보다 상석에 앉혔으며, 예종 경운(景雲) 원년(710)에는 도·불 병립정책을 취하였던 까닭에 상하전후를 가리지 않게 하였다.

중당 이후에 와서는 당분간 논쟁이 중지된 듯하다가 현종 때 법사 신옹이 『번사론(飜邪論)』을 지어서 도사들을 비판하였고, 대종의 대력(大曆) 3년(768)에는 도사 사화(史華)가 황제의 불교 편애에 분개하여 불법과의 우열을 지을 것을 상소하였는데, 그는 장신사 숭혜(崇惠)와 도술을 겨루었다고 전해진다.

무종의 폐불사건은 도사 조귀진 등에 의한 무종의 도교신앙이 그 한 원인이라고는 하지만 당대의 도·불 이교 사이에서 일어난 분쟁은 일단 도교의 승리로 보아야 할 것이다.

한유(韓愈)의 배불

유교 쪽에서 불교를 공격한 사람으로는 한유(퇴지)를 들어야 할 것이다. 그는 불교뿐만 아니라 도교까지도 배척하여 유교를 선양하고자 했던 인물이다. 그의 『원도(原道)』, 『논불골표(論佛骨表)』는 도·불 이교를 공격하는 논으로, 『원도』는 양교의 유해 무익한 것을 통렬하게 비판하여 승니와 도사들을 환속시키고 전적들은 모두 소각할 것이며, 절과 도관은 민간 사옥으로 개조하여 사용할 것을 주장하였던 것이다. 『논불골표』는 당시 불사리 신앙이 성행하면서 특히 봉상 법문사의 경우 사람들이 불사리 신앙 때문에 재물을 탕진하고 광분하는 모습을 보고 분개하여 상소를 올렸던 것이다.

헌종 원화(元和) 14년(819) 정월에 일어난 이 상소사건은 격렬한 어조로 불교를 지나치게 배척하고 있으며, 불골에 대해여서는 '고후지골 흉예지여(枯朽之骨 凶穢之余)'라고 하여 "그런 것들이 무슨 영험이 있겠느냐"라며 비난하고 있다. 이때의 상소문은 헌종을 오히려 격노시켜서 조주(광동성)로 유배하게 하였다. 뒷날 그는 거기서 대전선사의 감화를 받은 것으로 알려지고 있다.

삼교 담론

중당 무렵부터는 천자의 탄생일을 맞아서 삼교의 담론이 행하여졌다. 유·불·도의 대표자들이 궁중에 불려가서 각자 담론하는 것으로서 대종, 덕종, 경종, 문종, 무종, 선종, 의종, 소종과 역대에 걸쳐 행하여졌는데, 그야말로 의례적이고 형식적인 것이었다.

이러한 삼교담론은 앞서 당 초기 고조 때부터 행하여져 온 것인데, 고조는 무덕 7년(624)에 국학에 행차하여 박사 서광에게는 효경(孝經)을, 사문 혜승에게는 심경(心經)을, 도사 유진희에게는 노자를 강론하게 하였으며, 태종은 정관 13년(639)에 유교의 공영달, 사문 의정, 도사 채황으로 하여금 홍문전에서 담론을 시켰다.

이상에서 보듯이 삼교의 논쟁은 중당 때까지 가장 심하게 일어났는데, 그 결과 한편으로는 서로 간에 교류와 융합이 이루어지기도 하여 절에 공자와 노자상이 모셔지고 유학자와 도사들은 불교를 연구하였으며 출가하는 이들까지 생겨났으니 그 수가 적지 않았다. 사상적으로도 당연히 서로 간에 영향을 주고받았으며, 이것은 다음의 송유(宋儒)와 불교와의 관계로 이어지는 과정이기도 하였다.

당대의 도·불 이교 논쟁에 관한 저술로는 도선의 『집고금불도논형(集古今佛道論衡)』과 지승의 『속집고금불도논형(續集古今佛道論衡)』, 그리고 복례의 『십문변혹론(十門弁惑論)』, 현의(玄顗)의 『견정론(甄正論)』, 신청(神淸)의 『북산록(北山錄)』 등이 전해지고 있다.

5. 당조의 불교정책

당조는 수나라를 계승하면서 일찍이 없었던 대판도를 영유하였으니, 그 세력은 멀리 서역까지 미쳤다. 정책은 세계통일주의로서 일체의 모든 문화를 포용하였다. 당 왕실이 도교를 특별히 대우하기는 하였으나 자유로운 입장으로서 모든 종교를 거의 동등하게 다루는 종교정책을 펼쳤다. 따라서 불교에 대해서도 도교와 마찬가지로 보호함과 동시에 경교(景敎)를 비롯하여 새롭게 전래되어 온 요교(祆敎), 마니교(摩尼敎), 회교(回敎)까지도 당 왕조 아래서 자유롭게 발전하였다. 그러나 당대의 주요종교는 무엇보다도 불교와 도교였고, 세력적인 면에서는 불교가 단연코 우위를 차지하였다. 도교가 왕실의 보호 아래 비록 융성해지기는 하였지만 역시 불교의 세력에는 비교할 바가 못 되었다.

역대 황제들의 불교에 대한 정책을 살펴보면 보호와 압박정책의 반복이었다. 전통적으로는 불교를 보호하면서도 이를 신앙한 것은 아니고, 대개는 불교를 통하여 국가통일의 정책을 취하는 것이 목적이었다. 태종이 각 전쟁처에 일곱 개의 절을 건립하여 명복을 빌어준 것도 황제로서의 임무를 나타내려고 했던 것이며, 고종이 전국 여러 곳에 각기 사관(寺觀)을 한 개씩 세웠던 것도, 측천무후가 천수(天授) 원년(690)에 양경(兩京)과 모든 주에 대운사를 건립한 것과 중종이 신룡(神龍) 원년(705) 전국에 중흥사를, 현종이 개원 26년(738) 전국 여러 군에다 개원사를 세운 것도 실은 모두가 불교를 통하여 국가를 통치하려는 데 그 목적이 있었다. 그렇게 함으로써 황제의 권위를 선양하려는 것이 궁극의 목적이었던 것이다.

고조를 위시하여 역대 황제들이 조사조상과 도승법회에 얼마나 많은 정성을 기울였는가. 먼저 도승에 관하여 살펴보면, 태종은 정관(貞觀) 22년(648)에 수도와 여러 지방의 각 사찰에 5명씩 모두 1만 7,000여 명을 득도시켰다고 하며, 예종은 경운(景雲) 원년(710)에 승도(僧道)를 3만 명 득도시켰다고 한다. 또 현종은 천보(天寶) 14년(755) 태원에서 승려를 득도시킨 것이 1만 명이라 하며, 문종은 태화(太和) 4년(830) 사도승에게 도첩을 주고 승려로 인정하여 준 것이 70만 명에 이르렀다고 한다. 태종은 현장을 위하여 「대당삼장성교서(大唐三藏聖教序)」를 지어 유사(有司)들에게 칙명으로 『신역경론(新譯經論)』과 함께 천하에 배포하고, 측천무후는 『대운경(大雲經)』을, 현종은 『어주금강반야경(御註金剛般若經)』을 전국에 배포하였으며, 대종은 천하의 유사로 하여금 승려에게 모욕을 주지 말라고 칙명을 내렸다.

　이와 같이 황제들의 불교에 대한 사적은 일일이 열거하기 어려울 정도이다. 당 왕실은 불교를 어용종교로 삼고 천하통치의 도구로 삼았던 것이다. 고조는 무덕(武德) 원년(618) 무차대회를 열어서 승도(僧道) 69명을 태극전에 모아놓고 7일간 수행케 하였고, 태종은 정관 2년(628) 전몰자를 위하여 수도의 여러 절에 명을 내려 칠일칠야재를 올리고 참회를 행하게 하였으며, 5월에는 선조들의 기일을 기하여 장경사에서 재를 지냈는데, 이를 영식(永式)이라 하였다. 7월에는 백곡이 성숙할 때이므로 수도와 전국 각 주의 사관에 조칙을 내려 칠일칠야 독경 수행케 하였으며, 정월과 7월에 행하는 것을 정례화시켰다. 다음해 3년에는 국가안녕을 빌기 위하여 수도의 승려들에게 명하여 매월 27일마다 『인왕경』과 『대운경』을 독경 수행케 하였다. 현종은 개원 18년(730) 천하의 사관에 칙명을 내려 천장절(天長節)에는 축수도량을 세우고, 같은 해 27년(739)에는 천하의 승도에게 칙명을 내려 국기일에는 용흥사관에서 재를 올리게 하고, 천추절(千秋節)과 삼원일(三元日)에는 개원사관에서 수행하게끔 하였다.

또한 내도량이라 하여 궁정에 도량을 세우고 항상 승려들을 출입시켰는데, 국가의 기도와 황제의 기일, 그리고 탄생일에는 이들로 하여금 독경 수행하게 하였다. 이것은 궁정과 불교와의 접근을 의미하는 것으로서 측천무후 때부터 성행하여 현종 때의 불공은 이 내도량을 중심으로 내외에 위세를 떨쳤다. 숙종 때는 내도량의 공양승이 수백 명에 이르고 새벽에 염불독경하는 소리가 궁궐 밖에까지 들렸다고 전해지고 있다. 다음의 대종 때는 내도량의 최전성기로서 매년 강탄절에는 고승대덕들을 청하여 공양을 올렸는데, 이를 내재(內齋)라고 불렀다. 내도량에는 항상 100여 명을 상주시키면서 독경염송케 하였는데, 궁궐 출입의 위의도 왕공귀족 이상으로 화려하고 장엄하였다. 또한 서번(西蕃)이 침입했을 때는 많은 승려들에게 명하여 『인왕경』을 독송하게 하여 이를 좇았고, 우란분회 역시 성대히 열었다. 한때 내도량제도와 내제제도가 중지될 때도 있었지만 황제들의 대부분은 이 제도를 따랐다.

군친불배(君親不拜)의 문제

위에서 보듯이 불교는 국가치세를 위한 중요한 지위를 차지하여 크게 위세를 떨쳤다. 그러나 남북조 이래로 문제가 되어온 사

202

문의 군친불배 문제가 당대에 와서도 제기되었다.

태종 정관 5년(631)에 조칙을 내려 승려는 부모를 공경하여야 한다고 하였는데, 7년에는 이를 정지하라는 칙명이 내려졌다. 다음 고종 용삭(龍朔) 2년(662) 4월에 승도들은 임금[君]과 부모[親]에게 예배를 드려야 한다는 조칙이 내려지자 도선, 위수, 언종 등이 이에 반대하는 상소문을 올렸다. 그러자 황제는 백관을 모아놓고 논의에 부쳤으나 찬반양론으로 갈라져 결정을 짓지 못하였다. 6월이 되어 다시 칙명을 내려서 임금에게는 절하지 않아도 부모에게는 절해야 한다고 결정되었다. 그러나 이에 또한 이의가 있었으며, 어떻게 결정되었는지는 불분명하다. 현종 개원(開元) 2년(714)에 부모에게는 예배하라는 조칙이 다시 내려지고 있는 점으로 미루어 볼 때 앞서 공론에서는 결정을 보지 못하였던 것 같다. 당대의 국가불교적인 차원에서 볼 때 이런 문제가 제기되고 있다는 사실이 모순점으로 지적될 수 있지만 당나라 초기는 귀족정치 시대였고, 귀족계급의 세력하에서는 불교 역시 이 귀족들과 교섭을 가지면서 귀족불교적인 색채로 흘러갔기 때문이며, 더욱이 이러한 문제가 발생했다는 것은 국가와 불교와의 대립양상으로 볼 수 있으며 유교사상과의 충돌이기도 한 것이다. 바로 여기에 불교배척이나 승려사태의 한 원인이 잠재되어 있었다.

불교교단의 정리

다음은 당 왕조가 단행한 불교교단의 정리와 승려사태 등에 관하여 생각해 보기로 하자. 그것은 시경도승(試經度僧), 승적, 도첩제도의 문제이다.

당대뿐만 아니라 그 이전부터 불교교단 내의 골칫거리는 부역을 피하기 위하여 출가한 승려들이었다. 즉 사도승의 범람과 위람승의 횡행이 그것이었다. 이를 방지하기 위하여 먼저 시험제도를 마련한 것이 시경도승으로 중종 무렵부터 칙명으로 제정되었다. 나아가 엄중하게 승적을 관리하여 3년마다 한 번씩 이를 조사하게 하였다. 이것은 현종 때의 일인데, 이 승적을 기준으로 상서성의 사부에서 도첩을 발급하였으며, 이로써 정식 승려임을 증명케 하였다. 이를 사부첩(祠部牒)이라고 한다. 이리하여 마음대로 횡행하던 사도승, 위람승들을 일소하고자 노력하였다.

그러나 이러한 도첩도 숙종 때에는 나라의 재정이 피폐되자 자구책으로 민간에다 매매하였다. 이로 인해 위람승이 증가하고 승려의 자질이 저하되어 승려계의 문란을 조장하는 원인이 되었다.

한편으로는 적극적으로 승려 정리를 시도하였다. 부혁이 불교 배척을 간하는 상소를 올리자 고조는 이를 기회로 무덕 9년(626) 도·불 이교를 사태시키고 수도에는 삼사이관을, 지방에는 각각 한 곳만을 남기게 하였으며, 승려 천 명만을 남기고 그 외에는 모두 환속시키고자 하였다.

북주의 폐불에 이은 대사건이었지만 곧바로 태종이 즉위하자 이 칙명은 중지되어 그로 인한 피해는 별로 없었던 것으로 전해진다. 태종은 정관 9년(635) 전국에서 도승을 시킴과 동시에 위람승을 가려내었고, 고종·현종·헌종·문종 때에도 위람승들과 혼동을 방지하기 위하여 그들을 사태시켰다. 현종 개원 9년(713) 위람승들을 환속시켰는데, 그 수가 무려 2만 명이나 되었다고 한다.

한편 사원의 건립도 제한하였는데 왕공귀족들의 사탑건립을

금지시킴과 동시에 예종 태극(太極) 원년(712)에는 천하의 무액
사원들은 모두 폐지시켰다. 현종 개원 15년(727)에는 칙명으로
천하의 마을에 있던 작은 절은 모두 폐사시키고 큰 절들도 폐쇄
하였다. 이것은 무종의 폐불에 버금가는 대사건일 것이다.

당대에 들어와서 가장 규모가 컸던 불교사태는 역시 무종의
폐불이었다. 뒤에 삼무일종의 법난이라고 부르는 가운데 세 번째
에 해당하는 일로서 회창법난이라고도 부른다.

이때의 상황에 대해서는 이를 체험하였던 일본 승려 원인(圓
仁)의 일기 『입당구법순례행기』에 자세히 기록되어 있다. 회창 2
년(842)에는 먼저 전국 승려들 중에서 범죄의 경력이 있는 사람,
계행을 지키지 않는 사람들을 가려내어 모두 환속시키고, 주술이
나 그 밖에 요술을 행하는 것을 금지시켰을 뿐만 아니라 승려의
사유재산 또한 몰수하였다. 이때 장안에서 환속한 승려만 해도
3,459명이나 되었다. 다시 4년에 접어들자 법이 더욱 엄중해져서
오대산을 위시하여 모든 절의 순례를 금지하였는데, 위법자에게
는 엄한 처벌을 가하였다. 그리고 천하의 사찰 가운데 규모가 작
은 절과 무액사원은 모두 폐사하고 거기에 살던 승려들도 모두
환속하게 하였다. 5년이 되자 드디어는 최후의 철저한 폐불령을
내렸다. 즉 장안, 낙양에는 각기 네 사찰만을 남기고 승려는 30명
으로 제한하였으며, 각 주마다 절 하나씩만 남기고 3등분하여 승
려 20명, 10명, 5명으로 제한한 뒤에 그 밖의 절들을 모두 폐사하
고 승려들은 환속시켰다. 그 결과 전국 사원 4만 개소 가운데 폐
기된 사원이 4,600개 소, 환속 승려가 26만 5백 명, 사원전답을 몰
수한 것이 수천만 경, 노비가 15만 명이었다고 한다. 환속승과 노

비들은 양세호(兩稅戶)에 편입시켜서 조세를 부담시키고, 금, 은, 철, 동 등의 불상과 불구는 녹여서 화폐와 농기구를 만들었으며, 사원은 기타 공공사업에 활용하였다.

이때의 폐불은 당대 불교를 쇠운으로 끌고 가고 말았는데, 이와 같은 당 왕실의 불교사태의 원인은 무엇이었을까? 고조 때의 부혁, 무종 때의 도사 조귀진과 같은 도사들의 배불론이 대두된 것도 그 원인의 하나이지만 한편으로는 국가 재정상의 문제와 불교교단 내부의 부패타락에도 기인한다고 보겠다. 불교가 융성함에 따라 무분별한 사탑의 건립, 그 호화스러운 치장은 국고를 고갈시켰고, 거기에다 여러 칙원사원(勅願寺院)에 내려보낸 보시와 그 밖의 법회 등에 충당한 비용 등은 막대한 것이었다. 뿐만 아니라 부역을 피해 들어온 승니와 사원토지의 증가는 국가세입을 감소시켰으니, 이 같은 국가재정은 피폐에 부심하지 않을 수 없었다. 한편 교단에서도 무계승려(無戒僧侶)의 이름을 빌린 위람승들이 범람하였으니, 이는 국가적으로나 사회적으로 피해를 주어 마침내는 불교의 사태현상을 불러오게 되었던 것이다. 거기에다 황제가 도사 조귀진의 감화를 받고 열렬한 도교신자가 되고 나서부터는 이 폐불사건에 한층 박차를 가하게 되었다. 이어서 선종이 즉위하자 불교부흥으로 돌아서게 되지만 당대의 불교는 그 후 점차로 쇠퇴하고 말았다.

6. 사원경제와 승관제도

당대의 불교교단은 남북조시대로부터 차차 발전하여 그 전성기를 맞았는데, 무종의 폐불로 인하여 사원 4,600개 소, 승려 26만 명이나 사태시켰다고 하며, 문종 때에는 사도승을 공인하여 그 수가 70만 명에 이르렀다고 하니, 숫자만으로 보아서도 당대 교단의 내용을 충분히 짐작할 수 있다.

사원의 기초가 되는 경제조직도 점점 방대해짐에 따라 귀족부호들과 거의 같은 수준이 되었다. 특히 사원경제의 기초가 되는 사령(寺領)은 당대의 장원 발달과 함께 그 규모를 키워갔다. 이 사령의 성립은 앞 시대와 마찬가지로 보시가 주요 수입원이며, 수로부터 당나라에 들어서자 더욱 성행하였다. 숭산 소림사는 수 문제로부터 100경을 하사받고 당 태종으로부터는 40경을 하사받았으며, 성도의 대성자사는 현종으로부터 1천 무(畝)를 하사받았다. 그리고 이를 모방하여 왕공귀족과 일반서민에 이르기까지 보시행위는 점차 그 규모가 커져 마침내 예종은 관인 백성들이 사원 승려들에게 전답가옥을 보시하는 것을 법으로 금기시켰으며, 다시 현종도 왕공귀족이 장원에 사찰 세우는 것을 금지하도록 명하였다. 이러한 보시의 유행은 죽은 이의 깨달음을 위하고 또 자기 자신을 위해 현세와 미래의 공덕을 지어두고자 하는 행위였지만, 반면 사원을 이용하여 자신의 장원에 부과되는 세금을 피해 가려고 하는 불순한 의도 아래 결탁하는 경우도 적지 않았다. 그로 인하여 나라에서는 큰 폐해를 입게 되었으며, 금지령을 내려 이러한 행위를 근절시켰다.

사원은 다시 적극적으로 사원토지의 확장에 주력하였다. 토지의 매매나 전당 등에 의한 병합, 또는 대자본을 투자하여 개간사업을 펼친 결과 광대한 사령을 소유하는 대지주가 되었다. 『구당서(舊唐書)』에서 '경기(京畿)의 전답에서 나는 이익은 대부분이 사원과 도관에 귀속되었으며, 관리가 제어하기에는 어려움이 따랐다'고 서술한 것과 예종의 조칙에서 '사원은 넓고 전답과 맷돌을 모두 차지하여 백성을 침해하였다'고 표현한 것으로 보아 당대의 사령이 어느 정도였는지 짐작할 수 있으며, 사원의 권력이 얼마나 컸던가도 알 수 있을 것이다. 이를 입증이나 하듯이 무종 폐불 때에 몰수한 사령들이 실로 수천만 경이나 되었다고 한다.

또한 당대에는 특히 승니에게 급전(給田)을 하고 있었다. 당나라는 균전법을 이용하여 토지는 구분전으로 80무, 영업전은 20무를 주었는데, 비구에게는 구분전 30무, 비구니에게는 20무를 주었다. 이것은 현종 때에 제정되었지만 후에 중지되었으므로 당나라 전체에 걸쳐서 지속된 제도는 아니었다. 그러나 이러한 제도들은 승려들로 하여금 토지사유를 조장하여 적극적으로 토지를 소유하게 만들었으며, 그로 인하여 여러 가지 폐해까지도 불러온 것이다.

이렇게 만들어진 사령은 그 대부분이 노비와 객호(客戶)라고 불리던 소작인에 의해서 경작되었다. 사령은 원칙적으로 면세의 특권을 누렸다. 그러나 사령이라는 것만으로 면세의 특권을 지니게 되자 귀족권력들과 결탁하여 면세를 꾀하는 이들이 생겨났으며, 귀족부호들 중에는 사원을 이용하여 자기의 장원을 보호하려는 이들까지 생겨났다. 당나라 중기 무렵부터 나타나기 시작한 귀족들의 공덕원(功德院)이 모두 여기에 속한다. 이러한 폐단은 송대로 접어들자 더욱 성행하게 되었다. 공덕원은 공덕분사(功德墳寺)라고도 하는데, 왕공귀족들이 자기 가문의 분묘에다 절을 세워서 가문 전용의 보리사로 삼은 것으로 여기에 현판을 하사하고 전답을 보시하여 면세를 받았다. 여기에 귀족은 물론 일반인까지도 사원을 이용한 면세의 길이 열렸으며, 상당한 토지장원을 보시함으로써 사찰의 건립이 이루어졌다.

사원은 이와 같이 사령을 소유하였고, 또한 왕공귀족들도 함께 대지주가 되자 자연히 이 자본을 가지고 대다수가 영리사업을 하게 되었다. 이것이 애연(磑碾)의 설치이며, 지점, 차방의 경영 등이었다. 애연이란 제미장과 제분장을 말한다. 이에는 수력에 의한 수연(水碾), 수차와 마력에 의한 육연(陸碾) 등이 있는데, 수연이 가장 성행하여 대사원들은 모두 이 수연을 경영하였다. 수연을 민간에게 빌려주기도 하여 그로부터 얻는 이익은 막대한 것이었다. 저점은 상품을 진열하고 교역하는 점포들로서 물품을 저장하는 창고로도 사용하며, 차방은 고리대금업을 말하는데, 당시의 귀족사회와 함께 사원에서도 이와 같은 것을 경영하여 민간에 빌려주고 이익을 얻었다.

뒤에서도 말하겠지만 사회적으로 크게 환영을 받은 사회사업으로는 삼계교의 무진장원제도가 있는데, 이것은 사원경제의 커다란 기초가 되었다.

당나라 때 사원에서 경영한 전당포와 같은 금융사업은 단지 삼계교 관계의 사원뿐만 아니라 일반 다른 사원에서도 운영하고 있었다. 처음에는 무이자로 대출하여 가난한 사람을 도와주는 성격의 금융사회사업을 운영하다가 그 다음은 이자를 붙이게 되고, 또 다시 고리대금업과 같은 존재가 되어 재산축적을 목적으로 하는 그런 사업으로 변해갔다. 이 사업은 어느 면으로 보나 사회적 사업이었으며, 그와 동시에 사원에 있어서는 유력한 재원이 되었다.

한편 승니 개인도 위에서 말한 바와 같이 급전이 주어짐과 동시에 한편으로는 재산획득에만 전념하는 이들이 생겼다. 승니의 사유재산도 인정되어 승려의 신분으로 대지주가 되거나 대부호가 된 사람까지도 생겨났다. 중종 때 궁정에서 득세하여 요승이라고 불리던 혜범에게서 몰수한 사유재산은 무려 천삼백만 관이나 되었다고 하며, 대력 때인 낙양 혜림사의 원관은 당시 사람들로부터 부승(富僧)이라고 불렸는데 모두 그 일례에 속한다. 사도승의 대부분은 부역을 피하기 위하여 승문에 들어온 사람들로서 이름만 승려일 뿐 실은 각기 본업에 종사하고 있었다. 돈황문서에 백성승(百姓僧), 지주승(地主僧)이라는 이름이 보이는 것은 당시의 이러한 소식을 말해주는 설득력 있는 실례이다.

이렇게 모아진 사원 승니들의 재산은 어디에 사용되었을까? 사원에서의 지출이라고 하면 먼저 의식주가 있다. 비구의 삼의일발은 아득한 인도의 사정일 뿐, 중국의 승복은 차차 화려해져 갔다. 5조, 7조, 9조, 25조 등의 가사들이 모두 비단으로 만들어졌던 것이다. 식사는 하루에 한 되(현재의 세 홉), 때에 따라서는 두 되였다고 전해진다. 살고 있던 사원승방도 예외가 아니었다. 어조은(魚朝恩)이 건립한 장안의 장경사 같은 곳은 48개의 암자와 4,130여 칸이나 되었다고 하며, 성도의 대성자사는 96개의 암자, 8,500구획 정도의 규모였다고 한다. 여기에 들어가는 비용과 수선하는 데 드는 비용들을 생각해보면 대충 상상이 갈 만하다. 측천무후 당시에 올린 적인걸(狄仁傑)의 상소문에 의하면 "지금의 가람제도는 궁궐보다 크고 사치스러움이 극에 달하였다"고 간언하고 있는데, 이것만 보더라도 그 일단을 알 수 있다 하겠다. 그리고 대종 때 팽언(彭偃)이 올린 「도불사태소」에는 "한 승려의 의식세비가 약 3만여 정도가 든다"고 말하고, "다섯 사람의 조세를 가지고도 그들 한 명을 수발할 수 없다"고 말하는 것을 보면, 당시의 사원 승려들이 얼마나 막대한 비용을 쓰면서 살고 있었는지 알 수 있다. 거기에다 대법회를 비롯하여 사원의 행사에도 엄청난 비용을 썼다. 이러한 것들은 사원의 세출 가운데 중요한 것으로서 사원재산의 대부분은 이러한 목적 하에서 설립되었던 것이다. 어떻든 이러한 사원경제 문제는 국가재정의 피해를 가져오게 한 원인이 되었고, 결과적으로 폐불사건으로 나타나게 된 것이다.

승관 · 사관

당대 교단의 통제기간으로서 승관(僧官)에 대하여 알아보자.

당대에 들어서면서 수나라의 승관제도를 따르지 않고 당 초기 무덕 원년(618)에 십대덕을 두어서 승니들을 관리하였는데, 당 중기에 와서 승록제도가 도입되었다. 헌종 때 단보(端甫)가 좌가승록(左街僧錄)에, 영수(靈邃)가 우가승록에 임명되었고, 문종 때에는 운단(雲端)이 좌우가승록에 임명되었다. 이보다 이전에는 승통제도가 있었는데, 신옹(神邕)은 덕종 무렵에, 목종 때에는 유영(惟英)이 좌우가승통에 임명되었다. 그러나 승록은 중앙승관이었고, 승통은 나중에 지방승관이 되었던 것 같다. 그리고 지방승관으로서 승정이 있었는데 각 주의 승려들을 관리하였다. 특히 당대 불교의 중심지였던 오대산은 특별한 승관제도가 설치되어 있었다. 무염(無染)은 덕종 정원 7년(791)에 오대산 10개 사찰의 도검교수가 되고, 지군(智頵)은 선종 때에 열 개 사찰의 승장(僧長)이 되었으며, 산문도수조공양주(山門都修造供養主)를 겸하였다.

한 사원을 관리하던 사관(寺官)으로 삼강제도가 있었던 것은 앞 시대와 같다고 하겠으나 사원의 기구는 한층 완비되었다. 상좌(上座), 사주(寺主), 전좌(典座)(유나 · 지사 · 열중)의 삼강 외에 검교(檢校) 또는 감사(監寺), 법주(法主)라고 불리던 직책이 그 위에 있는 경우도 있었다. 혹은 삼강 위에 회계를 관장하던 직세(直歲)라는 가장 중요한 직책도 있었다.

당 중기 이후 선종이 독립하여 회해(懷海)의 『백장청규』가 만들어지자 선찰의 확립을 보게 되는데, 이에 사원 내에 있어서 여러 가지 기구가 제정되어갔다. 따라서 선찰뿐만 아니라 일반 사원의 통제기구도 차례로 완비되었다.

불교계는 이와 같이 승관 사관들에 의하여 관리되었으며, 그를 직속하는 관서는 당 일대를 거쳐 오면서 여러 번 변경되었다. 당 초기에는 홍로사(鴻臚寺)에 예속되었다가 측천무후 때에는 상서성 예부 아래에 있는 사부(祠部)에 예속시켰다. 사부는 제사를 관장하던 부서이다. 그 후 대개 사부에서 관장하였지만 대종 때에 와서는 새롭게 공덕사(功德使)가 만들어져서 사부와 함께 일체의 승무를 분담하여 관리하였다. 승니들을 단속하는 법률도 계율을 참고로 하여 당나라 법령 내에 설치되었다.

7. 당대 불교의 여러 모습

사회사업

우선 불교의 사회사업 방면에 대해서 알아보면 당대에 설치된 비전양병방(悲田養病坊)이 있다. 이것은 일본의 사천왕사에 있는 네 개의 원(院) 가운데 비전, 요병, 시약의 세 곳을 겸한 곳으로서 빈궁자, 질병자, 고독자들을 위한 구제소였다. 이것은 불교의 복전사상에 따라 설립된 것이지만 당대에서 이 비전원, 양병원이 설립된 것은 측천무후 무렵부터이다. 이 사업은 사원의 사적인 개인사업이 아니라 국가의 사업으로서 사원 내에 설치되어 승려가 주로 이를 관리경영하였다. 이것은 적어도 각 주마다 한 사찰씩 설치된 듯하며, 그 비용은 국가로부터 지원받은 것이 보통이지만 그 가운데는 사원에서 일체의 경영을 한 곳도 있었던 모양이다. 현부(하남성 협현) 용광사의 양병방은 홍방선사(洪昉禪師)가 세운 것인데, 그곳에서 홍방이 탁발하여 얻은 보시로 수백 명의 병자를 수용하고 양생시킨 것이 그 좋은 예이다. 이 비전양병방의 설치가 당시 사람들에게 얼마나 큰 기쁨을 안겨주었을까. 저 무종의 폐불 때에도 특히 사원 내의 이 사업만큼은 폐기하지 않고 오히려 이것의 보호법을 강구하고, 두 수도의 양병방에는 사원전답으로 10경을, 지방의 양병방에는 그 수용 인원에 비례하는 5경, 3경, 2경씩을 급여할 정도였다.

이 같은 사원의 구제사업만이 아니라 승려 개인이 이 방면에 활발히 활약한 예도 많았다. 하동(산서성)의 지관(志寬)은 흉년에 몸소 죽을 끓여 굶주린 사람들에게 나눠주고, 빈곤자에게는 의복 등을 주었다. 병주(산서성) 홍국사의 담선(曇選)은 절 안에 큰 발우 하나를 놓아두고 죽을 쑤어 배고픈 사람들에게 나누어 먹였는데, 경읍 청선사의 혜주(慧冑)는 법당에 모셔진 금불상을 쌀과 바꾸어서 그것으로 기아에 허덕이는 사람들을 구하고, 병주(산서성)의 식진(息塵)은 감옥의 죄수들에게 음식을 베풀고 가난한 이에게 돈을 주었으며, 대병(代病)은 조주(하북성)에서 시식도량을 지어놓고 빈곤자들을 구제하였다고 하는데, 이 모두가 실례에 속한다. 이것은 비전사상에 근거하는데 질병자 구제에 관해서도 그 예가 상당히 많다.

남북조 때부터 활발히 행해진 무차대제의 대법회는 마찬가지로 사회사업의 요소를 지닌 것으로 승속 남녀 차별 없이 평등하게 베푸는 것이었는데, 당대에는 중종과 대종 때에 대규모의 대재가 안복문 밖과 화도사에서 열렸다. 이는 또 각 사원의 승려 개인으로도 열렸는데, 병주의 식진은 전후 다섯 차례, 병주의 문찬은 100여 회나 구휼공양을 베풀었다고 한다.

사회적 사업으로서 치수, 교량 등에 대해서도 주력한 사람들이 많았는데, 비지승(悲智僧)이라고 하는 도우(道遇)는 회창 4년(844), 동도 용문담에 팔절탄(八節灘)을 만들어서 수운(水運)의 편리를 꾀하였고, 사주(강소성 숙천) 개원사의 임단대덕(臨壇大德)이자 서(徐), 사(泗), 호(濠) 삼주의 승정인 명원대사(明遠大師)는 회수(淮水)와 사수(泗水)가 범람하여 수해가 많았기 때문에 군수인 소우(蘇遇) 등과 상의하여 소나무, 삼나무, 장목, 회나무 1만 그루를 심어서 수해를 방비하였다. 윤주(강소성 진강)의 담융(曇融)은 아미타불을 신앙하였는데 생사해를 건너는 미타48

원에 연유하여 30여 주의 48곳에 다리를 놓았고, 포주(산서성 영제)의 명도(明度)도 미타48원은 생사의 범부를 건너게 하는 선박이라고 하고 스스로 사공이 되어 일생을 보냈다. 이러한 것들은 다 그 일례로서 당시 승려들의 사회적 사업을 말해주는 것이다.

사원의 교통사에 있어서의 공헌도 잊어서는 안 된다. 다시 말해 당대 이후의 각 사원은 승려는 물론이고 일반일들에 대해서도 숙박소로서 개방하였는데, 그 가운데 특수적인 것으로는 오대산 순례자에 대한 보통원이 있다. 이것은 순례자를 위해 마련된 무료 휴게소와 숙박소인데, 인도 서역지방의 복덕사(福德舍), 일본 승 행기(行基)의 보시옥(布施屋) 등과 비슷한 것이며, 오대산 순례의 행로에 설치되어 있었다.

일반 사원도 숙박소로서 교통편의를 도모한 곳이 많았는데, 장안의 광택사, 보수사는 지방에서 올라오는 과거시험 수험생들의 숙사로서 충당되고 있었다. 지방관리가 부임할 때에는 많은 사원이 숙사의 역할을 하였을 뿐만 아니라, 더 나아가서 사원은 오랜 세월에 걸쳐 사찰의 일부 혹은 방 하나를 빌려주고 있던 적도 있었다. 이처럼 사원의 숙소로서의 공개는 사원의 존경을 훼손하고 당사를 더럽히는 것이라 하여 대종, 덕종 때에는 사원의 투숙객 거주를 금지한 적도 있었다. 사원은 귀족관료와 군인이 대개 거주, 점거하였기 때문에 선종과 대종 때에는 이를 금하는 금지령을 내렸는데, 이것은 당시 사원이 사회와 밀접한 관계를 가지고 있었던 것을 말해주는 것이다.

당대의 사회사업으로서 삼계교의 무진장원과 여러 사찰의 금융사업을 들지 않을 수 없다. 그 조짐은 이미 앞서 서술한 북조의 승지속제도와 양무제의 무진장 설치의 계통에 속하는 것인데, 당나라 화도사의 무진장원은 삼계교의 교의로부터 비롯된 독특한 것이었다.

이는 지금 일본에서 행해지고 있는 사원의 무진장강(無盡藏講), 또는 뇌모자강(賴母子講)과도 상통하는 것들이지만 당대의 그것은 사원경제의 기초이자 사회구제사업이며, 일종의 금융사업으로서 일반사회로부터 환영받았다. 다시 말해 화도사 무진장원의 목적은, 첫째는 천하의 가람 수리를 위한 것이며, 둘째는 천하의 빈궁자 구제를 위함이며, 셋째는 삼보 공양을 위한 것이었다.

이것은 당나라 초기 신의(信義)의 착안으로 설치된 것인데, 이 제도는 당시 사회로부터 많은 지지를 받아 성행하게 되었고, 그 재원도 증가하여 구제사업으로도 성과를 거두었으므로 측천무후는 이것을 동도 낙양의 대복선사로 옮겨서 지속하게 하였다. 더구나 그 이용에 있어서도 단순히 장안을 중심으로 한 지역뿐만이 아니라 멀리 연(하북성), 양(감숙성), 촉(사천성 성도), 조(하북성)의 지방에서도 금융을 신청하였는데, 그 대여 방법이 간단하고 편리할 뿐만 아니라 빈궁자의 금융은 무이자로서 완전히 구제사업이었기 때문에 당시에 무진장원에 대한 호응도는 대단한 것이었던 모양이다. 그러나 이 제도도 나중에는 초기의 목적을 벗어나서 여러 가지 폐해가 속출하게 되자 현종 때 삼계교 금지령을 내리기 전에 이미 폐쇄되고 말았다.

삼계교단의 무진장원 이외에 이 제도와 거의 유사하게 서민을 위한 금융사업으로 사원 내에서 행해진 것이 있었는데, 사고(寺庫)라는 제도였다. 이는 다음 송나라가 들어서자 장생고(長生庫)

216

라 불렸다.

사회교화

다음으로 사원과 승려들이 사회교화 방면에서는 어떤 활동을 하고 있었는지 살펴보자. 우선 각 사원에서는 다음에 서술하듯이 각기 법회가 행하여지고 그것과 함께 강설, 설교 등이 행해지고 있었다. 『열반경』, 『법화경』, 『화엄경』을 비롯하여 많은 경·율·논이 고승들의 주관으로 각 사원마다 개강되어 승속의 청중들이 운집하였다.

그러나 이러한 법회는 주로 지식계급인이 아니면 이해할 수 없었기 때문에 이 같은 법회에 모이는 사람들은 대개 귀족이나 지식계급에 한정되었다. 따라서 이러한 학문적인 것을 벗어나 완전히 일반민중을 대상으로 하여 개설된 것이 바로 속강이다.

원인의 『입당구법순례행기』에 보면 회창(會昌) 원년(841) 1월 15일부터 2월 15일까지 한 달간 장안의 여러 사원에서의 속강이 열려, 각 고승들의 일반민중을 위한 설법이 있었다고 기술하고 있다. 그때의 경전은 거의가 『법화경』, 『화엄경』 등이었는데, 재가신도에게 설한 것이므로 속강이라 하며, 전문적 속강자를 화속법사(化俗法師)라고 불렀다. 경종, 문종 때 화속법사로서 장안에서 명성을 떨친 문서(文漵)는 바로 그 중 한 사람이다.

이때 속강은 단순히 장안뿐만 아니라 각 지방 사원에서도 열렸는데, 보통 춘추 2회에 걸쳐 행해지고, 사람들은 이 사원속강에 참여하는 것을 낙으로 삼고 있었던 것 같다. 그리고 각 촌락에서는 의읍(義邑) 등의 불교결사가 만들어져서 유행승이나 유승이라 불리는 승려가 촌락을 순행하면서 교화하고, 사원과 난야에 투숙하여 설법하거나 혹은 민가에 머물면서 그곳을 법회장으로 이용하였다. 이 촌락 교화에는 일정한 규칙이 마련되어 있었는데, 7일 이상 한 곳에 머물지 못하게 하였다고 한다. 도착, 선도, 법조, 소강을 비롯한 정토교도가 이 방면에서 두드러지게 활약하였다.

이 같은 속강, 화속법사의 활약은 당나라 중엽 이후의 일이며, 이러한 경향은 불교보급과 불교의 대중화에 큰 역할을 하였다.

그런데 이 속강의 융성이 민중과 뜻이 맞으면서 하나의 놀이로 그 모습이 변해가면서 소위 담론화하는 경향을 보였다. 그리고 사원은 일종의 민중문화의 중심 역할을 함과 더불어 오락장소나 휴식공간의 역할까지 하게 되었다.

『남부신서(南部新序)』에 '장안의 유희는 거의 자은에 모인다. 적은 것은 청룡, 그 다음은 천복, 영수'라고 하는 것을 보면 현장이 살던 대자은사가 민중의 오락장이 되어 장안의 놀이꾼이 모두 여기에 모여들었던 것 같다. 청룡사, 천복사, 영수사 등도 다 대사찰이지만 유희장이 되었고, 그 밖에도 장안만이 아니라 각 지방의 사원들도 마찬가지로 4월 8일의 관불회, 7월 15일의 우란분재 등의 불교행사는 완전히 민중의 오락으로 화하여 대개의 사찰 경내가 유희장처럼 되는 경우가 허다했다. 이와 함께 일본의 사찰이나 신사의 제일처럼 많은 노점상이 열려 상업상의 중요한 역할을 차지하고 있었다. 사원은 명승지에 세워졌는데, 그 구조는 실로 눈을 황홀하게 하였다. 대개 수려한 정원을 갖추었기에 유람지로서 이름이 높아 찾아오는 사람들도 많았을 뿐만 아니라 문인과 시인들이 사원을 소재로 작품을 내고 있었다. 당시 모란을 감상하는 것이 유행이었는데, 사원의 모란도 역시 장안 인사들의 자랑거리가 되었다. 자은사, 홍왕사, 홍선사의 모란은 특히 유명하였는데, 자은사의 모란은 자(紫)모란으로 보통보다 보름 정도 빨리 피고 또 늦게 피는 것도 있었기 때문에 장기간에 걸쳐 그 개화를 감상하는 사람들로 혼잡을 이루었다고 한다.

불교문화

먼저 사원에서 행해진 불교의례에 대하여 살펴보자. 사원의 연중행사로서 행해진 법회는 2월 15일의 열반회, 4월 8일의 관불회, 7월 15일의 우란분회, 12월 8일의 성도회, 게다가 각각의 조사회(祖師會) 등이다. 특히 7월 15일은 도교의 중원(中元)과 같은 날이며, 가장 활기찬 법회였다.

사원에서는 이와 같은 연중행사뿐만 아니라 황제 탄생일의 법회, 국기일의 법회, 그 밖의 재회, 강경회, 불사리공양회 등의 의식도 활발히 행하여졌다. 이 같은 법회는 대개 국가를 비롯하여 단원들의 출자로 성대하게 열렸으며, 사탑의 호화 장엄함과 더불어 당나라 불교의 융성을 그대로 보여주는 것이었다.

(1) 불교문학

문학 방면에서는 감응사상(感應思想)과 더불어 감응전, 영험전의 설화문학이 대두되었다. 도선은 『속고승전』과 『삼보감통록(三寶感通錄)』을 저술하고, 도세는 『법원주림(法苑珠林)』 100권을 저작하였으며, 당임(唐臨)의 『명보기(冥報記)』, 원휴의 『명보습유(冥報拾遺)』, 회신의 『석문자경록(釋門自鏡錄)』, 혜상의 『홍찬법화전(弘贊法華傳)』, 승상의『법화경전기』, 법장의『화엄경전기』, 혜영의『화엄경감응전』, 맹헌충의『금강반야집험기』, 은성식의『금강경구이(金剛經鳩異)』, 소강의『정토서응전』등은 모두가 불교설화를 싣고 있으며, 이로써 불교설화 문학의 유형을 짐작할 수 있다.

이때 설화문학은 한결같이 불교에 의한 인과응보사상, 선악에 의한 삼세응보 이야기를 서술한 것으로서 천당과 지옥사상, 막연한 명계사상을 표현하고 있다.

왕유, 백낙천을 비롯하여 불교를 믿는 문인들이 불교적인 시와 글을 발표하였으며, 승려로서 글과 시를 잘하는 사람들도 많이 배출되어 불교문학이 급속도로 발전하였다. 선도의『왕생예찬』,『반주찬』,『법사찬』, 자민의『반주삼매찬』, 법조의『오회법사찬』과 같은 정토교 찬문도 불교문학으로서 빼놓을 수 없는 것들이다.

(2) 불교예술

조상, 회화 방면에 있어서 용문을 비롯한 많은 석굴불상, 마애불상, 석경, 경당 등에 관한 자세한 설명은 생략하겠다. 특히 당대 불교의 융성은 조상미술면에서 상당한 진전을 보아 이 시대의 특색으로 꼽을 수 있다. 회화면에서도 당대 제일의 화가인 오도현은 불화의 대가로서도 명성이 높아 그가 그린 많은 불화와 벽화는 불교미술의 진수를 이룬 것이었다. 그 밖에도 저명한 화가들 대부분이 불화를 그려서 정토변·지옥변·유마변·화엄변·열반도 등이 있고, 돈황 출토의 작품을 보아도 당시의 화려함을

짐작할 수가 있다. 그리고 불화 및 변상도 등과 함께 밀교의 전래
는 태장계, 금강계, 만다라의 유행을 불러일으켜 진언의례의 보
급과 함께 미술사에도 큰 변화를 가져왔다.

8. 5대불교

5대(五代)란 후량(後梁), 후당(後唐), 후진(後晉), 후한(後漢),
후주(後周)가 잇달아 일어난 시대를 말한다. 그 기간은 후량의 태
조 주전충(朱全忠)이 당을 멸하고 변경(개봉)에서 즉위하면서부
터 후주가 송나라에 멸할 때까지 전후한 50여 년 정도이다. 이들
여러 나라는 북방에 있었고, 남방에는 오, 초, 민, 오월, 남당, 남
한 등의 나라가 있었다. 이 시대에 계속된 전란은 실로 5호 16국
에 비할 바가 아니었다. 그러나 남방에서는 이 난세를 피하여 80
년간의 치세를 유지한 오월(吳越)과 같은 나라도 있었다. 중국 역
사는 대체로 이 5대를 기준으로 하여 이후를 근세라고 한다.

불교에서도 5대 이후는 구별하지 않으면 안 된다. 전성기를 누
렸던 당나라 불교가 드디어 쇠퇴하게 되자 5대의 전란, 후주의 폐
불 등이 더욱더 이 경향을 조장하였다. 불교사상도 대부분 융합
적, 병수적인 것이 되어 당나라 때와 같은 신선함을 잃어버렸다.
그것은 수 · 당 불교로부터 완전히 중국화한 송 · 원 불교의 과도
기적 입장이자 전란 속에서 유지되어 온 불교였기 때문이다. 이
가운데 특기할 수 있는 것은 후주의 폐불과 남방 오월왕의 불교
신앙일 것이다.

우선 북방제국은 한결같이 전통적인 불교를 보호하였다. 후량의 태조는 대명절에 백관에게 조칙을 내려 절에 참배하게 하였고, 후당의 장종은 탄생일에 내전에서 천승제를 베풀었다. 후진의 고조는 국기일에 백관을 참배케 하였고 후주의 태조도 마찬가지로 탄생일에 백관을 사원에 보내어 축수하게 하였다. 이들은 다 전통적인 의례이긴 하지만 불교에 대하여 관심을 가지고 있었는데, 후주의 세종이 즉위하자 소위 삼무일종의 법난 가운데 마지막 폐불사건을 일으킨다.

후주(後周)의 폐불

후주의 세종은 영리하고 무사풍이었다. 현덕(顯德) 2년(955) 드디어 불교의 대정리를 단행하여 폐사 3,330곳, 불상과 불구는 모두 부수어서 화폐로 만들고 승려가 되는 데는 엄중한 제한을 가하였다. 이 법난은 종래의 폐불과 달리 도교나 유교의 개재는 없었으며, 순전히 국가정책상 단행된 것이었다. 세종은 재정 핍박으로 인하여 그 재원을 사원에서 구하고자 했으며 더불어 승려계의 문란도 시정하고자 한 것이었다. 당시 국가에는 특히 동(銅)의 결핍이 심각하였다. 그리하여 민간에 동 금지를 반포하고 모두 관공에 납부하게 하였으며, 다섯 근 이상 바치지 않는 자는 사형에 처한다는 엄명을 내렸던 것이다. 그것이 더욱 발전하여 결국 사원에까지 미친 것으로 불상과 불구는 모두 화폐가 되었다.

세종은 이 사건을 "불타(佛陀)의 뜻은 사람들을 구하는 데 있었으니, 지금 내가 몸소 백성을 구제하고자 하여 불상으로써 화폐를 만들고자 하노라. 불타인들 어찌 이를 나무라겠는가"라고 변명하고 있다.

한편 승려계의 문란은 사도승의 횡행과 함께 더욱 심해져서 사회에 끼치는 폐해도 극에 달했다. 세종은 승려의 자질향상에 주력하여 위람승을 모두 환속시킴과 동시에 엄중한 시험제도를 마련하였다. 부모를 모실 의무가 있는 자, 부모의 허가가 없는 자의 출가를 허락하지 않았으며, 시험은 남자 15세 이상, 송경 100지(紙), 또는 독경 500지로, 여자는 13세 이상, 송경 70지, 또는 독경 300지로 하였고, 합격자는 사부에서 도첩을 주어 승려의 자격을 내렸다. 승려가 된 자는 부적 사용이라든가 요사한 행동은 일체 금하고 범죄는 승률에 의해 다스리도록 하였다. 천하의 이름 없는 사원은 전부 폐사시키고, 그 후에 사찰을 일체 짓지 못하게 하였다. 이 법난은 폐불이기보다는 사원과 승려의 정리였으므로 사대폐불 가운데 가장 합리적인 방법이라 생각된다. 따라서 이때 천하의 사원 수가 2,694곳, 승려 수 61,200명으로 말하자면 불교 교단의 일대 개혁이었던 것이다.

오월(吳越)의 불교

한편 남방의 오(吳)는 양주(강소성)에서, 남당(南唐)은 금릉(남경)에서, 민(閩)은 복주(복건성)에서, 초(楚)는 담주(호남성)에서, 남한(南漢)은 광주(광동)에서, 오월은 항주(절강성)에서 제각기 불교를 받들고 있었는데, 그 중에서 오월의 항주, 남당의 금릉, 그리고 민의 복주를 중심으로 한 불교가 특히 성행하였다.

오월은 항주를 도읍으로 하여 당나라 말기로부터 약 80여 년간, 전씨(錢氏) 일족의 여러 왕들이 한결같이 불교에 심취하여 사탑을 지었는데, 특히 충의왕 전홍숙은 오대에 있어서 제일가는 불교신봉자라 일컬어진다. 왕의 사적 중에서 가장 유명한 것은 아육왕의 고사를 모방하여 8만 4천의 금동탑을 만들고, 그 탑 속에 『보협인심주경(寶篋印心呪經)』을 넣어서 영토 내 각 지역에 안치한 일이다. 이때는 북방에서 북제 세종이 불교 대정리를 하던 현덕 2년(955) 무렵이다. 또한 사원을 건립한 곳도 많고 근세 불교의 중심지인 항주 서호 부근의 크고 작은 수백 개의 사원은 거의가 이때 건립된 것들이다.

민(閩)의 불교

민의 충의왕 왕심지는 오월의 충의왕과 함께 중국불교사에 있어서 5대의 불교 외호자 가운데 한 사람인 2대 충의왕으로 유명하다. 왕은 선종의 설봉의존(雪峰義存), 현묘사비(玄妙師備)에게 사사하여 가르침을 받고, 민을 불교국으로 만들고자 하였다.

다음의 왕연균도 1만 명에게 출가를 허락하였기 때문에 민나라에는 승려가 많았으며, 또 왕연의도 도승을 허락한 숫자가 1만 1천 명이나 된다.

이 시대의 불교사상은 그다지 주목할 것은 없다. 오월의 충의왕은 일찍이 천태의 의적에게 천태삼대부를 부탁하였지만 국내에서는 이미 그것을 구할 수가 없었으므로 멀리 고려국에서 구하였다. 제관(諦觀)이 이것을 가지고 중국에 들어가 전했다고 할 정도로 많은 불전이 이 시대에 산실되고 파기되는 운명에 놓여 있었다. 따라서 불교사상이 어떤 것인지 상상으로만 가늠할 수 있는 이 시대에 선종만은 매우 발전하였다.

설봉의존의 제자 운문문언(雲門文偃, ?~949)은 남한의 운문산(광동성)에서 운문종을 세우고 선풍을 크게 진작시켰다. 또 나한 계침의 제자 청량문익(淸凉文益, 885~985)은 남당의 왕으로부터 청을 받고 금릉(남경)의 청량사에서 법안종을 세워 금릉을 중심지로 삼고 법문을 폈다. 실로 5대는 이 두 사람의 활약시대였다. 또한 문익의 제자인 천태덕소(天台德韶)와 그의 제자 영명사(永明寺) 연수(延壽)는 지각선사(智覺禪師)라고도 하며, 역시 충의왕의 존경을 받고 항주 영명사에서 선과 정토를 융합 통일시킨 사람이다. 『종경록』 100권을 저술하였을 뿐 아니라 정토교 관계로서는 『만선동귀집』을 지어 선정(禪淨)일치사상을 주장하기도 하였다.

송대에 부흥하여 산가(山家), 산외(山外)의 두 파로 갈라져 심하게 논쟁한 천태교학은 이미 5대에서 그 생명이 끝났지만 충의왕의 신임이 두터웠던 의적은 산실된 천태장소를 고려와 일본 등에서 구하여 모았으며, 앞서 언급한 고려의 제관(諦觀)은 삼대부를 가지고 와서 『천태사교의』를 저술하여 홍포하였다.

제7장

송대의 불교사상

송(宋)대의 불교사상

1. 왕실 불교와 선종

왕실 불교

5대 후주의 무장 조광윤(趙匡胤)은 제위에 즉위하여 도읍을 변경(개봉)에 정하였다. 바로 송나라 태조이다. 그는 여러 나라를 평정하여 송나라를 세웠지만 얼마 안 가 북방에서 거란(요)이 일어나자 자주 다투게 되었다. 그 후 여진과 결탁하여 요를 멸하지만 여진, 즉 금나라와 지역 문제로 관계가 악화되다가 결국 송은 휘종, 흠종 때에 금나라의 침략에 의해 멸망하였다(1127). 이것을 북송이라 한다.

그러나 그 일족인 고종은 남방으로 피하여 항주를 도읍으로 정하고, 거기서 송 왕실을 재차 일으켰다. 이것을 남송이라 하며, 회수를 사이에 두고 금나라와 대치하였다. 그 후 남송도 북방에서 일어난 원나라에 멸망하지만(1279), 그동안 북송은 160년, 남송은 150년, 전후 320여 년을 존속하였다. 일본의 평안시대는 남송 초까지이며, 이후 남송과 원은 겸창시대에 해당한다. 따라서 송나라 불교문화는 평안시대의 많은 불교문화를 산출하였는데, 특히 대장경의 전래는 일본불교에 크나큰 영향을 주었다.

당으로부터 5대에 걸쳐서 상당히 힘을 잃은 불교는 송의 통일

228

과 황제들의 불교 외호에 힘입어 그 세력을 다소 회복하였다. 하지만 송대 불교는 수·당 불교를 부흥한 것이 아니라 수·당 불교를 유지 계승하여 조술한 것에 불과하다. 비록 교단은 경제적으로 수·당 이상의 큰 발전을 하였지만 정신적인 측면에서는 아무런 발전적 자극이 된 기풍도 없고 한 종파의 독립이라는 기개도 없이 수·당에서 독립한 여러 종파가 서로 융합하며 협력하려는 경향이었다. 그렇기 때문에 제종 융합시대라고 부르기도 한다.

한편 교단은 큰 경제력을 가지고 더욱 발전을 하였는데, 도첩의 매매와 자의(紫衣), 사호(師號)의 매매, 사도승의 증가 등 불교의 형식화와 함께 불교쇠퇴를 재촉하는 정세가 이루어진 것도 부득이한 일이었다.

송대 불교부흥의 원인을 살펴보면 제일 먼저 송 왕실의 외호를 들어야 할 것이다. 송 태조는 즉위하자 우선 후주 세종의 폐불사건 이후 침체된 불교계의 부흥사업에 착수하였다. 물론 천하를 통일하고 인심안정책이긴 하지만 즉위한 건융(建隆) 원년(960)에 바로 폐불정지 조칙을 내리고 행자 8천 명을 출가시켰다. 그리고 때때로 상국사에 행차하여 탄생일에 축수도량을 세우고, 천하에 덕이 높은 사문을 불러 내전에서 시문하고 자의를 하사하였다. 또 행근(行勤) 등 157명을 서역으로 보내어 법을 구하게 하고, 다시 조칙을 내려 성도에서 대장경을 인쇄하게 하는 등 불교부흥에 진력하였다. 다음 태종이 즉위하자 남북의 전 중국을 완전히 통일하고 불교 홍륭에 노력하여 동자승 17만 명의 출가를 허락하였다.

나중에 설명하겠지만 번역사업에도 특히 정성을 기울여 황제가 몸소 「신역삼장성교서(新譯三藏聖敎序)」를 지어 천식재(天息災)에 내리고 태평흥국(太平興國) 7년(982)에는 역경원을 세워 번역에 종사케 하여 탄생일마다 새로운 경전을 바치게 하였다.

이와 함께 인경원(印經院)을 세워 경전 보급에 힘썼다. 황제 자신은 의적(義寂)으로부터 보살계를 받아 불교에 귀의하였으며, 내전에 도량을 세워 승려에게 백성의 태평을 기원하게 하고, 국기일에는 재상 이하가 사찰이나 도관에 나아가 참배토록 하였다. 교단의 개혁에도 관심을 가지고 시험을 보아 승려를 출가시켰고, 승려의 결혼을 금지하였다.

진종도 불교를 외호하여 「삼장성교서」를 지어서 법현에 내렸고, 『숭배론』을 지어서 자신이 뜻을 밝히고 상국사의 불아(佛牙) 공양 때에는 『불아찬』을 지어서 찬탄하였다. 대중상부(大中祥符) 3년(1010)에는 도읍지의 태평흥국사에 봉선감로계단(奉先甘露 戒壇)을 만들었는데, 천하의 큰길에 계단(戒壇)을 세운 것이 무려 72곳이나 되었다고 한다.

그 해 천하의 주군에 조칙을 내려 승도들을 다스리는 법률을 개정하여 관리가 이유 없이 승려를 벌할 수 없게 하는 한편 위람 승려도 단속하였다. 이에 힘입어 천희(天禧) 5년(1021)에는 전국에 비구가 397,615명, 비구니가 61,240명이나 되었다고 한다. 그 후 북송 말에 휘종이 도교에 심취하여 불교가 도교화하게 된 적도 있었지만, 그것도 잠시일 뿐 다시 복귀되었다. 이후 송대를 통하여 역대 황제는 모두 불교에 관심을 가지고 크든 작든 불교부흥에 진력하였기 때문에 송대 불교는 중국화한 불교로서 민중의 신뢰를 받고 깊이 침투하였다.

선종

수·당대에 일어난 불교종파와 그 후의 상황을 살펴보면 당말로부터 불교의 상당 부분을 선종에서 독점하였다고 하여도 과언이 아니다. 송대에 들어와서 천태종이 부흥하였다고 하지만 역시 선종의 성행에는 미치지 못하였다. 선종이야말로 중국에서 일어난 순수한 중국불교인 것이다. 선은 임제종, 위앙종, 조동종, 운문종, 법안종의 소위 선종오가(禪宗吾家)로 나뉘어 발전하였는데, 송대에 들어와 위앙종은 이미 그 맥이 끊어졌고, 법안종도 5대 송 초에 활약한 영명사 연수 이후로는 교세를 얻지 못하였으며, 조동종 역시 부진하였는데, 운문과 임제 두 계통은 활발하게 세력을 키워갔다. 특히 북송시대 때 운문종의 성행은 임제종을 능가할 정도로 번창하였다.

운문종은 조사 문언으로부터 징원(澄遠), 광조(光祚)로 이어지고, 광조의 문하에서 설두중현(雪竇重顯, 980~1052)이 나왔는데, 그는 명주 설두산(절강성)에서 종풍을 진작시켜 운문종의 중흥조라고 불린다. 그가 저술한 『송고백칙(頌古百則)』은 그 후 임제종의 원오(圓悟)가 평창(評唱)을 하여 선종에 있어서 중요한 서적인 『벽암록』을 저술한다.

또한 징원과 동학인 연밀(緣密)로부터는 응진(應眞), 효총(曉聰), 계숭(契嵩)으로 이어지는데, 이 중 항주 영은사의 명교대사 계숭(?~1072)이 특히 유명하다. 계숭은 『원교론』, 『보교편(輔教編)』을 저술하여 유·불·도의 조화를 주장하고 있으며, 선의 법맥에 관하여 고래로부터 여러 설이 분분하였던 것을 시정하고자 『선문정조도(禪門定祖圖)』, 『전법정종기(傳法正宗記)』를 지었다. 『담진문집(潭津文集)』은 그의 글을 편집한 것이다. 이와 같이 운문종 계통에는 많은 인물이 나타나 일세를 풍미했으나 그것도 북송에서 그쳤고, 남송이 되면서부터는 부진하여 임제선만이 이름을 떨치게 되었다.

임제종은 종조 의현으로부터 존장, 혜옹, 연소로 이어져 송대에 이르자 성념, 선소, 초원이 뒤를 잇고, 진종, 인종 치세시 초원(楚圓, 987~1040) 문하에서 황룡혜남(黃龍慧南, 1002~1069)과 양기방회(楊岐方會, 992~1049)가 나와서 혜남은 황룡파, 방회는 양기파를 세웠다. 선종에서는 이 두 파와 앞서의 오종을 합쳐서 선의 오가칠종(五家七宗)이라 부르고 있다. 방회로부터 수단(守端)을 거쳐 오조산의 법연(法演, ?~1104)이 나오고, 그 문하에서 불과선사(佛果禪師) 극근(克勤), 불감선사(佛鑑禪師) 혜근(慧勤), 불안선사(佛眼禪師) 청원(淸遠)이 배출됐다. 세상에서는 이들을 삼불(三佛)이라 부르고 있다.

불과극근(1063~1135)은 호가 원오이며, 실로 양기파의 제1인자이다. 상기의 『설두송고』에 평을 가하여 저술한 『벽암록』의 책명은, 그가 거주한 풍주(호남성 풍현)의 벽암에서 따온 것이다. 그의 문하에서 나온 대혜종고(大慧宗杲, ?~1163), 호구(虎丘) 소융(紹隆)은 남송초에 크게 활약하였고, 그의 법맥은 더욱 번성하였다. 한편 황룡 혜남의 황룡파에서도 많은 인물들이 나와서 함께 송대 불교를 흥륭케 하였는데, 일본의 영서(榮西)는 황룡파의 회폐(懷敝)로부터 법을 전해 받고 황벽종은 명나라 말기에 양기파의 은원융기(隱元隆琦)가 전한 것이다. 이 두 파 가운데 양기파가 세력을 지니고 있었다.

232

조동종은 처음에는 부진하였지만 도해(道楷) 때부터 점차 활발해졌으며 천동 여정(天童如淨)은 일본 도원의 스승이다.

당나라 중기 이후부터 나타난 선교일치사상은 송대에 이르자 현저하게 드러나 선종과 교종의 융합이 이루어지고, 5대 송초의 지각연수가 선교일치를 주장한 것을 비롯하여 천태선, 화엄선, 염불선이 유행하였다. 제종의 학승이 선을 수행하는 것과 마찬가지로 선종에서 교종을 연구하는 이도 많은 가운데 특히 염불선이 성행하였다.

천태종

천태종은 5대 오월왕 일족이 불교외호에 힘입고 부흥되면서 의적에 의해 천태교적이 모아졌다. 그의 문하에서 의통(義通, 927~988)이 나오고, 거기서 자운준식(慈雲遵式, 963~1032)과 사명지례(四明智禮, 960~1028)가 배출되었다. 또한 의적과 동학인 지인(志因)으로부터 오은(悟恩, ?~986), 원청(源淸, ?~996), 지원(智圓, 976~1022)으로 이어지는 계파가 있다. 이 계파의 고산지원과 함께 자운준식과 사명지례는 천태종의 대표적인 인물들로서 송대의 천태종은 그들에 의하여 부흥되었다. 이 천태종은 산가, 산외 두 파로 갈라져 논쟁을 하였는데 산가파는 지례가, 산외파는 지원이 대표하고 있다. 이 두 파의 논쟁은 동학과 제자들에게까지 계속 이어졌는데, 천태종 교학은 이로 인해 더욱 성행하여 융성이 극에 달하였다. 이것은 북송 진종 때의 일이고, 그 후에는 지례 계통만이 번성했으므로 산가파는 자연히 정통파로 간주되고, 지원의 산외파를 이단으로 간주하였다. 지례 계통에서 나온 남송의 지반(志磐)은『불조통기』를 지어서 유명하다.

율종

율종은 송대에서는 도선의 남산율종만이 번창하였다. 인종 무렵에 나온 윤감(允堪, 1005~1061)은 도선의『행사초(行事鈔)』의 주소인『회정기(會正記)』를 비롯하여 10부에다 주해를 가하여 '십본(十本)의 기주(記主)'라 불려 남산율종의 중요한 위치를 차지하였다. 그의 법손인 영지(靈芝)의 원조(元照, 1048~1116)는『행사초자지기(行事鈔資持記)』를 지어서『회정기』와 쌍벽을 이루었는데, 이후부터는 회정종(會正宗), 자지종(資持宗)이란 이름이 붙었다. 이리하여 율종이 부흥되기는 하였지만 그 후로는 부진하여 원조 계통만이 그 명맥을 이어왔다.

정토교

송대의 정토교는 전문가가 없고 정토교의 인물로서 이름을 떨친 사람은 모두 천태, 선, 율을 한 사람들이었다. 특히 천태계의 정토교가 가장 성행하였고, 준식, 지례, 지원은 그 대표적 인물이다. 준식에게는『왕생정토참원의(往生淨土懺願儀)』,『왕생정토결의행원이문(往生淨土決疑行願二門)』의 저서가 있고, 지례에게는 천태의『관경소』를 주석한『관경묘종초(觀經妙宗鈔)』가 있으며, 지원에게는『아미타경서자초(阿彌陀經西資鈔)』,『관경간정설(觀經看定說)』이 있다. 이들 계통에서 나온 천태 사람들은 모두 정토교를 배우고 미타신앙을 믿은 이들이다. 택영의『정토수증의(淨土修證義)』를 비롯하여 종효(宗曉, 1151~1214)는『낙방

문류(樂邦文類)』와『낙방유고(樂邦遺稿)』, 계주(戒珠)는『정토왕생전』, 지반은『정토입교지(淨土入敎志)』를 각기 저술하였다.

율종의 원조와 그 제자 계도도 정토원생자인데, 원조는『관경의소(觀經義疏)』와『아미타경소』를, 계도는 그것을 계승하여『관경정관기(觀經正觀記)』와『부신론(扶新論)』,『아미타경문지기』를 저술하고, 관경소에서는 독자적인 입장을 나타내고 있다.

선 방면에서는 염선(念禪)일치를 주장한 연수를 비롯하여 종이, 종본, 법수, 의회 등이 다 염불선을 하고 선종을 융합한 사람들이다. 선이 성행한 송대에는 선정(禪淨)을 병수하는 사람들도 많았고, 거사들 중에는 양걸, 왕일휴를 비롯하여 많은 인물들을 배출하고 있다. 왕일휴는『용서정토문(龍舒淨土文)』을 저술하였다.

송대의 정토교에서는 당대처럼 정토교만을 순수하게 연구한 이가 없었다는 점은 상술한 바이지만 송대에서 일반사회의 종교로서 깊이 민중에게 보급될 수 있었던 것은 미타신앙자에 의한 염불결사가 속출한 덕분이다. 항주(절강성) 소경사의 성상(省常, 959~1020)은 정행사(淨行社)를 결성하였고, 준식은 사명(절강성) 보운사에서 정업회(淨業會)를 마련하였으며, 지례는 연경원에서 염불결사를 조직하여 승속 999명을 결사의 구성원으로 하고 있다.

또 영조(靈照, 1028~10820)는 화정(강소성 송강) 초과사에서 연사(蓮社)를 결성하여 사우(社友)가 2만 명에 이르렀고, 도침(道琛, 1086~1153)은 남호에서 정토계념회(淨土繫念會)를 세웠는데, 매월 매회 모이는 자가 만여 명이나 되었다고 하며, 거사 빙읍의 결념정토회, 거사 장윤의 백련사를 비롯하여 승려와 거사들이 주최하는 염불결사는 상당히 많았으며, 그 취지는 한결같이 승속의 모임으로 서방왕생을 기원하는 것이었다. 따라서 송대의 미타신앙은 사회의 상하층에 널리 보급되어 있었다고 하여야 할 것이다.

그 밖에 송대 불교에서 잊어서는 안 될 사람으로 찬녕(贊寧)이 있다. 송나라 초기의 연수와 함께 2대 걸승으로 불린 사람이다. 특히 남산율에 정통하였고, 경사백가와 노장에도 통달하였다. 그는 오월 충의왕의 신임을 두텁게 받아 오월왕과 같이 송나라에 가서 우가승록에 임명되었고, 승려계를 통솔하여 불교부흥에 노력하였다. 그의 많은 저서 가운데 『송고승전』 30권, 『대송승사략』 3권은 특히 유명하다.

화엄의 정원(淨源, 1011~1088)과 제자인 고려의 의천(義天)은 화엄을 연구하여 송대 화엄종의 명맥을 유지하였다. 화엄종은 종파로서는 그 세력이 미비하였으나, 학문으로서는 유학 계통에서도 연구하여 송학(宋學)의 성립에 큰 영향을 주었다.

거사불교

송대 불교의 한 특징으로서 생각할 수 있는 것은 거사불교이다. 그 만큼 당시 일반사회의 지식계급이 불교와 깊은 교섭을 가지고 있었다. 뒤에 기술하겠지만 송대의 유학은 불교의 영향을 입고 불교사상을 도입한 것이기 때문에 불교의 이해 없이는 송학을 거론할 수 없다고까지 말하고 있다. 유가의 대부분은 불교와 관계를 가지고 있었지만 이 풍조는 일반사회에도 파급되어 관리 사대부를 비롯하여 지식계급은 모두 불교와 깊은 관계를 가지게 되었다. 진종 때의 양억, 인종과 영종 때의 소식, 신종 무렵의 양

걸과 문언박 등이 특히 유명하며, 왕안석, 사마광 등도 빼놓을 수
없는 인물들이다.

2. 대장경의 출판사업과 번역

송대에는 대장경의 개판 및 번역사업이 끊이지 않고 그것에
대한 많은 저술도 있었는데, 이러한 경전에 관한 저술 이외에 역
사 방면의 서적을 보면 도성의 『석씨요략』(1019), 도원의 『경덕
전등록』(1004), 혜홍의 『선림승보전』(1119), 오명의 『연등회요』
(1183), 정수의 『가태보등록』(1202), 보제의 『오등회원』, 계숭의
『전법정종기』, 『선문정조도』, 조수의 『융흥불법편년통론』(1164),
본각의 『석씨통감』(1270), 종감의 『석문정통』(1237), 지반의 『불
조통기』(1269), 계주의 『정토왕생전』(1064), 왕고의 『신수왕생
전』(1084), 육사수의 『왕생정토보주집』(1158), 법운의 『번역명의
집』(1143) 등 모두 다 현존하며, 후세 사가의 지침서가 되고 있다.
이처럼 역사적 저술이 많은 것은 송대의 불교의 조술적(祖述
的) 경향을 나타내는 것과 동시에 전등상승(傳燈相承)을 중시하
는 송대 불교의 특징을 단적으로 드러내고 있는 것이다.

대장경의 출판
송대 불교의 가장 큰 특징은 대장경의 조판 인쇄사업이다. 중
국의 인쇄술은 당대에 이미 시작되었지만, 그다지 융성하지는 않
았고 불전의 인쇄가 어느 정도 행해지고 있었다. 송나라 태조 때

들어와서부터 대장경 5천여 권의 출판사업이 계획되어 마침내 그 완성을 본 것은 세계 인쇄문화사에 있어서 놀랄 만한 업적이었다. 더구나 이 대사업이 송 태조 이후 5회에 걸쳐 행하여졌다는 사실은 송문화의 이채이자 불교보급에 남긴 위대한 공적으로 명기되어야 할 것이다.

(1) 촉판(蜀版)

제1회에는 개보(開寶) 4년(971)에 태조가 장종신에게 명하여 촉의 성도(사천성)에서 대장경의 출판사업에 종사시키고, 태종의 태평흥국(興國) 8년(983)까지 12년에 걸려서 완성하였다.

그 수는 5천여 권인데 지명에 따라서 보통 촉판이라고 부른다. 일부이긴 하지만 일본에 남아 있다.

(2) 동선사판(東禪寺版)

제2회는 북송의 신종 원풍(元豊) 3년(1080)에 북주(복건성) 동선사의 혜공대사 충진에 의하여 계획된 사설출판인데, 그 후 제자들이 계속하여 휘종 숭녕(崇寧) 3년(1140)까지 24년간 걸려서 완성한 것이다. 그 후 숭녕 3년으로부터 정화(政和) 2년(1112)까지 신역천태부의 장소(章疏)를 추조하여 완성하였다. 이것이 6천여 권으로 동선사판이라고 한다.

(3) 개원사판(開元寺版)

제3회의 북송 휘종의 정화 2년(1112) 전자와 마찬가지로 북주의 개원사에서 시작된 것인데, 본오, 본명 이하 많은 사람들에 의하여 남송의 고종 소흥(紹興) 16년(1146)까지 전후 40년간에 걸쳐 완성한 사판(私版)이다. 이것도 그 후 효종 건도(乾道) 8년(1172)에 소옥(紹玉)이 선종부를 넣어서 6천여 권으로 만들었다. 이것은 개원사판이라고 하는 것으로 앞서 동선사판과 함께 그 지명을 따라 복주판이라고도 하며, 민본(閩本) 또는 월본(越本)이라고도 한다. 복주판은 일본 궁내성도서관, 경도의 제호사, 동사, 지은원, 고야산 금강봉사, 금택문고, 암수의 중존사 등에 소장되어 있다.

(4) 사계판(思溪版)

제4회는 소위 송판이자 사계판이라고 하는 것이다. 천태종의 정범, 선종의 회심 등이 중심이 되어 호주사계(절강성 오홍현)의 원각선원에서 왕영종 등의 보시에 힘입어 조인된 사판이다. 남송 고종의 소흥 2년(1132) 전후에 개판인데, 북송에서 남송에 걸친 것으로 대략 6천 권이다. 일반적으로 일본에서는 송판본이라 하고 있으며, 동경의 증상사, 사이다마의 희다원, 아바라기의 최승왕사, 아이지의 암옥사, 기후의 장룡사, 경도의 대곡대학, 나라의 당초제사, 야마또의 장곡사 등에 소장되어 있다. 이 사계판에는 원각사판과 법보자복사판이라는 두 종류가 있는데, 5,740권이 있다. 『원각선원목록』과는 별도로 『법보자복선사대장경목록』이 있기 때문에 분명히 별판인 듯하지만 후자는 전자의 증보추조(增補追雕)이며, 원각사판으로부터 약 100년 후에 개판된 것이라고 한다. 법보자복선사는 원각선원의 개명이기 때문에 동일판이라는 설도 있다.

(5) 적사판(磧砂版)

제5회는 적사판이라 하는데, 남송 이종 때 비구니 홍도(弘道) 등의 발원으로 강소성 평강 부적사 연성사에서 개판하여 이후 계속되어 원나라가 되고서도 추조된 것이다. 총수 6,362권이나 되는데, 몇 차례의 병화를 만나 산실되어 전모는 알 수 없다. 근년 섬서성 장안의 와귀사, 개원사에서 이 대장경을 발견하여 영인하고서야 비로소 적사판대장경임을 알게 된 것이다.

(6) 보녕사판(普寧寺版)

남송 말부터 원나라 초기에 개판된 원판대장경이다. 이 보녕사판은 남송 도종의 함순(咸淳) 5년(1269)에 절강성 항주 대보녕사에서 개판을 시작하여 원나라 세조 지원(至元) 22년(1285)에 완성한 6,070권이다. 홍법사판은 남송의 단종 경염(景炎) 2년(1277), 즉 원의 세조 지원 14년에 하북성 북경의 홍법사에서 시작하여 지원 31년(1294)에 7,182권의 조인을 완료하였다. 이것은 원나라 때에 만들어진 원판대장경이지만 거의 송판을 모방하였기 때문에 세칭 송원판(宋元版)이라 하는 것도 타당한 명칭이다. 이 원판대장경을 일본에서는 동경의 증상사, 천초사, 나라의 서대사, 경도의 동복사, 시가의 원성사, 및 구원(久原) 씨 등이 소장하고 있다.

(7) 고려판

이들 여러 판의 영향을 받아 인접한 나라에서도 대장경의 개판이 이루어졌다. 그 중에서도 고려 성종 10년(991)부터 현종 2년(1011)에 만들어진 고려판은 촉판을 계승한 것으로, 현존하는 가

240

장 오래된 장경이자 권위 있는 것으로 간주되고 있다. 이 고려판은 그 후 문종 원년(1047)부터 36년(1082)에 걸쳐서 1,069권의 속조가 행하여졌다. 고려에서는 선종 3년(1080)과 다시 고종 23년(1236)부터 약 10년 간, 둘 다 개판되어서 수천 권의 대장경을 조인하였다. 다음 장에서 서술하겠지만 요와 금에서도 송판장경을 저본으로 하여 각각 개판하였다.

역경

다음으로 역경사업에 대하여 살펴보기로 하자.

송대에 들어와서부터 서역 인도와의 교통이 상당히 개방되면서 왕래가 빈번해짐에 따라 다수의 불상과 범본을 가져오는 이들도 불어났다. 행근 등 157명의 서역구법을 시작으로 입축승도 상당히 많아졌다. 그 때문에 태조의 개보 6년(975)에는 제한령이 내려졌고, 진종의 함평(咸平) 6년(1003)에는 입축자를 시험하여 엄선하였다고 한다.

역경사업이 정식으로 시작된 것은 태종의 태평흥국 7년(982)때의 일이다. 즉 태평흥국사에 역경원을 마련하고 당시 연달아 중국으로 온 인도승 천식재(후에 법현), 법천, 시호 등을 거기에 머물게 하여 번역에 종사시켰다. 범학을 아는 법진, 상근 등이 필수(筆受) 철문(綴文)으로서 참가하였다. 이는 당나라 덕종 이래 대략 200년간 끊겼던 번역사업의 부활이었다. 이듬해 역경원을 전법원이라 고치고 서쪽에 인경원을 두어서 그것을 조인 간행하였다.

황제는 천식재의 간청으로 유정(惟淨) 등 10명을 뽑아서 범문을 배우게 하여 역경사업에 참가하게 하였다. 이 일이 크게 효과를 거두어 유정은 역경삼장이라는 시호를 하사받고 많은 경전을 역출하였을 뿐만 아니라, 『천축자원』, 『경우법보록』을 지었다.

이상의 역경승 외에 진종 때에 법호, 일칭, 인종 때의 지길상 등을 비롯하여 역경에 종사한 필수자, 철문자 등의 범학승이 79명, 서역 인도에서 경전을 가져온 승려 80명, 입축하여 경전을 가져온 자가 138명, 역출경전이 대략 600권이나 되었다. 여기서 주목해야 할 것은 그 역출경전의 원본은 범본 외에 구자어, 우전어, 스리랑카어 등도 있었다는 사실이다. 이와 같이 송대 국립의 역경사업도 신종의 원풍(元豊) 원년(1078)에 역경승인 일칭이 죽고 뒤를 이을 적당한 역경승이 없자 그 후 얼마 안 가 중지되고 말았다.

이상과 같이 당나라에 못지않은 역경사업을 벌였지만 실은 중국불교사에 있어서는 그다지 영향을 주지 못하였다. 왜냐하면 불교상의 중요한 경전은 당나라 때까지 거의 모두 번역되었고, 송대의 것은 보유적인 역할을 하는 것에 불과했기 때문이다. 더구나 역출경전의 대부분은 밀교 관계의 것이었다. 아무리 훌륭한 역경 설비도 번역할 원본이 차차 줄어들자 드디어 중지하게 되었다.

송대 신역경전은 바로 인경원에서 출판되었으며, 이 신역경전의 목록은 당연히 필요해졌다. 진종은 대중 상부 8년(1015)에 양억, 유정 등의 손으로 『대중상부법보록』 22권을 간행하여 신역경전의 목록을 작성하였고, 이듬해 진종은 재차 유정에게 명하여 신역경전의 음의를 편찬시켰는데, 이것은 인종의 천성(天聖) 4년(1026)에 『신역경음의』 70권으로 완성되어 진상되었다.

다음 『경우신수법보록』 21권은 『대중상부록』의 속록으로서 편찬된것인데, 인종의 경우(景祐) 4년(1037) 마찬가지로 유정(惟

淨) 등이 작성하였다. 이보다 앞서 천성 5년(1027)에 유정 등에 의하여 편찬된 『천성석교총록』 3권은 총 6천여 권의 경전목록을 수록하고 있다. 이들 목록의 실물은 산실되었지만 근년 발견된 금각대장경 속에 수록되어 있어서 비로소 송대의 번역사업을 분명하게 알 수 있게 되었다.

3. 송대 불교교단의 발전

사원경제의 팽창과 공덕분사(功德墳寺)

당 무종과 후주 세종의 폐불에 의한 불교교단의 피해는 극심하였다. 하지만 송대에 들어와서 그 내용이야 어쨌든 교단은 매우 발전하였으며, 특히 경제 방면의 발전은 당대를 훨씬 능가하는 것이었다. 사원과 승려 수를 보면 북송 말기에는 사원은 약 4만여 개, 승려는 진종 무렵 비구 397,615명, 비구니 61,239명이었다고 하며, 남송 초기에는 승니 약 20만 명이었다고 한다. 그러나 이것은 모두 정식으로 등록된 공도승(公度僧)의 숫자이므로 사실은 이보다 더 많은 승려가 있었을 것이다. 그 후 도첩 남발의 결과 휘종 선화(宣和) 7년(1125) 무렵 천하의 승려도사가 100만 명이었다고 한다. 이러한 사원과 승려는 당대와 마찬가지로 많은 사유재산을 소유하고 있었다. 그 주된 것은 전원과 산림이었다. 중당 무렵부터 균전법의 붕괴와 함께 장원 성립이 더욱 기세를 울리면서 사원의 토지사유는 차츰 격증하여 송대에 가서는 그 전성의 극을 달리게 된 것인데, 이 점은 당대의 교단보다 더 발전하였다. 여기서 그 구체적인 사정은 생략하지만 당대와 마찬가지로 조정 이하 왕공귀족들의 보시를 비롯하여 적극적인 사찰의 장원 점유의 결과 한 사찰에서 수천 경을 차지하는 곳도 있었다. 사명의 아육왕사는 세입 3만 석, 천동사는 3만 5천 석이었다는 기록만 보더라도 그 일단을 알 수 있다.

당대의 무진장원과 같은 금융사업은 송대에 들어서 더욱 진전하여 드디어 완전히 사원의 영리사업이 되었다. 즉 장생고라고 불리는 것으로 일명 해전고(解典庫)라고도 하는데, 이것은 사원경제의 유력한 재원이 되었다. 또 당대와 마찬가지로 애연, 점포, 창고 등의 경영도 성행하였다. 따라서 거기에 종사하는 승직도 조직화되고 여러 가지 기관을 설치하여 경영에 전념하였기 때문에 사원경제는 더욱더 비대해져 갔다. 이렇게 송대의 사원경제는 큰 발전을 하였지만 이러한 발전의 이면에는 귀족 권세와의 결탁이 있었다는 사실을 잊어서는 안 된다. 송대에 있어서의 귀족과 사원의 관계를 유력하게 말해주는 것으로서 공덕분사를 예로 들 수 있다.

공덕분사란 왕공귀족들의 분묘에 공덕을 짓기 위해 세운 절로서 그 절의 승려는 일종의 묘지기였다. 물론 그 절이 일반사원과 성질이 다른 것은 공유가 아니라 그 건립자의 독점물인 것이며, 원찰(願刹)의 성질까지도 가진 것이었다.

이는 앞에서도 말한 바와 같이 당대에는 공덕원으로 출발한 것이지만 송대가 되어서 더욱 성행하게 되었고, 그 경향은 남송이 들어서자 마침내 눈에 두드러질 정도였다. 따라서 폐해도 커져서 수시로 이것에 대한 금지령이 내려졌다.

244

이 공덕분사는 분사공덕이라고도 하고, 혹은 공덕원, 향화원, 향등원 등의 이름으로도 불리고 있다. 송대의 공덕분사는 황족, 귀족의 분묘를 모신 절이자 개인 절이기 때문에 그들은 주지의 임명권을 가졌으며, 천자로부터 칙액(勅額)을 하사받고 과부(科賦)를 면제받았다. 문제는 바로 여기에 있었다. 이것이 왕공귀족에게 공덕분사의 설치를 재촉한 원인이 되었으며, 공덕분사라는 이유만으로 사유재산이 과세로부터 면제되었기 때문이다.

그 다음부터는 이러한 공덕분사를 새로이 짓지 않고 종래의 사원으로 충당하거나 또는 천자로부터 받은 현판이 있는 사원까지도 자신의 공덕분사로서 점령하였다. 나아가 사찰 한 곳만이 아니라 몇 개의 사찰을 점령하여 주지의 임명권도 장악했으며, 모든 재산을 점유하고자 하는 자들까지 속출하게 되었다. 귀족 중에서 극단적인 사람은 사찰 소유물의 전부를 취하고 승니의 월급까지도 빼앗아가며 사망한 승니의 유산까지도 횡령하는 일을 자행하였다. 뿐만 아니라 그 본가의 귀족 자손이 사원에 거주하다가 나중에는 사탑 그 자체까지 점유해 버리는 일도 일어나 그 폐해는 실로 사회문제로까지 대두되었다.

이리하여 북송의 휘종 대관(大觀) 3년(1109)에는 유액(有額)사원을 공덕원으로 삼는 것을 금하였고, 이듬해 4년에는 그 폐해를 지적하여 면세의 특권을 박탈하였다. 남송대에는 완공귀족이 남쪽으로 옮겨가 사원에서의 거주가 허락되었기 때문에 이들 왕공귀족과 사원과의 관계는 더욱 밀접해져서 그들의 사원점거를 재촉하여 사원겸병의 병폐를 조장하였다.

고종은 칙령으로 유액사원을 금지하고 그 대신에 무액의 작은

사원을 여기에 충당시켰다. 다시 영종 무렵에는 이러한 폐해가
큰 것을 보고 공덕분사의 일체 모든 면세특권을 박탈하였다. 그
러나 사원의 겸병은 여전히 자행되었다. 그것은 단순히 왕공귀족
들이 사원을 이용해서 사재(私財)증식을 꾀하는 것뿐만 아니라
실은 사원이 자진하여 왕공귀족의 권리하에 들어가 그들과 결탁
하여 사재증식에 분주했기 때문이다. 당시 일반사원은 보통 세금
을 부담하고 있었으나, 공덕분사는 면세의 특권이 있었기 때문에
사원과 왕공귀족이 서로 상의하여 그 절을 공덕분사로 만들었다.
거기에는 실질적인 것도, 혹은 명의상의 것도 있었다, 이 일은 송
대 불교교단의 경제적 발전을 말해주는 것임과 동시에 교단의 타
락과 승려들의 자질 저하를 말해주고 있다. 다음에 서술하듯이
매도첩(買度牒)과 매사호(買師號)가 성행하게 된 것은 당시 승려
의 자질이 어느 정도에 이르렀는지를 여실히 드러내고 있다.

국가의 경제적 사원정책

송대 국가는 북송, 남송을 통하여 북방 변방민족에 대한 군비
를 비롯하여 내외의 사정으로 막대한 세출을 필요로 하여, 국가
재정은 언제나 극도로 피폐하였다. 그래서 국가는 경제 부흥에
고심하여 왕안석 등을 기용하였는데, 이때 재정구제책으로서 불
교교단에 관심을 가지게 되었다. 그 결과 도첩을 파는 문제, 자의
(紫衣), 선사호(禪師號)의 공매(公賣)문제, 사원 승니의 과세문제
등이 잇따라 부각되었다.

도첩은 상서성의 사부에서 발급하는 것으로 면징역(免徵役)
의 특권이 부여되어 있었다. 따라서 이러한 이점을 노려서 출가

하는 사람들은 이미 당나라 때부터 상당히 많았다. 국가는 이러한 승려의 특권과 이들의 욕구를 이용하여 도첩을 매출하여 위급한 재정 핍박을 구하고자 하였다.

도첩은 당연히 본인의 성명과 연령, 소속사원 등이 기입되어 사부에서 발급받는 것이지만, 매첩은 성명 등을 적지 않은 공명(空名)의 도첩이다. 이 공명도첩은 한꺼번에 몇 천 개씩이나 관리의 손을 거쳐 민간에게 매매되었고, 이것이 다시 민간에서 매매되었다. 이것을 산 사람은 출가자로 행세하여 부역을 면제받는 특권을 누렸던 것이다. 그러나 이러한 특권이 구체적으로 어떻게 승려에게 허용되었는지는 의문이다. 다시 말해 이 공명도첩을 산 사람 중 아무런 수행도 하지 않고 경문도 독송할 줄 모르는 자가 적지 않았을 것이기 때문이다. 따라서 도첩의 민간매매는 이 도첩이 출가의 조건이 아니라 단순한 공채라든가 화폐의 역할로서 유포되었던 것이다.

신종 때부터 시작된 이러한 도첩은 해마다 증가하여 만 개로 한정하였으나 이미 다 팔려서 이듬해 몫까지 판매하는 일도 일어났는데, 휘종 때에는 1년에 3만개 이상을 판매하였다. 남송대에 이르자 이러한 경향이 한층 심해져서 매해 5만~6만 개나 팔리는 상태가 되었는데, 그 때문에 승려가 증가하고 납세가 격감되자, 고종은 소흥 12년(1142)부터 20년간 이 도첩매매를 정지하고 승려의 정리를 시도 하였다. 그러나 그 후 다시 격증하여 송나라 전 시대를 통하여 끊이지 않고, 종교, 사회, 경제 등 모든 방면에서 큰 문제를 남겼다.

도첩의 값은 처음 신종 때에는 단가 130관이었으나 때에 따라고저가 있고, 또한 관에서 파는 가격과 민간의 매매가격을 서로 달라서 일정하지 않았다. 휘종 무렵에는 대량으로 나왔기 때문에 민간의 매매 가격은 90관부터 100관까지 저하하였으나, 남송 초기에는 200관부터 500관까지 올랐다. 그것이 차츰 올라가서 700~800관의 시세가 되었고, 영종의 가정(嘉定) 초년(1208)에는 1,200관이 되어 완전히 공채화, 화폐화되어 버렸다. 이것은 국가가 발급할 뿐만 아니라 지방관리가 재정의 필요를 느꼈을 때는 긴급시와 평상시를 가리지 않고 이 공고를 내어 민간에게 판매하고 때로는 강매하여 일시적 재정으로 충당하였다. 따라서 나중에는 한 사람이 여러 개의 도첩을 가지는 일조차 아무렇지 않게 되었으며, 도첩을 가진 자가 반드시 승려라고는 할 수 없었다. 또 나중에는 부역을 면하는 특권도 없어졌으나 초기에는 도첩 소유자는 승적에 올라가고 부역을 면하는 특권을 가지고 있었다.

이렇듯 승려계는 승려가 아닌 위승이 많았기 때문에 교단의 타락은 상상하고도 남음이 있다. 따라서 국가는 일시적인 금융 때문에 오히려 과세가 많은 호구를 잃고 재정의 피폐를 한층 더 심각하게 불러일으키는 모순을 초래하였던 것이다.

송대에는 재정난을 해결하기 위하여 이상과 같이 도첩을 매매함과 동시에 다시 자의(紫衣)와 사호(師號)까지도 판매하였다. 자의는 당나라 측천무후 무렵부터 시작되었는데, 이것은 고승에 대한 조정의 표창이었다. 선사, 대사라는 사호도 그것과 유사한 것으로 승려에게 있어서는 둘 다 선망의 대상이 되는 것이었다. 따라서 이때 자의와 사호를 사기 위하여 많은 승려들이 애를 썼는데, 조정은 이 같은 승려계의 정세를 이용하여 도첩매매와 같은 시기에 이것도 판매하였다. 남송이 일어서자 이러한 자의와 사호가 증가하였는데, 이 둘은 2천, 3천, 5천이나 팔려서 군비로 충당되었다. 더구나 이것은 일반적으로 도첩보다는 싸서 100관 정도였고 4자 사호가 200관 정도였다. 이 때문에 사호에 2자, 4자, 6자 등으로 하사되었으며, 거기에 따라 가격도 달리 정해졌다. 그뿐 아니라 승직까지도 매매하는 지경이 되어 교단의 내부는 그 교단의 외형적 발전과는 달리 점차 부패의 온상으로 전락되어 버린 것이다.

국가의 교단에 대한 경제정책으로서 승려에 대한 과제내용을 살펴보기로 하자. 일시적 재정난을 피하기 위하여 판매하기 시작한 도첩은 부역을 면제받는 승려를 증가시키고 과세호를 감소시켜 오히려 국가 재정의 피폐를 가져오는 원인이 되었다. 그리하여 결국에는 면세의 특권을 박탈하여 승려에게 과세를 부여하게 되었다. 이것은 북송의 신종 무렵부터 행하여졌으므로 이를 면역전(免役錢), 면정전(免丁錢), 청한전(淸閑錢)이라 불렀다. 즉 부역을 면제받는 대가로서의 돈이라는 의미인데, 승려는 15관, 100석 이상의 수입이 있는 자에게 부과하였다. 남송 고종의 소흥 15년(1145)에는 승려의 등급을 9등급으로 나누어 면정전을 부과하였는데, 평승은 5관, 자의와 2자 사호는 6관, 자의와 4자 사호는 8관, 자의와 6자 사호는 9관, 감사(監寺), 유나 등의 승직 승려는 8관, 주지는 15관이라는 규정이었다. 면정유(免丁由)란 면정전을 납부한 증명서인데, 송대의 승려는 도첩 이외에 이 면정유도 지참하고 다녀야 했다.

이와 같이 송나라 불교교단을 상대로 도첩과 자의, 사호를 팔고, 다시 지세와 면정전을 부과하는 등 여러 가지 수단으로 국가 재정의 궁핍에서 벗어나고자 노력하였다. 방대한 사령에는 모두 세금이 부과되었으며, 승려도 세금을 내어 어떤 특권도 허용되지 않았다. 그러나 앞서 본 공덕분사는 면세를 허용하였고, 거기다 승려들까지도 면역되었으므로 일반 사원에서도 여러 가지 이유를 들어서 면세를 받는 일이 많아졌고, 때로는 귀족권력과 결탁하였으니, 이러한 경향은 확대되어 갔다. 따라서 국가의 이와 같은 과세문제도 소기의 목적을 충분하게 이룰 수는 없었던 것 같다.

불교문화의 여러 모습

외면적인 발전과 경제적으로 팽창한 송대의 불교교단은 사상적인 면에 있어서도 당대 불교의 보전과 계승에 치중하였을 뿐 새로운 정기는 찾아볼 수 없고 완전히 형식화된 것이었다. 그리고 불교문화적인 면에서도 대개는 당대 문화를 계승하는 데 역점을 두었으므로 형식화에서 벗어나지 못하고 있었다. 그러나 송대 불교교단의 발전은 사회와의 교섭이 밀접해짐에 따라 불교는 자연히 민중의 삶 속으로 침투해 갔다.

송대 불교는 당대에서 행해지던 비전양병방이 국가적인 사업으로 사원을 떠나 자유국(慈幼局), 시약국(施藥局), 양제원(養濟院), 안제방(安濟坊), 누택원(漏澤園)이 되어 사회사업을 벌였다. 이 가운데 사원승려가 관계한 것은 누택원으로 가난한 사람이 죽거나 매장할 수 없는 사람들을 위하여 사원이 묘지를 마련하고 장례를 지내준 다음 명복을 빌어주었다. 이러한 제도는 북송의 진종 때부터 시작하여 나중에는 각 지방에 누택원을 설치하고 구제에 힘쓰게 되었다.

각 승려가 불교적 정신에 입각해서 구빈, 구병에 힘쓰고 또한 다리를 놓아주고 도로를 만들고 우물을 파고 선박장을 설치하여 사회구제사업을 행하고 있었던 것은 당대와 마찬가지였다. 사원 승려와 사회와의 교섭이 빈번하여지면서 재가자의 생일과 제삿날에는 승려를 청하여 명복을 비는 일이 성행하게 되었는데, 후대에 가서는 이러한 일이 승려들의 직업처럼 여겨지게 되었다. 그리고 불상을 만들고 경전을 인쇄하여 파는 곳도 생겨나서 사원의 연중행사는 사회의 일반적인 행사처럼 인식되었다. 그 예로 정월 16일에 거행되던 상국사의 연등회를 비롯하여 전국 사원의 연등회는 서민들이 정월 기분을 맛보는 유일한 것이었다. 4월 8일 욕불회, 7월 15일의 우란분회, 9월 9일 중앙절의 사자회, 12월 8일 성도회 때의 납팔죽(臘八粥) 등 이 모두가 사람들로 하여금 사원에 가서 하루를 보내게 하는 풍습이 되었다. 일찍이 2월 15일의 열반경단, 4월 8일의 팥 넣은 찰떡, 7월 15일의 우란떡 등을 만들어서 먹기도 하였다. 12월 24일 밤에는 재가인들이 승려와 도사를 초대하여 간경하는 풍습도 이 시대부터 시작되었다.

당대의 사원 숙사는 송대에서도 그대로 행하여져 오대산의 보통원도 자주 이용되고 각 지방의 사원도 숙사로서 혹은 대방(貸坊), 대실(貸室)로서 사회에 이용되고 있었다. 당시 성행한 과거 시험에 응하는 지방 수험생들은 시험기간에는 누구나 사원에 머물면서 영기를 키우게 하였다. 이처럼 송대의 사원은 당대와 마찬가지로 모두 사회적 사업이나 사회적 교섭에 밀접한 관계를 가지고 있었다. 그러나 당대와 같이 활발한 활동이 아니라 어디까지나 당대의 계속에 불과하며 차차로 형식화되고 외형화되어 간 것이다.

송대에서 특히 주목할 수 있는 것은 사원과 상업의 관계이다. 시장의 발달을 송대에 들어와 활발해졌는데, 도시와 촌락의 시장 발전은 사원과 밀접한 관계를 가지고 있다. 각 지방의 사원은 그 지방에서 문화의 중심을 이루었으며, 사원의 연중행사는 사람들이 가장 많이 모여서 즐기는 날이 되었다. 그러다 보니 자연히 이들을 상대로 구경거리가 열렸는데, 이것이 고정적으로 반복되다 보니 시장이 설치되기에 이르렀고, 또한 가설시장이 발달하게 된 것이다.

사원의 정기적인 시장으로서 가장 유명한 것은 도읍에 있는 상국사의 장이었다. 이것은 매월 5회 성국사 경내에서 열린 정기적 시장으로 3문의 금수매점을 비롯하여 경내에 천막을 친, 불전의 주위, 담벽, 후문, 낭하 주변 등에 여러 가게가 마련되었다. 사천성 성도의 대자사, 성수사, 보력사, 용흥사 등의 정기시장도 유명하였다. 또한 영리사업으로서 경영한 금융기관이 장생고, 당대부터의 애연, 창고, 점포, 차방 등도 사원과 상업의 관계로 다루어야 할 것이다.

불교미술을 중심으로 살펴보면 근세 돈황 등의 서역 탐험으로 당시의 불교회화 등이 발견되어 그때의 문화를 엿볼 수 있다. 그 어느 것도 당나라 때처럼 정신적으로 충실한 내용을 가진 작품은 볼 수 없으나 송대로서의 사실적인 특징이 잘 나타나고 있다. 나한도, 관음도, 포대도(布袋圖) 등이 많고, 불전 그림, 고승의 초상화가 크게 발달하였다. 승려이자 화가로서 이름을 날린 사람은 촉나라 선승 목계(牧谿)를 비롯하여 옥간, 중인 등이 있다.

송대에 들어와 선종이 유행하면서 선사의 어록 등이 간행된 것은 송대 불교문화의 한 특징이다. 어록의 영향은 일반문학계에까지 파급되어 어록풍의 저서가 많이 나타났다. 또 당시 발전한 구어적인 통속문학은 대부분 불교의 영향을 받은 것이었다. 송대 문학은 실로 일대전환을 맞이하여 민중문학의 발전, 구어문학, 통속소설, 설화문학의 유행을 가져오고, 그 소재도 불교적인 것이 많아 『대당삼장취경시화(大唐三藏取經詩話)』, 『목련입지옥고사(目蓮入地獄故事)』 등은 당시에 유행하던 책들이다.

그리고 민중연예로서도 오락장이 설치되어 '애기체 문학' 등이 성행하였는데, 그 가운데 담경(談經), 설경(說經), 원경(譯經), 탄창인연(彈唱因緣) 등으로 불리는 것은 모두 당대의 속강에서 따온 것으로 설교가 담론화된 것이다. 돈황문서에 보이는 『목련구모변문』, 『팔상성도변문』, 『불본행집경변문』, 『유마경변문』, 『태자변문』, 『부모은중경변문』 등도 다 이와 같은 구설문학으로서 민중 오락에 기여하였다. 뿐만 아니라 당시 문인이나 시인이면서 불교에 관심을 가진 이가 많았는데 특히 소식(蘇軾), 육유(陸遊) 등은 불교적 문학을 좋아하였고, 문학승, 시승으로서 이들과 교류한 승려 또한 많았다.

4. 송대 유학과 불교 및 도교와의 관계

중국에 있어서 유교는 공(孔)·맹(孟) 이후 전수자가 없어, 오랫동안 불교와 도교의 아랫자리에서 겨우 명맥을 유지하고 있었다. 그러다가 송나라가 들어서자 주렴계(周濂溪), 장횡거(張橫渠), 정명도(程明道), 정이천(程伊川), 주자(朱子), 육상산(陸象山) 등의 명유가 배출되어 유학은 공·맹 시대처럼 융성하게 되었다.

주유(朱儒)라고 불리는 이 시대의 유학은 그 학풍이 한당 시대의 훈고학적인 유학을 벗어나서 '성(性)'을 중심으로 하는 소위 성리학을 일으키면서 유학의 전환기를 맞았다. 이처럼 송의 유학은 한결같이 불교와 깊은 관련을 가지고 불교에 영향받고 자극받아 발흥한 유학인 점이 특색이다.

유가와 불교

주렴계는 여산 귀종사의 불인(佛印) 같은 동림사의 상총(常總) 등에게서 불교를 배웠고, 장횡거도 또한 상총으로부터 성리의 논을 전수하여 흥국사에서 정명도와 강론하였다.

정명도는 노석(老釋)을 십수 년 배웠으며, 화엄, 열반, 능엄 등에 통달하고, 정이천도 참선을 하였기 때문에 그들의 설은 크게 불교의 영향을 받고 있다. 송유의 제1인자인 주자도 불교와의 관련이 깊고 어릴 적부터 대혜종고(1163 입적)의 『대혜어록』을 애독, 사숙하였으며 당나라 위산영우의 사상을 편애했다. 그 밖에 왕안석, 소동파를 비롯하여 당시의 문인이나 시인 중에는 불교에

254

귀의한 자가 많았다.

이처럼 유학자의 불교연구는 당연히 그 제자들에게 이어져 송대 유학자 중에서 불교에 관계치 않는 자가 없었다 해도 과언이 아니었다. 따라서 유학자 중 출가하여 불문에 들어오는 이도 적지 않았다. 이와 같은 유학계의 경향은 당시의 한 풍조였으며, 유학자의 불교배척론이나 그 조화론도 모두 불교연구의 결과에서 나온 것이며, 단순히 감정에 의한 논의가 아니고 학문적 논쟁이 많았던 것은 이와같은 사실을 잘 설명해준다. 송유의 흥륭은 이처럼 불교와의 접촉에 의한 것이었다.

이 송유의 발흥은 차제에 유학자 및 유교정신에 의한 위정자들의 불교배척론으로까지 나타나게 되었다. 누구보다 먼저 거론되는 사람은 구양수(歐陽修, 1007~1072)이다. 그는 당나라 한퇴지(韓退之)와 비견되며, 한퇴지의 배불론인『원도(原道)』를 읽고 깊이 공감하여『본론(本論)』3편을 내어서 불교를 공격하고 유학발흥을 꾀었지만 그 논은『원도』를 크게 벗어나지 못하고 있다. 또한 같은 시대에 석수도(石守道)는『괴설(怪說)』을, 이태백(李泰伯)은『잠서(潛書)』를 저술하나 모두가 비슷한 배불론을 주장한 것이다.

이 배불론에 맞선 사람 중에 명교대사 계숭(契嵩)이 있다. 그의 저서『보교편』은 구양수의『본론』에 반대하여 유·불 일치를 설한 내용이었다. 이 저술에 의해 구양수는 심히 잘못을 후회하고 불교신자가 되었으며, 임종시에『화엄경』을 외우면서 죽었다 한다. 이태백도 이 때문에 불교에 전향했다고 한다. 또한 구양수 등의 배불론을 배격한 사람으로는 장상영이『호법론(護法論)』을, 유밀이『삼교평심론(三敎平心論)』을 저술하였다.

배불을 사상적 방면에서 당당히 논한 사람으로 장횡거, 정명도, 주자 등이 있다. 그들은 위에서 말한 것처럼 불교를 연구하고 이에 따라 유학을 흥륭시킴과 동시에 유교와 같을 수 없는 불교사상에 대해 당당히 배척의 논진을 펼쳤다.

또 정자(程子)의 문인인 양귀산(楊龜山), 사상채(謝上蔡)를 비롯하여 그 밖의 사마광, 장남헌, 황동발, 주섬, 장무구, 양성제 등은 모두 불교배척론을 주장한 사람이었다. 이들이 주장하는 바는 크게 당나라 한퇴지의 설을 수용하든가 혹은 장횡거의 설을 계승하여 사상적·사회적·도덕적·경제적인 면과 온갖 시각에서 공격의 시위를 당겼다.

사상적의 논쟁은 이 시대의 특색이었으며, 적어도 그들의 불교 지식에 의한 것이었다. 불교가 천당, 지옥을 설하면서 허망한 요설을 고취하여 민중을 혼란케 한다고 공격하고 처자권속을 버리고 출가 삭발하는 것은 오륜오상 도덕에 어긋나는 것이며, 승려의 문란한 생활상태를 지적해 교단의 부패를 찌르고 때로는 사원의 증가와 사령장원, 그 밖의 경제문제가 국가 피폐의 원인이 되고 있다고 하여 이를 배척하고 있다.

이와 같이 송대 유학자들의 배불론은 미증유의 활기를 띠지만 유학자는 누구나 불교의 영향을 입었고, 유교사상에 많은 불교사상이 스며든 것은 이 시대 유학의 특징이었다. 앞서 말한 배불론이 일어남과 동시에 유·불 조화의 사상도 이루어지고 있었다.

삼교 조화
오대 송초의 진박(陳搏)은 우선 삼교조화를 주창하였고, 구양

수의 배불론에 대응한 장상영은『호법론』에서 유·불·도 삼교
가 하나인 것을 주장하였다. 또 정자의 문하인 양귀산도 유·불
조화사상을 주창하였고, 휘종, 흠종, 고종 때 재상이 된 이강(李
綱)은『삼교론』을 저술하여 유·불·도 일치를 주장하였다. 또한
남송의 효종은 불교를 대혜종고로부터 수학했으나 왕위를 물러
난 후『원도론』을 저술하여 당나라 한퇴지의『원도』를 반박하면
서도 또한 삼교의 조화를 꾀하려 하고 있다. 위에서 예를 든 구양
수에 대한 반박론인 유밀의『삼교평심론』도 마찬가지로 삼교조
화를 개론한 것이다. 승려에 있어서도 삼교조화를 주장한 자로
지원, 계숭, 종고 등이 있다. 고산 지원은『한거편』에서, 계숭은
『보교편』에서 모두 삼교조화를 서술하고 있다.

불교와 도교의 관계

송대에 있어서 불교와 도교와의 관계를 살펴보자면, 그 관계
는 당대처럼 두드러지는 점이 없고, 또한 송대의 유가와 불교와
의 관계처럼 깊은 연관도 없다. 그러나 도교의 발전은 당의 뒤를
이어 의연히 활발하였으며, 유교와 함께 불교를 압도할 정도의
상태였다. 왕흠약, 장군방, 여동빈, 장자양, 임영소, 백옥섬, 왕중
양 등 여러 사람들은 실로 송대 도교의 대표자이다.

왕흠약(王欽若, 998~1022)은 진종의 대중 상부 연중(1008~
1016)에『보문통록(寶文統錄)』을 편찬하여 도서(道書) 4,350권을
수록하였고, 장군방은 도서 약 2,500권을 모아서 도교장경의 기
초를 이루었다. 이것이『운급칠첨(雲笈七籤)』인 것이다. 이 도서
는 인종 가우(嘉祐) 연간(1056~1063)에 요약곡(姚若谷)이 새로이

2,000여 권을 증가하였고, 거듭하여 치평(治平) 원년(1064)에 영종 때의 도서를 더하여 5백 질 4,500여 권이 되었다. 이것을 도장(道藏)이라 한다.

여동빈(呂洞賓, 호는 순양)은 전진교의 여조(呂祖)라 불리는 사람으로 송 이후 종파를 분류한 후 조사가 된 극히 중요한 사람이다. 그 밑에서 남북 두종파가 분파하여 장자양(張紫陽, ?~1082)이 남종의 조사가 되었고, 왕중양(王重陽, 1112~1170)이 북조의 조사가 되니, 그 계통에서 모두 칠진인(七眞人)이 배출되었다. 북종 왕중양, 다시 말해 왕철은 전진교를 연 사람이며, 『효경』, 『도덕경』과 함께 『반야심경』 등으로 사람들을 이끌었으나 그 입교정신은 삼교의 조화였다. 그의 가르침을 전진교 또는 금련정종이라고 한다. 문하의 마단양, 담장진, 유장생, 구처기(장춘진인)는 모두 잇달아 전진교주가 된 사람들이며, 그 세력은 크게 융성하였다.

휘종의 배불(排佛)

처음 태조는 조의(朝儀)에 나아갈 때 자리의 순서를 불선도후(佛先道後)로 정했으나, 휘종이 즉위한 후 황제의 도교신앙에 따라 도선불후로 하고 불교에 대해서 압박을 가했다. 숭녕(崇寧) 5년(1106) 칙령으로 불교에서 상제를 귀신의 반열에 두는 것은 실로 모독이라고 하여 이것을 삭제하고 또한 사원에서 석가를 중심으로 양측에 공자, 노자상을 두는 것을 금했고, 다음해 대관(大觀) 원년(1107)에는 도사의 지위를 승려보다 위에 두었다. 황제는 도사 서지상, 임영소를 신뢰하여 영소의 설에 따라서 스스로 교주

258

도군황제라고 칭했으며, 또 천하의 큰 절을 개수하여 신소옥청만수궁으로 하고 원(院)을 고쳐 관(觀)이라 하였으며, 궁중에 보록궁을 만들고 거기다 도학과를 설치했고, 불장경 6,000권 중에서 도유를 비방하는 내용을 뽑아내어 불태워버렸다. 게다가 선화(宣和) 원년(1119)에는 불타를 개칭하여 대각금선(大覺金仙)이라 부르고 천존의 옷을 입혔고, 보살을 대사라고 개칭하였으며, 비구를 덕사(德士), 비구니를 여덕(女德)이라 부르게 했고, 도복을 입히고 목홀(木笏)을 지니게 했다. 또다시 서장을 내려 천하의 승려를 절에서 쫓아내고 재물을 몰수하여 도사를 이곳에 살게 했다. 바야흐로 천하의 사원은 모두가 도교화되는 상태였다. 불교의 삼무일종(三武一宗)의 사대법난에 연속되는 법난이라 말하지 않을 수 없다.

그동안 임영소는 보록궁에서 도사 3천여 명을 모아서 도경을 강의하면서 사람들에게 부록(符籙)을 전하였다. 또 일궁일관(一宮一觀)마다 급전은 수천 경, 도희를 개최할 때마다 수만 금을 사용하는 등의 일로 영소의 활약은 도교에 있어서 실로 눈부신 바였다.

이 무렵 채경은 이 폐해를 보고 황제에게 간언하였다. 사문인 영도도 글을 올려 불교를 위해 열심히 논하였으나 황제가 받아들이지 않고 영도는 도주(호남성 도현)로 유배되었다.

이렇게 영소의 기민함은 황제의 권력에 의해 불교박해 활동을 강화하였으며, 그 폐해도 대단했다. 선화 원년(1119) 중신의 충언에 의해 그 악계를 감지한 황제는 영소를 온주(광동성 강양)로 내쫓고 불교배척도 중지하게 된다. 이리하여 이듬해에는 불호도 승니의 호칭도 복구되고 영도도 사면되어 돌아왔으며, 궁관(宮

觀)이 되었던 많은 사찰재산도 사원에 반환되어 불교는 간신히
옛 모습을 되찾게 되었다.

5. 사교(邪敎)의 발호와 그 반란

정법의 그늘에는 언제나 사교가 숨어 있다. 불교가 융성해지고
사회에 보급되어 민중화될 때는 이 정법을 이용하여 사교가 흥하
며 민중을 선동해서 자신의 욕망을 채우려고 한다. 즉 종교일규는
이미 남북조시대부터 나타났었다. 그 유명한 북위 효명제 시대에
법경이 일으킨 대승불의 난을 비롯해 수없이 일어난 사실은 상술
한 그대로이다. 그러나 이 사교는 이처럼 대규모는 아니나 각 시
대에 있어서 대단히 만연하였고 무지한 민중 속에서 뿌리 깊은 신
앙으로까지 되어 있는 경우가 많았다. 중국의 민간신앙 중에는 실
로 이러한 정법이 아닌 사교 종류가 다수 혼입되어 있는 사실을
생각하지 않을 수 없다. 이 사교 중 가장 유명한 것은 미륵신앙에
관계한 미륵교비(彌勒敎匪)와 미타신앙에 의해서 일어난 백련교
(白蓮敎), 그리고 천태종 계통에 속하는 백운종(白雲宗)이다.

미륵신앙은 석가불에 이어 이 세상에 출현하는 미륵불을 만난
다고 하는, 이른바 이 무불세계에서 미륵이 출세하는 불세계를
이룬다는 가르침이다. 미륵교비라는 것은 이러한 사람들의 원을
이용해서 발흥한 사교이며, 현세에 미륵불의 현시가 있을 것이라
하여 민중을 현혹하고 불평분자와 결속해서 난을 일으키려고 하
였다. 이 사건은 이미 수나라 때 일어났었는데, 당시 하북성 당현

의 송자현(宋子賢)이 스스로 미륵불의 화신이라 칭하여 부처의 모습으로 사기를 부려 민중을 현혹했다. 여기에 현혹되어 믿는 자가 하루에도 수천 명에 이르렀다한다. 수양제 대업 9년(613) 무차대회를 개최하여 민중을 모아서 반란을 일으켰으나 사전에 비밀이 새어 그 자리에서 처형되었다.

같은 무렵 섬서성 부풍의 사문 향해명(向海明)이 미륵불의 화신이라고 하여 민중을 현혹시켜 황제로 자임하고 연호를 백오(白烏) 원년(元年)이라 칭하였다. 대업 9년 12월의 일로 즉시 평정되었으나 끝까지 따르는 자도 있었다한다.

당대 측천무후의 혁명 또한 미륵하생의 신앙에 의한 것이었다. 소위 측천무후는 중종 사성(嗣聖) 7년(690) 국호를 주(周)라고 바꾸고 연호를 천수라고 개칭, 스스로를 성신황제(聖神皇帝)라 칭하였다. 당 왕실의 일족 수백 명을 죽이고 당나라를 자기 수중에 넣었다. 이 혁명은 승려회의(懷義) 등에 의해 위찬 된『대운경』중에 무후 자신을 미륵화신이라고 하여 천하에 군림하는 인연을 설한 내용을 근간으로 한 것이다.『대운경』은 즉시 전국의 대운사에 반포하여 암송하고, 이것으로 무후혁명의 정당성을 부여하고자 하였다. 또한 당대에는 각지에 미륵회라는 신앙결사가 성립되었으나 이와 같은 결사는 왕왕 불평분자에게 이용되어 폭동으로까지 번져나갔다.

현종 개원(開元) 3년(715)의 칙령에 '요즈음 백의장발하고서 미륵하생을 빙자하여 요괴를 행하면서 널리 사람들을 모은다' 고 하는 것을 보아도 당시 이 종교를 이용하여 음모를 기도하는 자가 많았음을 알 수 있다.

5대 전란 무렵에도 사교가 만연하여 후당의 명종 천성(天成) 2년(927)에 사교금지의 칙령이 내려졌다. 송 태조는 정광불의 화신이라고 하는 설이 있었고, 당시 절강성 사명의 포대화상이 미륵의 화신이었다고 믿어졌다. 지금 중국에서 미륵불이 포대의 모습을 하고 있는 것은 이 같은 신앙을 근간으로 한 것으로 추측된다.

송조에 이와 같은 미륵신앙에 의한 신도의 반란으로서 가장 유명한 것은 북송 인종 무렵에 발흥한 왕칙(王則)과 그 일당인 이교(李敎)의 반란이었다.

왕칙은 패주(하북성 대명도 청하현)에서 이 지방에 유명한 미륵교를 이용해서 인종 경력(慶曆) 7년(1047) 반란을 일으켰다. 그리하여 한 순간에 패주성을 점령하고 스스로 동평군왕이라 칭하고, 국호를 안양, 연호를 득성이라 하여 크게 기세를 떨쳤다. 이 난은 문언박 등에 의해 평정되어 비록 60여 일 동안의 천하였으나 이 추종자는 상당히 널리 분포되어 이에 대한 송조의 진압도 상당한 노력이 필요했다. 더구나 이 왕칙의 사교는 우매한 민중뿐만이 아니고 사대부의 지식계급에도 보급되어 믿는 자가 많았다. 대표적인 사람이 기주(하북성)의 이교이다.

그는 관의 추방 때문에 끝내는 자살하고 말았지만 그와 관련된 많은 관리가 그 사교도로서 처벌된 것을 보아도 이 왕칙의 반란은 실로 커다란 충격을 주었다고 말하지 않을 수 없다.

이 미륵신앙에 의한 교비는 송 이후에는 역사상 그다지 잘 나타나지 않았으나 이를 대신한 종교일규라고 할 수 있는 것은 미타신앙에 의한 백련교비이다.

백련교는 백련채(白蓮菜)라고도 한다. 염불결사인 백련사 계

262

통으로 처음에는 사교적인 내용이 없이 천태참법을 도입해 염불 참회하는 정업단체로서 엄격한 금욕주의를 표방하는 반승반속 의 종교결사이며, 재가생활자의 집단이었다. 그러나 이것이 관리 와 교단의 박해를 당하자 사회의 불평분자에게 이용당하게 되었 다. 교의와 규칙상에도 차츰 사교적인 경향을 띠었고, 원·명· 청 시대의 큰 종교일규로 변하게 되었다.

이 백련교는 남송 고종 무렵, 소주 연상원의 사문 모자원(茅子元)이 제창한 것으로 훈주 육식을 금하는 염불결사였으나 일찍부터 민중을 미혹하는 사교로서 지탄되어 그는 강주(강서성)로 유배되고 이 단체는 금지되었다. 그러나 이 교는 강남지방에서 비밀리 활동했으며 원나라가 세워지자 큰 세력을 얻었다. 세조 지정(至正) 18년(1281)부터 무종 지대(至大) 원년(1308)에 걸쳐서 백련교 금지령이 내려졌다. 한편 인종 때는 이 금지가 풀려 보호하는 칙령이 내려졌지만 다음의 영종 때에 재차 금지되었다.

송·원 시대에 사종문(邪宗門)이라 하여 배척된 것 중에 백운종 또는 백운채(白雲菜)가 있다. 북송 휘종 무렵 낙양의 보응사 사문 청각(淸覺)이 항주 백운암에 있으면서 새로이 세운 종교인데, 교도는 종조 청각을 백운화상이라 부르고, 이 교를 백운종이라 불렀다. 극단적으로 선종을 공격했기 때문에 처음부터 선종의 반대를 받아 사교라 간주되어 청각은 멀리 은주(광동성 강양현)로 유배되었다. 청각의 사후에 제자 혜능은 유골을 여강 남산(절강성)에 묻고 백운산 보안사라 하였는데, 후에 이 절을 중심으로 절강은 백운종의 근거지가 되었다.

백운종은 천태종의 교계를 잇고 선을 배척하고 대승십지보살의 삼매에 머물러서 이타업에 정진했었다. 백련교와 마찬가지로 훈주육식을 금하는 계율주의 단체이자 유발의 재가자 종교였다. 이와 같은 생활은 백련사에 의해 사교도로 비난 공격을 받았지만 비난과 박해에 구애 받지 않고 이 큰 세력을 유지하여 원대에서는 강남불교의 일대세력이 되었다. 그러나 이 세력도 계속 유지되지 못하고 얼마 후 교주인 심명인(沈明仁)의 비위가 들통나 처벌되자 그 교도는 풍비박산되어 마침내 백운계는 자취가 끊겼다.

6. 요 · 금의 불교

요(遼)의 불교

당말 무렵 요하 상류지방에서 유목하던 거란부족의 야율아보기(耶律阿保機)가 거란의 모든 부족을 통일하고 임황(요령성)에 도읍을 정하고 황제가 되었다(916). 바로 거란의 태조이다. 다음의 태종은 남하 서진하여 후진을 멸하고 요를 국호로 하였다. 한편 오대는 송에 의해 통일되었는데 이때부터 국경을 접한 요와 송은 교섭을 시작하였다.

요의 판도는 지금의 중국 동북지구를 중심으로 하북, 산서의 북부를 영유하고 수도인 상경임황부를 비롯해 동경요양부(요령성), 중경대명부(열하성 대명부), 남경절진부(하북성 북경), 서경대동부(산서성 대동)를 오경(五京)으로 해서 그 세력은 심히 융성하였다. 얼마 후 요의 배후에서 일어난 신흥세력인 금(金)은 송과 공모하여 요를 공격해 결국은 멸망시켰다. 치세는 대략 210년간이었다.

이와 같은 변방민족 하에서 불교는 5호16국의 불교가 강남 불교에 뒤떨어지지 않고 오히려 한층 활발했던 것처럼 거란 불교도 이와 같았다고는 말할 수 없지만 그 유포는 결코 남방의 송나라 불교에 뒤지지 않았다.

역대 황제는 모두 불교에 의한 한인 통치정책을 취하였는데, 이것은 곧 불교보호정책이 되어 불교의 융성을 가져왔다. 태조는 즉위 6년(912)에 천웅사를 세워 귀속한 승려 숭문 등 50명을 기거하게 하였다. 다음의 태종도 상경에 안국사를 건립하여 황태후의 병 구완을 위해 이를 기원하였는데, 이 절에 거주하는 승려가 5만 명에 이르렀다.

다음의 목종, 경종도 이를 본받았으나 요나라 불교로서는 다음의 성종, 흥종, 도종의 삼대가 전성기라 할 수 있다. 이것은 동시에 요조문화의 전성을 나타내는 것이며, 도종 이후는 국세가 차츰 쇠퇴함과 동시에 불교도 그다지 번성하지 않았다.

성종 재위 50년은 요의 전성기로서 각지에 사탑을 짓고 각지의 사원에 행차하여 불사를 행하였고, 1개월 동안 공양을 올린 승려만도 만여 명이라 하였다. 따라서 이 무렵부터 불교는 일반에게 유포되고 승니의 수도 차츰 증가되니, 이에 따라 자연스럽게 위람승도 출현하게 되었다. 통화(統和) 9년(991), 15년(997)의 두 번에 걸쳐서 사도승을 엄금하는 명을 내린 것을 보아도 알 수 있다. 또 이 무렵, 지난날 수대의 개각(開刻) 당시와 같은 열성과 대대적인 규모로 방산의 석경 속각사업이 계속 진행되어 요나라 불교의 기개를 잘 말해 준다. 이 사업은 이어 흥종, 도종에 의해서도 변함없이 지속되어 요나라의 불교문화 유적을 오늘날에 이르기까지 빛나게 하였다. 또 장경의 음운서로서 유명한『용감수감(龍龕手鑑)』은 이 시대 행균(行均)에 의해 저작된 것이다.

다음 대인 흥종도 불교에 귀의해 몸소 절에 행차하여 보살계를 받고 여러 절에 가서 불사를 행하고 반승하였으며, 특히 승려를 우대해서 벼슬길을 열어 고위고관에 임명하고 있다. 따라서 당시 승려를 삼공삼사로 우러르니 정치를 겸하는 자가 대략 20명이나 되었다. 이에 명예영달을 목적으로 승려가 되는 이 또한 많았다고 한다.

이어 도종은 요조 제일의 불교 신봉자로 몸소 깊이 불교교리를 연구하여 화엄에 정통하였으며, 또 범어에도 통달하였다. 대규모의 도승과 반승이 끊이지 않았으며, 대강(大康) 4년(1078)에는 반승 36만 명에 이르렀다고 알려진다. 따라서 요대의 고승은 거의 이 왕조에 집중되고 있으며, 현존하는 요대의 저서 또한 거의 이 시대의 유산이다.

거란에서도 송대 촉판대장경의 영향으로 대장경의 조인이 기획되었다. 현존하지 않아 그 형식은 알 수 없으나 도종의 청녕(淸寧) 5년(1059)에 5,048권이 완성되었다고 한다. 이 대장경은 거란문화를 나타낸 것으로 송판, 고려판 등과는 달리 독자적 형식을 지닌 점은 요대 불교문화의 가치를 알리는 데 충분하다.

요대 치하의 대표적 고승을 들면 우선 연경(북경) 숭인사의 희린(希麟)이 있다.『속일체경음의(續一切經音義)』10권을 저술, 당나라 혜림의『일체경음의』의 속편으로 편찬했다. 다음으로『용감수감』의 저자인 행균이 있으며 흥종시대에는 거란인 승려 지지(志智)가 있다. 또 장경 편찬사업을 담당한 각원, 비탁, 법균이 있다. 각원(覺苑)은 도종의 명을 받들어 당나라 일행의 『대일경의석』을 주석하고 『연밀초』 10권과 『과문』 5권을 내어 요나라 밀교를 성하게 한 사람이다. 비탁(非濁)은 계율로 유명하나 정토교에도 관심을 가져 『수원왕생집(隨願往生集)』 20권을 저술하였다. 또한 『삼보감응요략록(三寶感應要略錄)』 3권의 저술이 있으며, 각원과 함께 요대 불교의 중심인물로 여겨진다. 도종(道宗)은 이미 불교학자로서 화엄과 밀교를 연구하여 이것을 신봉했으며, 『석마하연론』의 중요함을 발견하고 입장(入藏)시켰고, 나아가 당시 학자로서 이름을 떨친 지복(志福) 등에게 이 주소를 명했다. 이리하여 지복은 『석마하연론통현초』 4권을, 법오는 『찬현소』 5권을, 수진을 『통찬소』 3권을 저술했다.

요의 불교사상은 화엄이 그 중심으로, 도종 무렵이 되자 밀교가 행해졌고, 또 율이 깊은 관심을 받았다. 그러나 이들은 순수한 것이 아니고 모두 당말 이후 경향인 융합된 불교사상이었다.

이처럼 융성했던 불교가 일반사회에서는 어느 정도로 보급되었나 살펴보면 민간 승속의 불교 신앙단체로서 천인읍회(千人邑會)라는 것이 있었다. 이 모임은 멀리 남북조시대의 법사, 의읍 등의 계통에 속하는 것으로 당·송 시대에 널리 행하여졌던 결사와 동일한 하나의 신앙단체이며, 상호부조의 단체이기도 하였다. 또 미타신앙을 중심으로 한 미타읍희도 있었으며, 문수관음 등의 신앙, 혹은 사리신앙도 유행하고 도종 무렵부터 밀교가 성행하면서 불정존승다라니경당이 왕성하게 건립되었다.

또한 사원의 연중행사와 서민과의 관계도 밀접하였는데, 4월

8일의 강탄일에는 사원 경내는 발디딜 틈도 없이 인파로 붐볐고, 놀이공간 등도 개설되어 사원은 완전한 서민의 휴식장소였다. 이 점은 당송과 다르지 않았다.

이처럼 사원불각이 대단히 많이 건립되어 지방에까지 영향을 미쳤고, 이를 중심으로 하여 승니가 그 지방의 교화에 전력하였다. 현존하는 요대 사원으로서 성종시대의 독락사(하북성 소현), 봉국사(금주성), 홍종시대 대동의 하화엄사(하북성) 등이 있고, 각지에 이 시대의 백탑(白塔)이 현존하여 당시 불교융성의 흔적을 말해주고 있다.

요대 사원경제에 관해 간단히 살펴보면, 요대의 독자적인 것으로 생각되는 이세호(二稅戶)제도가 있다. 사원은 당·송 시대와 다름없이 왕공귀족으로부터 많은 장전의 보시에 따라 적극적인 사령점유로 많은 사원을 소유하고 있었다. 난릉군부인 숙씨는 중경 정안사에 토지 3천 경, 좁쌀 1만 석, 금전 2천 관, 인호(人戶) 50명, 소 50마리, 말 40마리를 보시했으며, 이 보시한 인호를 이세호라고 한다. 이 사원에 보시된 호(戶)는 양민으로서 종래 정부에 납세하던 것을 이분하여 하나는 관에 내고 하나는 사원에 내는 것이었다. 때문에 이세호라 불렀는데, 이 제도는 당대의 장호, 객호 등과 상통하는 점이 있다는 것 같다.

금(金)의 불교

금나라는 상경 회령부(하얼빈 동남아성현) 부근을 중심으로 하는 여진민족이 세운 국가이다. 처음에는 요에 속해 있었으나 이 부족에서 성장한 아쿠타(阿骨打)가 요나라 쇠운에 편승하여 독립해서 수도를 회령(길림성)에 정하고 국호를 금이라 하여 황제가 되었다(1115). 이가 곧 금나라 태조이다.

2대 태종은 송과 맹약에 응해 남진하여 요를 협격해 멸망시키고(1125), 그 판도를 영유해서 송과 국경을 접하게 되었다. 금은 송의 허약함을 엿보아 남하하여 송도변경(개봉)을 함락했다. 이렇게 해서 금은 남송과 국경을 인접했고, 요의 옛 땅과 회수 이북의 땅을 점유하여 연경(북경)에 황도해서 활발하게 중국문화의 수입을 꽤해 융성한 금대문화를 이루었다. 그러나 후에는 글[文]만을 숭상하는 추세가 되어 몽고에서 일어난 원나라에 의해 멸망하게 된다. 금나라 치세 기간은 대략 127년간이었다.

금나라는 회복을 점유하여 요의 옛 땅을 계승하고 있었으며, 금의 불교는 요의 불교를 그대로 전승하였다. 지배자는 달라도 백성들은 동일하였기 때문이다. 지배통치자인 금 황실은 불교를 더욱 보호하였으므로 금대에 있어서 불교의 세력은 요대에 뒤떨어지지 않았다.

태종은 불전을 짓고 스스로 귀의하여 매년 빠짐없이 법회를 열었고, 재승은 1만여 명이나 되었다. 또 전단서상(旃檀瑞像)을 연경에 맞아들여 수륙대회를 7일간에 걸쳐 개최하였고, 민충사에 봉안하고 공양했다고 한다. 천회(天會) 8년(1130)에 사도 승려에게 금령을 내린 것은 당시 이미 사도승의 횡행이 심하였던 것을 말해주고 있다.

다음의 희종은 불각대사 해혜(海慧)에 명해서 상경에 대저경사를 세우고 해혜, 청혜 두 선사를 살게 하였으며, 해혜의 입적 후에는 다섯 곳에 사리탑을 세웠다. 도승려 백만 인이라 말하여

지는 정도이니, 대체로 당시의 상황을 알 수 있겠다. 또 황제의 아들 제안(濟安)이 병이 나자 황후도 같이 절에 행차하여 분향 예배하고 울며 기도하면서 쾌차를 기원했다고 한다.

금의 전성시대를 펼친 세종은 불교에 대해서도 대대적으로 보호정책을 폈다. 대정(大定) 2년(1162) 연경에 대경수사를 세워 현명선사(玄冥禪師) 의공(顗公)을 주석케 하여 금전 2만 관, 옥전 20경을 내렸으며, 8년(1168)에는 동경에 청안사를 건립해서 승려 5백 명을 득도케 하였고, 24년(1184)에는 앙산에 서은사를 건립해 승려 1만 명을 득도케 하였다. 같은 연경에 호천사를 세우고 밭 백 경을 내려 매년 승려 10명을 출가시켰으며, 26년(1186)에는 대영아사에 밭 2천 무, 금전 2만 관을 하사했다. 또한 세종의 모친이 요양의 청안사에서 비구니가 되어 거주한 사실은 불교가 금나라 황실에 깊이 침투한 사실을 말해주고 있다.

다음의 장종도 불교에 깊이 귀의하여 금대 불교 제일의 고승인 만송행수(萬松行秀)를 초대하여 설법을 듣고 이에 감격했다고 한다. 모든 절에 믿음으로 불사를 행하고 매년 재를 개최하여 승려를 우대했다. 승안(承安) 4년(1199)에는 대명사를 세워 9층 부도를 만들고 도승 3만 명, 도첩을 보시한 것이 5만 명이라 했다. 도첩을 보시했다는 것은 송대에 성행하던 매첩과 같은 것으로 이로써 승려가 범람하게 되고 위람승이 증가하지 않을 수 없었다. 이미 명창(明昌) 원년(1190)에 사도승을 엄금하고 또 3년에 한번 시험을 치르게 했었다. 그러나 이러한 제한에도 불구하고 당·송 시대와 동일한 사태가 금나라 치하에서도 발생하였으며, 역시 수많은 위람승이 만연하지 않을 수 없었을 것이다.

이러한 불교계를 단속하는 승관에도 송대와 비슷한 제도가 갖추어졌는데, 수도에는 국사, 부(府)에는 승록이, 주군에는 도강(都綱)이 있었고, 현에는 유나가 있었다. 승려에 관한 의식과 위의 등도 송과 비슷했고 대사 대덕 등의 호도 있었다.

요대에 성행한 불교단체인 천인읍회, 그 밖의 결사는 금나라 치하의 사회에서도 다양하게 개최되었다. 예를 들면 홍중부 삼학사의 천인읍회는 삼학사 대중생활을 유지하기 위해 만들어진 것이며, 승속이 똑같이 회원은 매년 10월에 금전 2백, 쌀 1말을 납부하는 규정이 있었다. 이것은 사원경제 유지의 목적으로 만들어졌으며, 신앙적인 목적도 포함하고 있었다.

마지막으로 금나라 불교로서 특기하지 않으면 안 될 것은 대장경의 조인사업이다. 종래 금나라 대장경이 어떠한 것이었는가는 예상도 할 수 없었다. 그런데 민국(民國) 23년(1934) 산서성 조성현의 광승사에서 금각대장경이 발견됨으로써 금대불교에 일대 광명을 더하게 되었다. 이 사업이 언제 시작되었는가는 불분명하나 대체로 금의 희종 무렵 조인에 착수하여 다음 해릉왕을 거쳐 세종의 대정 말년경까지 약 30년에 걸쳐 완성되었다고 생각된다. 이것은 최법진(崔法珍) 비구니가 발원하여 산서성 남부의 서민에게 출자를 구하여 시작된 사판(私版)으로 송에서 출간된 북송판 대장경을 저본으로 해서 만든 것이다. 이 장경 중에는 종래 흩어져서 잘 볼 수 없었던 귀중한 불전이 존재해 있다. 이 대장경과 함께 연경 남방에 위치한 방산운 거사의 석경사업도 요에 연이어 계속되었다. 게다가 금대 불교의 대표자이며 근세불교에 있어서 제일류의 인물로 이순보(李純甫: 병산거사)가 있다. 그는

『명도집설(鳴道集說)』에서 송대의 주렴계, 정명도, 정이천, 주자를 포함, 그 밖의 배불론을 비판하고 철저하게 규탄해서 불교를 선양하고 삼교의 조화를 주장한 사람이다. 그는 장종 당시에 진사가 되어 한림원에 들어간 유학자로서 처음에는 불교도를 공격했으나 후에는 불교를 연구하고 깊이 귀의하여 마침내 삼교의 조화를 부르짖으며 유가의 배불론을 반박하였다.

제8장

원대의 불교 및 도교·불교의 다툼

원(元)대의 불교 및 도교·불교의 다툼

1. 원의 불교

요 및 금에 복속하고 있던 외몽고지방의 유목민족인 몽고족은 칭기즈칸[成吉思汗]이 출현, 여러 부족을 통일하여 내외몽고는 물론 사방을 병합하고 대한(大汗)의 지위에 오른다(1206). 즉 태조이다. 다음의 태종은 더욱 군사를 사방으로 이끌고 나아가 금나라의 쇠운에 편승하여 금을 멸하고(1234), 이어 세조 쿠빌라이[忽必烈]때에는 다시 남송까지도 병합하여 천하통일을 이루었다(1276). 이에 앞서 세조는 수도를 연경으로 정하고 지원(至元)으로 연호를 개칭하여 지원 8년(1271)에 국호를 원(元)으로 하니, 이로써 대국가를 건설했다.

원나라는 태조 칭기즈칸으로부터 세조에 이르는 동안 실로 일찍이 없었던 대판도를 영유했으며, 동으로는 고려에서 서로는 흑해까지, 북으로는 바이칼호에서 남으로는 베트남까지 작은 섬인 일본만을 남기고 거의 전 아시아를 수중에 넣었고, 유럽에까지 그 세력이 미치어 그 군대는 멀리 폴란드와 헝가리까지 진주하였고, 유럽 전체를 뒤흔들었다. 이렇게 하여 나라를 유지하기를 98년, 이후 한민족의 반란으로 망하고 명나라가 세워졌다.

이처럼 세계적인 대판도를 점유한 원의 종교정책은 당연히 모든 종교에 대해 자유로운 포교를 허락했다. 구래의 불교, 도교 외에 새로이 라마교가 유행하였고, 또한 야소교, 회교 등도 제각기 세력을 떨치고 있었다. 원대의 불교는 라마교가 무엇보다 융성하여 구래의 전등적(傳燈的) 불교는 차츰 생기를 잃었고 명승 지식의 출현이 드물었으며, 따라서 교학적으로도 아무런 주목할 내용이 없었다. 겨우 종래의 가람을 지켜갈 뿐으로 불교로서는 어김없이 쇠퇴의 길을 더듬고 있음에 지나지 않았다. 그와 달리 사원경제가 송대를 이어 더욱 발전한 것은 불교교단이 이미 하나의 사회적, 경제적인 집단으로 자리잡은 것이라 해도 과언이 아닐 것이다. 이 불교쇠퇴는 당송의 그것과 비교해서 한 말이며, 이 시대에 크게 활약한 불교가 있었던 일을 간과해서는 안 될 것이다. 특히 선종은 원나라 조정과 밀접한 관계를 가지고 외호를 입어 그 세력을 키워갔다.

원대는 일본의 겸창시대에 해당한다. 겸창신불교는 송·원의 불교를 계승한 것으로 특히 선종의 융성은 바로 입송승, 입원승, 나아가 중국승의 도래에 의한 것이며, 이 시대 승려의 왕래는 실로 빈번하였다.

원나라 불교는 라마교와 선종을 꼽을 수 있다. 임제선에 속하는 해운인간(海雲印簡, 1201~1257)은 원나라 초기에 크게 활약한 사람이며, 태종·정종·헌종·세조의 4대에 걸친 신하로서 중임되고 정치적 고문으로서 정치의 추요에 임하였으며, 천하 석교의 일을 관장하는 등 그의 업적은 실로 큰 것이었다.

유병충(劉秉忠, 1201~1256)은 세조 때 중용되어 야율(耶律) 초재(楚材)와 함께 황제를 곁에서 모셨으며, 온갖 일체의 정치에 참여하고 밀모에 가담하였다. 진언한 말이 실행되지 않은 것은 하나도 없다고까지 전해진다. 그는 해운의 손제자로서 그 추천에 의해 입제한 운중 남당사 자총(子聰)이다. 병충은 동학인 지온(至溫)을 황제에게 천거했다. 이 사람이 불국보온(佛國普溫)선사로서 황제에게 중용되어 정치에도 참여하였으며, 불교 흥륭에 진력하였다.

조동선에 속하는 만송행수(萬松行秀)는 금말원초에 걸쳐서 선풍을 크게 진작시켰다. 만송노인이라고도 불렸으며, 많은 제자를 두었다. 그의 명저『종용록(從容錄)』은 굉지선사 정각의 송고(頌古)를 평한 것으로 선종에 관해서는 불과극근(원오)의『벽암록』과 함께 2대 명저로 알려지고 있다.

그리고 이 밖에 선문에는 많은 사람이 있었는데, 염상은『불조역대통재(佛祖歷代通載)』(1341)를, 각안은『석씨계고략(釋氏稽古略)』(1354)을 찬술하여 불교사를 설명하였고, 덕휘는『백장청규』(1335)를 중수해 세상에 내놓았으며, 상매는『변위록(弁僞錄)』(1201)을 저술하여 도교에 대항하였다. 자성의『절의론(折疑論)』도 도교에 대항한 내용이다.

선문 이외에 천태종, 화엄종, 법상종에도 다소 볼 만한 것이 있다. 천태종의 옥강몽윤(玉崗蒙潤 1275~1324)은『사교의집주(四教儀集註)』를 저술하였고, 화엄에는 문재(文才, 1241~1302)와 그 제자 요성(了性, ?~1321)이 있다. 법상종, 자은종에는 영변(英弁, 1247~1314), 지덕(志德, 1245~1322) 등이 있다. 또 정토교는 민간신앙으로서 송대부터 일관되게 일반사회의 종교로서 신봉되었고, 염불결사도 갖추어졌다. 천태의 보도는『연종보감(蓮宗

寶鑑)』(1308)을, 선종의 중봉명본은 『회정토시(懷淨土詩)』를, 천여유칙은 『정토혹문(淨土或問)』을, 초석범기는 『서제정토시(西齊淨土詩)』를 지어 정토교에 관심을 두었다.

라마교의 전래

라마교는 그야말로 원대 불교에 있어서 하나의 이채로움을 띠고 있다. 원대 불교는 라마교 일색이라고 할 정도로 전성을 누렸던 것이다. 원래 라마교는 서장불교(西藏佛敎)였다. 서장에서는 7세기 중엽, 다시 말해 당 태종 무렵 송찬강보왕(松贊岡保王) 때에 불교가 전래되어 그의 열성적인 보호에 의해 크게 번창하게 되었다. 약 100년을 지나 북인도 유가파의 파드마삼바바(Padmasaṃbhava, 연화장)가 서장으로 와서(749), 서장 재래의 뵌(Bon)교와 융합해서 일종의 독특한 밀교적 불교를 주창했다. 라마는 '무상자(無上者)'라는 의미로 덕 높은 승려에 대한 존칭이다. 이것이 마침내 일반승려에게까지 사용되었던 것이며, 라마를 신봉하는 불교를 라마교라 부르게 되었다. 이렇게 하여 서장의 라마교는 대단히 세력으로 발전하였고, 그 수장은 정권에도 참여했다. 정교의 두 방면에 걸쳐 실권을 잡게 되었던 것이다.

원대에 라마교를 수입한 것은 세조 때이며, 당시 서장 라마교의 수장인 팍파(Phags-pa, 八思巴)가 전파하였다. 세조가 즉위한 중통(中統) 원년(1206)에 팍파를 몽고 왕실에 불러 황제의 스승으로 삼고 왕인(王印)을 주어서 불교를 통할했다.

왕사가 몽고 황실로부터 받은 대우는 왕공귀족을 훨씬 능가하였으니, 왕사의 행렬에는 황제 및 후비공주 등 모두가 문 밖에서 영접할 정도였다. 팍파는 지원(至元) 6년(1269)에 칙명에 의해 몽고문자를 제정해 이것을 사용하게 했다. 황제의 신임은 더욱 깊어져 대보법왕을 맡을 정도였다. 지원 11년(1274) 서장으로 돌아가 동 17년(1280) 42세로 입적하였다. 황제는 이를 애도해서 '황천지하, 일인지상, 선문보치, 대성지덕, 보각진지, 우국여의, 대보법왕, 서천불자, 대원제사(皇天之下, 一人之上, 宣文輔治, 大聖至德, 普覺眞智, 佑國如意, 大寶法王, 西天佛子, 大元帝師)'라는 존호를 내렸다.

세조가 전술한 것처럼 선가의 고승이 좌우에 있음에도 불구하고 이처럼 라마교를 추앙한 것은 서장통치의 정략적인 이유도 있었다. 거기에다 몽고민족 고래의 종교와 라마교는 상통하는 점이 있었고, 몽고민족에게 있어서 마음으로부터 우러나와 신앙할 수 있었기 때문일 것이다. 바로 그런 이유로 인해 라마교는 후에 서장에서 몽고나 동북지방(만주)에 걸친 넓은 지역으로 유포되어 견고한 신앙을 심게 되었던 것이다.

이처럼 세조는 라마교에 대해 비상한 우대를 표하고 이를 신앙했다. 지원 7년(1270)에는 호국 인왕사를, 지원 9년(1272)에는 대성수 만안사를 비롯해 상도에 용흥 화엄사와 건원사를 짓고, 지원 25년(1288)에는 만안사에 금불상과 창벽 등을 만들어 장식했다. 그 비용은 금 540냥, 수은 240근에 달하였다고 한다. 불사 법회도 끊임없이 행하였는데 다른 시대에는 그 예가 적었다. 지원 22년(1285)에는 각지의 승려 4만 명을 서경 보은사에 모아 자계회(資戒會)를 거행하기를 7일, 또는 왕사에게 명하여 만안, 홍교, 경수 등의 절에 불사를 하도록 한 것이 19회, 24년(1287)에는 서장승에게 명하여 대전, 침전, 만수산, 오대산 등의 절에 약 33회의 불사를 하고, 26년(1289)에는 만안사에 원력을 기원하여 전단불상을 안치하고 제사(帝師)에 명하여 불사를 행하기를 20회, 또 27년(1290)에는 서장승에게 명해 불사하기를 72회, 28년에는 성수만안, 탁주 등의 사찰에 불사를 이루기를 50회나 했다 한다. 그 불사의식의 장엄 화려함은 말로 다하기가 어렵고, 불사는 원 왕조 일대를 통틀어 행하여졌다.

다음의 성종 원정(元貞) 원년(1295)에는 국기일에 대성수 만안사에 반승 7만 명, 말기 문종 때에는 매년 여러 절에서 불사를 216회나 개최하였고, 궁중 내에서의 불사 비용은 면(麵) 439,500, 기름 79,000, 우유[酥] 21,870, 밀(蜜) 27,300이라고 하는 기록을 보면 원 왕조가 어느 정도로 불교, 특히 라마교에 열광했던가를 알 수 있을 것이다.

라마교의 수입에 이어 원대 불교의 또 하나의 특색은 서장대장경의 전래이다. 경전 대다수는 한역경전에서 역출되었으나 사라파(沙羅巴)역의 『불설괴상금강다라니경』 외에 몇 부가 현 대장경에 수록되어 있다. 또 세조는 전술한 것처럼 지원 6년(1269) 대보령사에서, 지원 14년(1277) 홍법사에서 똑같이 송판에 이어 대장경 수천 권을 조인함과 동시에 이 대장경 36장을 인쇄하여 각국에 분포했다고 한다. 또 경전 가운데 서장경전과 한역경전을 비교 연구하여 완성한 목록이, 즉 성종 대덕(大德) 10년(1306)의 경길상(慶吉祥) 등이 저술한 『지원법보감동총록(至元法寶勘同總錄)』 10권이다.

곽파에 의해 새로이 몽고문학이 제정되어 경전의 몽고역이 기획되었다. 소위 곽파 문자가 후에 무종 무렵 증보 정정하여 재정비되어 대덕 승려 29명에 의해 서장대장경의 몽고판이 완성되었던 것이다.

도교의 발전

원대의 도교는 송대 발달의 뒤를 이어 더욱 성하였다. 송대에 편찬된 도장(道藏)은 또 한번 추가 증보되었다. 송덕방(宋德方)은 제자 진지안(秦志安) 등과 함께 불교의 대장경 조인에 자극을 받아 도장의 개판을 꾀하여 7년이나 걸린 끝에 완성하였다. 이렇게 해서 도교는 기초를 견고히 했으나 이 시대의 도교는 전진교(全眞敎)의 전성기였다. 송대의 왕중양, 마단양을 거쳐 왕중양의 제자 구처기, 즉 장춘진인(長春眞人)은 그 제자 송덕방과 함께 원대 도교의 중심인물이라 불린다.

구처기(邱處機, 1148~1227)는 왕중양의 제자며 5대 교주이다. 전진교가 교단적인 발전을 이룩한 것은 실로 그의 힘이다. 제자 송덕방(1183~1247)은 교계의 발전에 대단히 열의를 쏟고 앞서 서술했듯이 도장을 개판해서 이것을 보급했다. 또 태원서산의 호천관을 재흥했고 용산에 도교 유일의 석굴을 개착했다. 이 석굴의 도상(道像)은 현존하고 있어 당시의 도교를 상기해 볼 수 있다. 이처럼 그의 노력은 널리 강북 땅에 도교를 성하게 했다.

원대에는 이 전진교 이외에 정일교, 진대도교, 태일교 등의 유파가 생겼다. 정일교(正一敎)는 후한 장릉의 계통을 이은 36대 장종연이 천사(天師)가 되어 강서의 용호산에서 강남의 도교를 이끌고 교화를 베풀고 있었다. 즉 이 교는 신(新)도교인 전진교에 대립하는 것으로 고래의 전통 도교를 전적으로 고수하고 있었다. 진대도교(眞大道敎)는 금나라 초기 유덕인에 의해 창립된 것으로 그 계행은 뼈를 깎는 정도의 금욕을 궁극으로 하는 것이었다. 세조 때 제6대 덕복은 은인(銀印)을 받아 교를 더욱 크게 키웠다. 태일교(太一敎)는 금나라의 소포진(蕭抱珍)이 열어 원 세조 시대에는 대도와 상경에 태일관을 세워 그 가르침을 보급하고 있었다.

이러한 원나라 도교의 융성은 당연히 불교와의 다툼으로 나타나게 되었다. 원나라의 헌종 원년(1251) 해운(海運) 인간(印簡)은 천하의 불교를 장악하였고, 구기처의 제자 이지상은 천하의 도교를 장악해서 서로 세력을 다투고 있었다. 곧이어 파스파가 와서 우대를 받자 도교도는 불쾌히 여겨 결국 헌종 5년(1255)에 구기처, 이지상 등이 음모해 서경의 천성 부자 묘를 파헤쳐 문성관을 만들고 절을 도관으로 고쳐 점유했는데, 그 수가 482개소에 달했다. 또한 불상을 파괴하고 사전(寺田)을 약탈하는 등 횡포가 극심하였다. 한편 왕부의 『노자화호경』과 노자 81화도(化圖)를 찍어서 홍포했다. 이에 조동선의 숭산, 소림사의 복유 등은 황제에게 간하여 도교의 허망함을 말하고 이지상과 대론하여 그를 굴복시켰다. 이에 따라 도사 가운데 승려가 된 자 17명, 『노자화호경』이하 45부의 도교경전은 소각되고 37개소의 도관은 사찰로 환원되었다. 후에 도교측에서는 불교에 항의하여 다음해 재차 논쟁을 벌였다. 그 다음해 헌종 7년(1257)에는 제3회 불·도 논쟁이 황제 앞에서 벌어졌다. 이것 또한 이지상, 복유 등을 주로 하는 도사·승려의 대결이었으나 역시 도교가 패해 도사는 승려가 되었다.

그리고 도장 중에 위경이라 여겨지는 것은 소각되고, 절 237개소를 탈환하였다.

이 양자의 다툼은 그 후에도 끊임없이 계속되었다. 세조 지원 17년(1280)에는 장춘궁의 도사 등이 승록의 광연을 죽이려고 했으나 도리어 그들이 유죄로 처해진 사건이 일어났다. 지원 18년(1281)에는 세조가 관인, 여러 승려 및 정일교, 전진교, 대도교의 교주, 도사 등에 명하여 장춘궁에서 도교경전의 진위를 논하게 되었다. 그 결과『노자 도덕경』만이 노자의 저술이며, 그 외는 장릉, 구겸지, 오균, 두광정, 왕흠약 등의 위조라 하여 결국 이들 일체의 경전, 판본, 화도는 소각되었고, 이것을 은닉하는 자는 처벌을 받았다. 또다시 도사는 승려가 되었고, 또는 아내를 얻어 민간인으로 변신하였다. 이렇게 해서 도사 중 승려된 자가 700~800명, 환원된 절이 30개소에 달했다고 한다. 지원 28년(1291)에 운봉선사 상매는 칙명에 의해『변위록(弁僞錄)』5권을 저술하여 도교의 허망함을 변술했다.

이처럼 원초에 도·불의 다툼은 대단히 격렬하였으며, 도교파훼에 의한 도교의 타격은 막대한 것이었다. 그러나 세조 이후에는 여러 황제의 도·불 이교에 대한 보호정책과 도교의 자중에 힘입어 큰 분쟁은 없었고 상술한 것처럼 도교는 융성하고 발전해 갔다.

2. 원대의 불교교단과 사회

원대의 불교는 교학적인 측면에서는 차츰 쇠퇴했다 하여도 그 교단의 사회적 · 경제적 방면에서는 송대에 이어서 한층 발전 팽창하였다. 사원 승려의 수는 세조 지원(至元) 28년(1291) 선정원의 등록에 사원 42,318구, 승니 213,148명으로 기록되고 있다. 사원 수가 4만이라 하면 그 어느 시대에도 뒤떨어지지 않고 승니의 수도 이에 준하고 있다. 물론 앞 시대와 마찬가지로 이 밖에 사도 승이 많이 존재한 것은 도첩매매가 행하여진 결과이며, 부역을 면하려는 위람승까지 가세하였기 때문이라고 확인되어 원나라 중기에 승려가 백만 명이라고까지 이야기되는 것은 과장이 아닐 것이다.

사원의 제도는 이미 송대에서 교 · 율 · 선의 세 종류로 분류하였고, 나아가 이것은 시방찰(十方刹), 즉 주지의 선거제도를 따르는 사원과 법계상속의 사유화된 갑을원(甲乙院)과는 구별되어 있었다.

원대에 이르러 덕휘가 『백장청규』(1265)를 중편했고, 성오 등은 『율원사규(律苑事規)』(1235)를 편집하고, 자경은 『중수교원청규』(1347)를 저술하여 사원 내에서의 모든 규약을 제정했다. 이것은 교단의 정비이며, 사원의 발전을 의미하기도 하지만 또 하나의 형식화되어가는 사실을 의미하는 것이다.

교단 일반의 통제는 선정원(宣政院)에 의해 이루어지는데, 그 밑에 총통, 승록, 정부도강과 그 외의 승관이 갖추어지고, 각 노 · 부 · 주 · 현에도 각각 승관이 설치되어 그 지방의 불교일반을 단속했다. 후에 총통소는 총관부가 되었다. 문종의 지순(至順) 2 년(1331)에는 16곳의 광교총독부를 세워서 전국을 16개소로 나누어 통괄했다. 모두 선정원에 소속하는 것으로 그 승관에는 많은 승려가 임명되었다.

또 별도로 전국 사원의 재산을 관리하는 기관이 설치되었다. 즉 대희종인원(大禧宗禋院)으로 선정원과 병립하였다. 그러나 각 사원에는 모두 그 절의 재산을 관리하는 담당자가 있어 그들이 재산을 관장하였다.

큰 관사(官寺)로 알려진 곳에는 각각 관립의 관리기관이 설치되었는데, 대호국 인왕사의 회복총관부, 대승천 호성사의 융상총관부, 대성수 만안사의 수복총관부가 그 예이다. 이 조직들은 방대한 사장을 관리하였고, 사전이 각지에 산재할 경우에는 그 땅에 따로 이를 관리할 기관을 설치했다. 예를 들면 대호국 인왕사의 회복총관부 밑에는 양양의 영전제거사, 강회 등의 영전제거사가 그것이다. 이를 보면 원대 사원의 장전이 대단히 큰 규모였다는 사실을 알 수 있다.

원대의 사령장전(寺領莊田)은 일찍이 그 예를 찾아볼 수 없을 정도로 방대하였다. 이것은 라마교에 대한 원대 황실의 광신적인 우대에 의한 것이라고 밖에는 볼 수 없는 것이다. 역대 황제가 각 사원에 내린 장전은 실로 막대한 수이다. 예를 들면 세조의 중통 2년(1261)에는 경수사와 해운사에 육지 500경을, 성종 대덕 5년 (1301)에는 홍교사에 500경을, 상도 건원사에는 90경을, 만안사에는 600경을, 남사에는 120경을 내리고, 또 문종 지순 원년 (1330)에는 익도(산동성 익도), 반양(산동성 치천), 영해(산동성

284

모평)의 밭 16만 2,090경을 대승천 호성사에 주어 영업전으로 하사했다. 동년 임강, 길안 양로의 밭 천 경을 천원 연성사에 하사했다. 이와 같은 기록을 볼 때 결코 이들 일부 사원만이 전답을 하사받은 것이 아니라 원대 전 사원에 동일한 전답의 하사가 실재했음을 알 수 있다.

사령은 이와 같이 조정에서 보시한 것과 함께 이를 본받은 왕공백관이 시입(施入)한 것 또한 그 양이 많았다. 사원이 적극적으로 민전을 매입하거나 또 저당 등으로 병합해서 사전을 불려나가는 내용도 남북조 이래 사령 성립의 과정과 동일하다.

이 민전병수는 정당한 방법에 의하지만은 않았으니, 사기, 강박, 뇌물 등의 부정이 종종 행하여졌다. 따라서 일반서민에 미치는 폐해 또한 큰 것이었다. 성종 재위시에 상주의 승록이 관전 280경을 자기 소유로 하고, 인종 때에 백운종총섭의 심명인이 민전 2만 경을 강탈했다고 하는 것은, 그 정도가 심한 일례이다. 조정에서도 때때로 민전겸병을 금지했으나 철저하게 막지 못하였고, 사령은 드디어 방대해져서 양민은 더욱더 도탄 속에 빠지게 되었다. 이것은 사원의 권력이 조정의 두터운 보호막 속에 확대되고 관리의 제압으로 막을 수 없는 상태였기 때문이다.

이와 같은 많은 사령을 경작하기 위해서는 많은 노비와 소작인이 필요했다. 소작인은 당나라 이후 객호, 전호 등으로 불리나 사령의 전호는 일반서민과 구별되어 국가에 대한 부역은 자동적으로 면제되었다. 이 제도는 당연히 국가재정상 큰 문제가 되었다.

사원이 많은 전호를 소유한 것은 성종 대덕 3년(1299)경 강남 여러 사찰의 전호는 50만여 명이나 되었고, 영종의 지치 원년

(1321)에는 승휘사를 설립해서 상주(강소성 무진), 의흥(강소성)
의 민간인 4만 호를 여기에 예속했다고 하는 사실로도 알 수가
있다.

원대에 있어서 사령의 조세도 조정의 두터운 보호 아래 거의
면세되고 있었던 것으로 보인다. 하지만 송대처럼 승니 개인에까
지 면정전을 부과하는 일은 없었다. 단순히 사령의 면세뿐만 아
니라 많은 전호의 면세는 자연스레 전호를 증가시켰으며, 어느
시대에도 같은 문제이지만 왕공백관과 사원의 결탁에 의한 탈세
와 면징역의 사도승은 국고 피폐의 원인이 된 것이었다. 이 때문
에 인종은 연우(延祐) 5년(1318)에 칙령으로 송대 이래 소유의 전
지 및 조정으로부터 받은 사전 이외의 사령에 대해 모든 민전과
같이 과세하게 되었다. 그러나 이것도 어느 정도까지 철저하게
시행했는지 의문이다.

다음의 영종 자치(自治) 2년(1321)에는 강절의 승사원에서 송
대부터의 사령과 세조의 사전(賜田) 이외의 사령은 모두 과세해
야 한다는 칙령을 내리고 있으며, 다음의 진종 태정(泰定) 2년
(1325)에도 강남의 백성은 가난하고 승려는 부유하므로 사령은
송대의 구령과 역조의 사전 이외는 과세해야 할 것이라고 칙령이
내려져 있다. 이것을 보아도 앞서의 칙령이 철저하게 시행되지
못했음을 알 수 있다.

원대의 사산으로서는 이 사령뿐 아니고 전대부터 이어온 많은
재원시설을 갖추고 있었다. 사원이 적극적으로 영리사업에 종사
한 일은 원대에도 변함이 없었고, 고리대금적인 금융사업은 장생
고, 또는 해전고 등으로 불렸고, 이와 같은 사원의 영업이 얼마나

의연하고 성대하게 이루어졌고, 또 그 이익이 얼마나 막대했는가는 세조를 비롯해 역대의 황제가 사원 승니에 대해 상세(商稅)를 과세하고 있었던 사실로서도 상상할 수 있을 것이다. 그러나 은닉하거나 탈세하는 세금이 엄청났으므로 종종 칙령으로 이와 같은 일이 없도록 명하고 있다.

또한 승려가 여러 사업에 관여해서 농업, 상업 외에 공업계에도 진출하여 그 이익을 취하고 있었다. 인종 연우 3년(1316) 칙령으로 오대산 영로사에 철광관리소를 설치한 것은 영로사가 제철 사업에 종사했음을 의미하며, 문종의 지순 원년(1330)에 울주 광령현(감숙성)의 은광을 대승천 호성사에 귀속한 것도 모두 사원이 공업계에서 활동한 기록이라 할 수 있다. 이와 같은 사원의 사업은 그 목적이 어디에 있었든지 후세의 상업계와 공업계에 남긴 공적은 대단히 컸다.

라마교의 폐해

다음으로 불교, 특히 라마교 사원 승니의 횡포와 사회에 미친 폐해를 고찰해 보기로 한다.

원조의 라마교에 대한 우대는 말로 다하기 어렵다. 상술한 사원의 상황은 거의 라마교에 관계된 것이며, 원조 멸망은 라마교 광신이 그 최대 원인이다. 무종 지대(至大) 2년(1309) "무릇 백성으로 서승(西僧)을 구타하는 자는 그 손을 자르고 이를 욕하는 자는 그 혀를 절단한다"는 왕명이 내릴 정도로 라마승에 대한 광신은 지나쳤다.

이와 같은 궁정의 보호는 면징역(免徭役)과 상응하여 점점 승니가 증가하는 결과를 낳았다. 따라서 위람승도 많이 나왔고, 조정의 보호를 등에 업고 이들이 저지른 전횡은 극에 달하여 양민의 전토를 빼앗고 부녀자를 겁탈하는 횡포도 자행하였다.

새조 지원 29년(1292), 강남 석교총통이 된 가목(嘉木) 양륵지(揚勒智)는 전대 송조의 천자와 황족, 귀족들의 분묘를 파헤치고 사람을 죽이고 미녀를 탐하였으며, 그 약탈한 재물은 모두 금 1,700냥, 은 6,800냥, 옥대 9, 옥기 대소 121, 잡보구 152, 대주 50냥, 철 11만 6,200정, 밭 23,000무라 하고, 또한 은밀히 인민을 감싸 공부를 부담치 않은 자가 2만 3,000호에 달하였다고 한다. 그러나 이 부정한 일에는 아무런 벌도 내리지 않았던 것 같으며, 한편으로는 그들 라마승과 왕공백관과의 결탁도 엿볼 수 있다.

또 불교의 구제사업으로서 부처님의 자비라는 미명하에 성행한 면수(免囚) 보호는 실은 사사로운 개인의 이익을 바라는 뇌물에 의한 죄수의 사면운동이었고, 이것은 사회에 크게 해를 끼쳤다.

이렇듯 그들의 횡포는 날로 격렬해지고 서민의 피해는 심대하였으나 또한 이것을 다스릴 방법도 없었다.

라마승의 생활은 완전히 정상궤도를 벗어났으며 많은 승려는 처자를 거느리고 세속의 생활을 탐닉했다. 승려의 이 같은 대처 문제는 당시 열띤 쟁점이 되었고, 처자를 지닌 백련교승들의 반승반속의 단체생활에 자극된 자가 많았다. 당시의 교단은 실로 문란함이 극에 달하였다. 지원 7년(1270)에 세조는 칙령으로 승도 중에서 집을 가졌거나 계율을 지키지 않는 자를 환속시켰다. 동 30년(1293)에 명을 내려 승관총통 이하의 처자있는 자를 파면시키고 있으며, 이하 역대의 황제도 이따금 이 같은 소를 내렸다.

한편 지원 13년(1276)에 서경의 승도 가운데 처자가 있는 자에게는 서민과 동일하게 납세케 하고, 또 19년(1282)에는 하서의 승도 중에 처자 있는 자를 서민과 같이 부역시켰다. 이 사실은 승려의 대처를 인정한 것이며, 납세를 조건으로 해서 대처를 공식 허가한 것이라고 할 수 있다. 또한 일반 승려의 대처를 증가시켰고, 승려계의 타락을 재촉한 것은 부정할 수 없다. 이리하여 라마교는 차츰 사회에서 배척당하였고, 덩달아 원조까지 부정하고 배격하는 원인이 되어갔다.

그 밖에 원대 불교의 폐해로서는 이미 설명한 백련교, 백운종 등의 폭동이 있다. 원 말에 난성(하북성)의 한산동이 백련회를 결성해 미륵불의 하생이 가까워졌다는 설로 하남 강유의 서민을 미혹시켜 미륵비와 백련교비를 병합한 종교적 반란을 일으켰다.

그러나 이와 같은 반란에는 원조 압박하에 신음하는 한민족의 반항이 있었고, 횡포가 끝없는 라마교에 대한 한인의 적대감이 내포되었다는 점을 잊어서는 안 된다.

원조의 멸망은 이처럼 한민족의 반항에 의한 것이며, 라마교는 그 멸망의 큰 원인이 되었다. 원 말의 문종 무렵 천하의 기근을 이루 형언할 수 없었다. 기민이 118,090호, 650만 명이나 생긴 그 해조차도 호화로운 대승천 호성사를 건립하여 국고를 기울게 했다. 또한 기민이 676,000호나 생겼으면서도 사원에는 400경을 하사하는 것이 조정의 작태였다. 순제 때에는 기민 57만이라고 하나 역시 불사에 들인 비용은 대충 해도 13,500여 정이 사용되었다 한다. 원조의 멸망은 어김없는 촌각을 다투는 문제였다.

이와 같이 원대의 불교는 황제의 열광적인 라마교 신앙 때문에 성행했고, 또한 그 라마교 때문에 부패 타락하게 되었다. 원대 라마교는 대체로 궁정불교이며, 귀족불교라고 해도 좋을 것이다. 일반 한민족은 재래의 불교, 특히 염불 신앙이 대부분이었으며, 한편 몽고민족들도 여전히 지난날의 토속교를 신봉한 것으로 보이는데 몽고민족이 라마교를 신앙하는 것은 후세의 명대(明代)가 들어선 후부터이다.

제9장

명·청 시대의 불교 및 유교·도교와의 교섭

명(明) · 청(淸) 시대의 불교 및 유교 · 도교와의 교섭

1. 명의 불교

원대에 있어 라마교의 횡포는 국가재정을 피폐케 하였으며, 권신의 전횡은 기강을 어지럽혔다. 게다가 천재와 기근이 발생하여 사회를 불안의 바닥으로 떨어뜨렸다. 원조의 한인 압박에 고통받아 온 한민족은 드디어 폭도가 되어 각지에서 반란을 일으켰다. 그 중 가장 큰 사건은 백련교비였으며, 미륵교비인 한산동과 그 아들 한림아의 난이었다. 한림아는 호주(안휘성)에 모여 국호를 송이라 했다. 같은 호주에서 군사를 이끌던 곽자흥 밑에는 주원장이 있었다. 이가 명 태조이다. 그는 곽자흥의 일개 병졸에 지나지 않았으나 후에 각지에서 군립한 군웅을 타파하여 금릉(남경)에 도읍하여 국호를 명(明)이라 하고 황제가 되어 홍무(洪武)로 개원했다(1368). 태조는 또다시 북방의 대도(북경)에 집결한 원을 멀리 몽고 땅으로 내쫓고, 또 사천, 운남의 땅도 합병하여 천하를 통일하게 된다.

3대 성조조에 연경을 북경이라 개명하여 이곳을 제도(帝都)로 하고 금릉을 남경이라 이름하여 그 기초를 공고히 했다. 이후 명은 세습하기를 20주(主), 영명왕 때 마침내 동북지방(만주)에서

292

일어난 청조(淸朝)에 패할 때까지 294년간 지속되었다. 일본은 남북조 무로마찌[室町] 시대에서 에도[江戸] 시대에 해당하는데, 중국과의 교섭도 성행하여 선승의 왕래가 빈번했다. 일본의 황벽종은 중국승 은원이 와서 개종한 것이다.

원대에 라마교의 폐해를 체험하였기 때문에 명대 300년간에 있어서는 불교단속을 엄격히 하였다. 라마교는 원의 멸망과 함께 그 세력이 쇠퇴했으나 도리어 북방 몽고민족 내에 세력을 부식하여 강고한 기초를 다졌다.

한편 중국 본토에서는 라마교의 횡포에 억눌린 종전의 불교가 재차 부흥하게 된다. 원래 태조는 호주 황각사의 승려였던 관계도 있어 불교보호에 전력했다. 이에 따라 역대의 황제도 불교보호에 전력했기 때문에 명대의 불교는 크게 융성하게 된다.

교단의 통제기간이 완비되고 교학은 명 말기에 운서주굉(雲棲?宏), 감산덕청(憨山德淸), 우익지욱(藕益智旭)과 같은 위대한 인재가 나와 제종 통일사상 드물게 보는 위관을 드러내었다.

명대의 불교는 교학적으로는 당송 이후의 사상을 계승하고 제종융합의 경향을 분명히 했으며, 나아가서는 독특한 통합불교가 된다. 따라서 수 · 당 시대처럼 여러 종파가 논쟁을 통한 발흥의 기운은 없었고, 또한 순수한 한 종의 교의도 찾아볼 수가 없다. 이것은 쇠퇴를 의미하기도 하지만 당시의 일반사상계는 융합통일사상 바람을 일으켰기 때문에 불교도 당연히 이 풍조에 동화한 것이었다. 당시의 대다수 지식계급은 불교에 관심을 가지고 이를 연구하고 신앙했다. 또 불교가 쉽게 민중에게 이해되어 도리어 특색있는 참다운 중국불교가 형성되었다고 할 수 있겠다. 달리

이를 교단의 방면에서 논하면 역대 황제의 단속과 보호에 의해 크게 정비, 완성되었으나 이것은 단순히 교단의 고정화를 가져왔으며, 열렬한 신앙없이 오직 사원을 지키고 이에 기생하여 생활해가는 승속의 집단으로 전락했다고 해도 무방할 것이다.

명대 불교의 대표적인 사람을 조건하면 대부분 선종 계통의 사람이다. 송 이후의 불교는 선종 특히 임제선 계통의 사람들이 차지하고 있었으며, 명 초기에는 초석범기(楚石梵崎, 1296~1370)와 도연(道衍)이 있다.

초석은 원 말기부터 명 초기에 걸쳐 제일가는 선의 대가였다. 도연은 태종의 군사(軍師)로서 직접 진영(陣營)에 참가하여 정치를 돕고 승록사 좌선세로 임명되어 태자의 소사가 되었으며, 드디어 속성 요(姚)에 광효(廣孝)라는 호를 받을 정도로 황제의 신임이 깊었던 사람이다. 세인은 그를 요소사(姚少師)라 불렀다. 그도 세속생활을 영위하였으나 아내는 얻지 않은 채 사원에 거주했다. 그가 저술한『도여록』은 송유(宋儒) 등의 불교 공격의 그릇됨을 설한 것이며,『정토간요록』,『제상선인영』은 정토교에 대한 그의 사상을 피력한 것이다.

그러나 명대의 불교학자로서 가장 중요한 사람들은 모두 명 말기에 배출되었다. 즉 운서주굉, 자백진가, 감산덕청, 우익지욱의 네 사람은 모두 다 같은 시대에 출현해서 서로 교류하면서 명대 불교의 선양에 주력하였다. 이들은 명말의 사대가(四大家)로 불릴뿐만 아니라 원 · 명 불교의 가장 대표적인 인물들이었다.

운서주굉(雲棲袾宏, 1535~1615)은 인화(절강성) 사람으로 연지대사라고 했다. 화엄의 대가인 변융 및 선의 거장 소감에게 가르침을 받았으나 후에 여러 곳을 두루 순력하고 항주(절강성) 운서의 계곡으로 들어갔다. 그곳에서 그는 운서사를 재흥하고 촌민을 위해 교화를 베풀었다. 그 명성이 사방에 전해지자 가르침을 받고자 하는 자들이 구름같이 모여들었다. 그 중에 광인(廣印, 1566~1636), 원현(元賢, 1578~1657) 등이 가장 돋보였고, 승속의 문도가 1,000여 명이나 되었다.

저서도 양이 방대하며, 『계소발은』, 『아미타경소초』, 『선관책진』, 『치문승행록』, 『자지록』, 『왕생집』, 『수륙의궤』, 『방생의』, 『죽창수필』 등은 그 주된 것이다. 이 저서로도 알 수 있듯이 제종을 융합 통일한 불교를 성립하려고 한 점에 그의 사상적 특색이 있으며, 이런 점에서 명대 불교사상의 대표자이기도 하다. 특히 그는 계율의 부흥에 노력하고 이 계율을 기초하여 선과 염불을 융합했다.

그의 사상에 대해 특기해야 할 것은 공과격(功過格)사상을 받아들여 고취한 점이다. 공과격이란 인간행위를 선악 2문으로 분류해 그 행위에 선악의 공과로 점수를 나타내어 하루하루 행위의 향상을 꾀하려고 한 도덕적인 사상이다. 이것은 중국에서는 일찍부터 행해졌는데, 특히 북송 무렵부터 성행하였으며, 「태미선군공덕격(太微仙君功德格)」, 「운곡선사공덕격(雲谷禪師功德格)」, 원료범의 『음즐록(陰隲錄)』 등이 있다. 주굉의 전기 『자지록(自知錄)』은 이 내용들에 영향받은 것이며, 원료범의 『음즐록』과 함께 당시 사회에 널리 보급된 것이었다. 이것은 유교사상인 동시에 도교의 사상이기도 하며, 나아가서는 불교의 삼세인과, 선악응보의 사상과 상응하는 것으로 이에 그의 삼교조화사상이 엿보이며, 당시 일반사상계의 풍조까지도 알 수가 있다.

이와 같은 그의 특색있는 불교통일사상은 명대 불교의 특질이기도 한다. 그런데 이와 같은 조화사상의 범주 안에 있어도 천주교에 대해서만은 배격의 태도를 취했다.

천주교는 원 말기부터 구아(歐亞)의 항로가 열려 유럽인의 동양진출이 빈번해지는 가운데 예수교 선교사 마테오릿치(Matteo Ricci, 利瑪竇)는 중국에 와서 명신종의 우대를 받으며 북경에 교회당을 건립하였다(1601). 후에 선교사가 잇달아 건너와서 활발하게 예수교의 포교에 종사하여 서서히 그 신자도 늘려가고 있었다. 여기서 운서는 마테오릿치와 서로 논쟁했다. 마테오릿치의 천주사상이 천박한 사교인 것을 지적하고, 그의 불교 공격에 대해서는 하나도 남김없이 반론을 제기하고 있다. 실로 그는 열렬한 호법가였다.

자백진가(紫柏眞可, 1543~1604)의 호는 달관이다. 유년에 출가하여 연경 대천불사의 변융에게 사사하여 화엄을 배웠다. 주굉과 동사(同師)였다. 그의 저서는 『반야심경요론』, 『자백노인집』 등이 있다. 그도 제종조화사상에 근간하나 그의 공적은 각지에 있는 사탑의 부흥과, 감산 등과 함께 만력(万歷) 연간에 대장경을 조인한 일이다. 이 대장경이 바로 가흥장(嘉興藏)이라고 알려진 것이다.

감산덕청(憨山德淸, 1546~1623)도 변융, 소암, 윤곡 그 밖의 여러 스승에게서 가르침을 받아 선풍을 진작함과 동시에 여산에 암자를 지어 염불에 전념했다. 저서는 『관능가기』, 『법화경통의』, 『원각경직해』, 『기신론직해』 그 외 다수가 있다. 그의 중심 사상은 선과 화엄의 융합이며, 이에 의해 제종의 조화를 도모하려고 하였다. 또한 『중용직해』, 『노자해』, 『장자내편주』 등을 저술하였다. 이것은 모두 불교사상의 입장에서 유교, 도교의 전적을 해석한 것으로 그의 삼교조화사상을 잘 나타내고 있다.

이처럼 운서, 자백, 감산 세 사람은 모두 동년배이며 약간의 시차는 있으나 모두가 변용 문하였다. 따라서 세 사람은 자연스레 교유 협력해서 불교부흥에 전력했던 것이다.

우익지욱(藕益智旭, 1599~1655)은 이들 세 사람보다 약 50년 후 운서 등의 뒤를 이어 명나라 말기 불교를 진흥한 사람으로 운서와 함께 명대 불교의 이대명성(二大明星)이라 칭하여진다. 소주 오현에서 출생하여 처음에는 유학에 뜻을 두고 연구했으나 운서의 『죽창수필』 및 『자지록』을 읽고 불교에 입문, 천태학을 연구했다. 그런 까닭에 천태종 계통에 속하고, 송나라 사명(四明) 지례(智禮)의 학설을 전수하여 이것을 크게 부흥시켜 『교관강요』, 『대승지관석요』, 『법화회의』 등을 저술하였다.

그러나 그는 결코 천태종이라는 한 종파에 만족하지 않고 불교제종의 통일 융합을 자임한 것은 주굉보다도 한걸음 앞서 있는 것 같다. 그는 천태학도이면서도 명대에서 가장 유력한 정토교도이다. 또한 계율, 법상, 선 등의 부흥자이기도 하다. 물론 그는 이처럼 각각 고립되어 있는 종파의 부흥을 꾀한 것이 아니라 제종의 사상을 혼연히 융합한 새로운 불교를 제창하였다.

따라서 저서는 다방면에 관계하였고, 그 부수 또한 대단했다. 『능가경의소』, 『점찰경의소』, 『범망경합주』, 『능엄경현의』, 『비니집요』, 『재가율요후집』, 『열장지율』, 『미타경요해』, 『유식관심법요』 그 밖에도 60여 부를 헤아린다. 또 그는 『사서우익해』, 『주역선해』를 저술하여 유교와 불교를 융화시키고 있다. 그리고 운서에 이어 당시의 예수교에 대한 맹렬한 배격운동을 일으키고, 그 지도적 입장에 서 있었다. 『천학초미』, 『천학재미』는 바로 이러한 입장에서 저술한 것이다.

이 시대에 많은 거사불교도가 나와 청조 거사불교의 계기를 만든 것도 명말 불교의 한 특징이다. 이들 승속의 불교는 선과 염불을 중심으로 하는데, 이 시대의 정토교는 송 이래 잃었던 활기를 다시 띠었다. 그 유명한 운서, 우익은 그 대표자였다. 우익지욱은 상기한 것 외에 『정토십요』를 편찬하였고, 거사 원굉도는 『서방합론』을, 주극복은 『정토신종』을, 대우는 『정토지귀집』을, 전등은 『정토법어』를, 무진은 『정토생무생론』을, 일념은 『서방직지』를 편찬하는 등 이 모든 저술은 당시 정토교 및 그 염불사상이 어떻게 일반사회에 받아들여졌으며, 활발히 신앙되었는가를 알게 해준다.

대장경의 조인

명의 불교에서 간과해서는 안 될 사실은 송대부터 행해지고 있던 대장경의 조인사업이다. 이 사업은 명대에서는 전후 4회에 걸쳐 이루어졌다.

제1회는 태조 때이다. 홍무 5년(1372)에 남경 장산사에 덕있는 승려를 모아 착수한 것이다. 그리고 태조 일대 동안 인쇄된 것은 6,331권이다. 남방 금릉에서 개판하였기 때문에 이를 남장(南藏)이라 한다. 이에 대해 북방 북경에서 인쇄한 것을 북장(北藏)이라 했다. 이것은 성조가 시작하여 정통(正統) 5년(1440)에 완성하였다. 남장과 거의 동수(同數)이나 관판(官版)이며, 남장의 오류를 바로잡기 위해 인쇄한 것이므로 전자보다는 다소 완비된 것이다. 제3회는 무림장(武林藏)이라 하나 현재 하나도 존재하지 않기 때문에 그 내용도 연대도 알 수 없다. 단지 남장과 북장의 개판 후에 무림에서 인쇄한 것이며, 이 대장경의 특징은 법보로서의 대장경을 처음으로 방책형(方册形)으로 만들어 일반 독서보급을 위한 대장경을 만든 데에 있다. 제4회 조인은 명말 신종의 만력 17년(1589)부터 청초까지 약 70여 년의 세월에 걸쳐 완성한 것으로 보통으로는 '명판(明版)' 혹은 '만력판(萬曆版)' 이라 한다. 인쇄 장소에 따라서 '능엄사판', '가흥장(嘉興藏)' 이라고도 한다. 이것은 자백진가(달관선사), 감산덕청, 밀장, 환여의 열성적인 노력과 승속의 도움에 의해 오대산에서 우선 착공되어 후에 강남의 경산 흥성 만수선사에 옮겨 속조(續雕)했다. 그 후에는 경산 이외의 각지에 분할해서 조조했다. 이렇게 각지에서 각조(刻造)한 판목(版木)을 가흥의 능엄사에 모아 여기서 인행(印行)한 것으로 보인다. 그러므로 이것을 가흥장이라고도 하는 것이다. 이 가흥장의 특징은 무림장(武林藏)처럼 방책의 형식을 취한 것으로 만력 무렵 이미 산실하고 없는 무림장을 대신하여 일반에 보급되었다.

라마교

원조에서 국교로서 보호를 받아 융성의 극을 달리던 라마교는 명조에는 어떻게 되었을까? 원대에 라마교의 횡포를 보아온 명조는 예상대로 이 교에 대해서 단속의 고삐를 늦추지 않았다. 그런데 새삼 명 초에는 상당한 보호를 더해 혹은 국사(國師)로, 혹은 법왕에 봉해 서장승을 우대했으므로 도래하는 서장 승려가 많았다. 따라서 명조에 있어서 라마교는 원조처럼 화려하지는 않으나 상당한 활약을 보이고 있다.

원조부터 이어져 온 라마교는 소위 홍교라마, 다시 말해 홍의홍모(紅衣紅帽)이며, 홍모파라 불리는 일파였다. 이 서장의 홍모파가 차츰 여러 폐해를 일으키자 명 중기에 쯔온갑빠[宗咯巴]가 출현하여 종래의 라마교를 개혁하여 새로운 일파를 창설했다. 그들은 황의황모(黃衣黃帽)였으므로 이를 황교, 황모파라 불렀다. 홍교는 대처를 허락했으나 황교는 이를 불허하고 엄격한 계율주의인 것이 양자간의 가장 큰 차이점이다. 이 새로운 황모파의 세력은 드디어 홍모파를 누르게 되었다. 이로부터 출현한 달라이라마, 반첸라마에 의해 서장의 불교가 대표되어 정치적인 통치자가 되기도 하였다. 명조 중기 이후는 이 황교가 새롭게 전래되어 구래의 홍교와 함께 왕성한 활약을 하였다. 중국에서도 홍교를 누르고 그 세력을 심어갔다.

한편 원 황실의 라마교는 어떻게 되었을까? 명으로부터 쫓겨난 원은 서방 및 북방고지인 사막지대에 몽고민족의 제국을 간신히 지속하였으나 명 중기 이후는 점점 그 세력이 커져 내외몽고를 중심한 지역을 지키며 때때로 침략할 정도였다. 이 시대는 이미 원(元)이라 불리지 않고 타탈[韃靼]이란 이름으로 불리고 있었다. 이것은 원 순제의 후예인 달단부의 달연한(達延汗)이 내외몽고를 통일했기 때문이다. 이 몽고민족이 오늘날처럼 라마교의 신봉자가 된 것은 명의 만력 연간 무렵부터의 일이다. 몽고 왕의 라마교 신봉은 대장경의 몽고역을 만들어내었고, 조사조경은 공덕을 쌓는 일이 되어 라마교와 몽고 왕후와의 관계는 깊어졌고, 일반 몽고인 중에도 이 교를 믿는 자가 차츰 불어나서 라마교는 전 몽고에 보급되었다.

도교

명의 도교는 송대 이래의 융성을 그대로 계승한 시대로서 아무런 발전이 없었다. 영종 정통 연간에 정일교의 장우초(張宇初) 등에 의해 도장 5,305권이 편찬되었고, 천자문에 의해 분류되었다. 후에 신종 만력 35년(1607)에 정일교의 장국상(張國祥)은 칙령으로 다시 32부 118권을 편입 추가하여 512부 5,485권을 만들었다. 현재 북경의 백운관에 소장되어 있는 것은 바로 이 도장이다. 또한 명대에 있어서는 도교의 여러 계파 가운데 정일교가 가장 활발하였으며, 원대에 전성을 자랑하던 전진교는 교의적으로나 의식적으로 처음의 활발한 기운을 잃어버렸고, 지난날 신도교로서 개혁에 앞장선 이 전진교도 명대로 들어서면서는 재차 원래의 도교와 동일해져 정일교와 다른 점이 하등 없이 구별조차도 할 수 없게 되었다.

불교와 도교의 관계는 종래처럼 화려한 논쟁도 없고 사상의 조화를 꾀하는 시대경향을 따라 양자간의 조화가 시도되었다. 다시 말해 감산덕청 등의 설이다. 그는 『논어』, 『대학』, 『중용』 등의 주석을 행하여 유교와 불교의 조화를 꾀함과 동시에 『관노장영향론』, 『도덕경해』, 『삼경론』 등을 저술하여 삼교의 동이점을 논하고 조화하고자 하였다.

조정의 도교 대책도 불교와 특별히 차이를 보이지 않았으나 명 말기 세종은 극단적인 도교신자가 되어 황제의 치세 45년 동안 불교는 심하게 압박을 당했고, 도교만은 그 세를 과시하였다.

황제가 즉위하던 가정(嘉靖) 원년(1522)에는 대능인사의 자재를 몰수하였고, 현명궁의 불상을 파훼하여 이를 매각했다. 이어 문화전 안치의 불상을 철거했다. 가정 15년(1536)에는 궁중에 있던 불전을 제거하였고, 불상, 불아, 불구류 13,000여 개를 파기해 버렸다. 대신 도사가 빈번하게 궁중에 출입하였고, 밤낮으로 도교의식이 거행되었다. 도사는 은총을 입어 우대받는 자가 많았다. 세종이 도교에 빠져 정치가 어지러워지자, 다음의 목종은 도교의 횡포를 보고 융경(隆慶) 6년(1572)에 이를 금지하였다.

유교와 불교의 관계

명대의 유교와 불교는 도교보다는 일층 깊은 관계에 있었다. 명대의 유학자로서는 왕양명(王陽明)이 유명하다. 그는 명 초기의 유학자 진백사와 함께 육상산의 학계를 계승한 사람으로 불교에 대한 태도도 육상신과 마찬가지로 불교를 많이 도입하여 종래의 유학과는 전혀 다른 새로운 유교를 제창하였다. 진백사는 수양을 중히 여겨 참선의 정좌법을 설했으나 사람들로부터 유학을 버리고 선학에 놀아났다고까지 비난받을 정도였다.

왕양명은 지행합일(知行合一)을 주창해서 실천을 중히 여겼다. 그 학설은 불교교리를 기본으로 하고 있다. 이것은 처음에 불교연구에 열심이었기 때문이었다.

한편 진백사와 동문인 호경재 및 왕양명의 후배인 라정암 등

302

은 모두 불교를 연구했는데, 많은 불교의 영향을 받아가면서도 불교에 대해서는 혹평을 한 배불적 논조였다. 호경제의 『거업록(居業錄)』, 라정암의 『인지기(因知記)』는 그 대표적 저술이다.

유학자의 불교배척론으로서 유명한 것은 세종 초기 첨릉(詹陵)의 『이단변정(異端弁正)』이다. 이것은 당송 이래의 배불설을 모두 편집하여 불교를 공격하고 유교를 변호하며 도교를 공격하고 있는 것으로 배불론의 서적이다.

이에 대해 불교측에서도 물론 이에 맞서는 반박론이 나오고 호법운동이 일어났으니, 그 대표적인 것이 명말 신종의 만력 30년(1602)에 저술한 도융(屠隆)의 『불법금탕록(佛法金湯錄)』이다. 이것은 송유명유(宋儒明儒)의 불교배척에 대한 논을 하나하나 반박하여 그 오류를 지적하고 정법을 선양하였고, 그와 동시에 불교용어의 설명을 첨가해서 그 보급을 도모한 것으로 실로 금대 김순보의 『명도집설(鳴道集說)』과 더불어 칭송받는 뛰어난 호법서이다.

명초에 심태(心泰)의 『불법금탕편(佛法金湯編)』이 있으나 이것은 송유 등의 불교배척에 대한 것이며, 고래로부터의 불교 신봉자인, 제왕을 비롯하여 지식계급들의 전기를 모은 것이다. 또 명초의 심사영은 『속원교론(續原敎論)』을 저술하여 삼교의 동이를 논하고 유학자의 불교에 대한 비난을 답하고 있다.

이렇게 유·불의 상호비난 공격도 있었으나 명대의 사상이 일반적으로 융합 조화의 사상이었던 것은 유·불 양 사상에 있어서도 마찬가지로 적용되었다. 상술한 주굉, 덕청, 지욱은 모두 대표적인 유·불 조화사상의 주창자였고, 그 중 덕청(德淸)은 특히 유

·불·도 삼교의 융합을 주창한 사람이었다. 또한 명 초기의 원증(願證)은 『관환자내외편(觀幻子內外篇)』을 저술하여 유석(儒釋)의 조화를 주장하고 있다.

2. 명대의 불교교단과 사회

명대의 불교교단은 태조를 비롯한 역대 황제의 보호 아래 모두 원대의 그것을 인계한 것이다. 특히 태조 주원장은 황각사의 승려였던 관계로 불교를 지극히 보호했다. 천하의 고승에 명해 종종 장산의 태평 흥국선사에서 대회를 집행하고, 또 천하의 승려에게 『반야심경』, 『금강반야경』, 『능가경』을 강의하게 하였으며, 홍도 등에게는 이 전주(箋注)를 명하고 반포, 실행하게 했다. 또 명을 내려 서역의 불법을 구하게 하고, 고승을 선발하여 여러 왕의 곁에 두게 하여 불교를 봉행하였으며, 승려를 대관에 임명하고 승관을 설치해서 조령을 정하는 등 불교에 대한 태도는 극히 열성적이었다. 따라서 황제가 불교에 혹닉(惑溺)했다는 비난마저 잇고 있다.

다음의 태종도 불교에 대해서 깊은 이해를 가지고 몸소 연구하고 이에 관한 저술도 실행하여 불보살의 찬발 12편, 경서 13편 등이 있다. 그 중 『문수찬』, 『보살찬』, 『불명경』, 『불보살명칭불곡』, 『신승전』 등은 대장경에 수록되어 있다. 또 무종도 열성적인 불교신봉자이며, 스스로 대경법왕서천각도원명자재대정혜불이라 칭하고, 소사(所司)에 명하여 인(印)을 주조시킬 정도였으며,

304

승니를 심히 우대하였다.

　이리하여 교단은 이들 황제의 보호하에 있었다. 당시 승니의 수를 살펴보면, 태조의 홍무(洪武) 5년(1372)에는 승니, 도사, 여관 등 대략 57,200명에게 도첩을 주었고, 동 6년 8월에는 96,328명의 승니 도사를 인준했으며, 영종의 정통(正統) 5년(1440)에는 51,000여 명을 인준, 대종의 경태(景泰) 2년(1451)에는 5만 명을 인준, 경종의 성화(成化) 12년(1476)에는 승려를 인준하기를 10만 명, 동 22년(1486)에는 20만 명, 종전의 도승을 더하면 50여 만 명이나 되었다. 이는 모두 승도이며, 전체의 수는 아니다. 일시에 5만 명, 10만 명씩 출가를 허락받은 승니 도사를 볼 때 그 전체 숫자는 얼마나 많은지 상상할 수가 있다.

　이처럼 많은 승니는 하나같이 종래와 마찬가지로 부역을 면제받기 위한 사람이 대다수를 이루었다. 또 인생의 낙오자나 생활고에 견디다 못해 사원 도관에 들어오는 사람이 대다수였으므로 승도의 자질저하는 당연한 결과이며, 사회의 멸시를 받게 되는 것도 무리가 아닌 일이었다. 명 태조가 처음 호주에서 승려가 된 것도 일가 유랑 끝에 실로 궁한 생활에 쫓긴 결과였다, '몰거자 취주화상(沒去子 就做和尙: 갈 곳 없는 자 승려가 되다)' 라고 하는 속담은 이 근세 중국불교의 일면을 잘 말해주고 있는 것이다.

　때문에 역대의 황제는 사원승도의 단속과 그 제한에 고심하고 있었다. 태조 때 이미 이 단속령이 내려져 있고, 홍무 20년(1387)에는 20세 이상은 승려가 되는 것이 금해지고 승려가 되기 위해서는 3년마다 거행되는 시험에 합격하지 않으면 안 되었다. 홍무 27년(1394)에는 승도 가운데 처첩이 있는 자를 환속시켰다. 또한 민간의 어린이들이 승려가 되는 것을 금하였다. 다음해 28년에는 천하의 승도를 경사에 모아서 시험을 보아 경전에 능통하지 않는 자는 환속시켰다. 단 60세 이상은 면제하였다. 이 법령이 어느 정도로 시행되었는지는 의문이지만 상당히 엄중한 법령이었다고 할 수 있겠다.

태종 영락(永樂) 16년(1418)에는 각각 그 수를 한정하여 부(府)는 40인 이하, 주는 30인 이하, 현은 20인 이하로 하고, 연령을 14세 이상 20세 이하로 하여 부모의 허가를 받게 하였다. 그러나 부모를 봉양할 의무가 있는 자는 출가를 허락하지 않았다. 후에는 20세를 15세 이하로 하여 승도의 제한을 더욱 엄격하게 하고 있다. 또한 세종 가정(嘉靖) 16년(1537)이 되면 민간의 어린이를 몰래 삭발하는 것을 금했기 때문에 도승의 제한금지는 더욱 엄격하게 되었다.

단속령으로는 시험제도나 도첩제도 등이 있는데, 태조, 태종 시대에는 3년에 한 번 시험을 치러서 도첩을 주고 있다. 선종 무렵부터는 5년에 한 번으로, 그 후 다시 10년에 한 번으로 그 간격이 길어졌다. 헌종의 성화 23년(1537)에는 '20년간은 도첩을 주어서는 안 될 것'이라고 하는 상소를 받아들이기까지 하여 출가자의 숫자를 제한하려고 했다.

또 사원의 제한과 정리도 일찍부터 시행하였다. 태조 홍무 27년(1394)에는 부·주·현에 각각 대사원 한 곳을 두고, 그 외에는 남김없이 이에 합병하라는 명이 내려졌다. 성조 영락(永樂) 15년(1417)에는 승니가 몰래 사암을 짓는 것을 금하였다. 영종의 정통 6년(1441)에는 새로운 사원건립을 금했다. 무종의 정덕(正德) 16

년(1521)에는 새로이 조성한 사원은 훼각하라는 금지령을 내릴 지경에 이르렀다. 그 외의 역대 황제는 모두 얼마만큼 제한할 것인가에 고심하였으며, 그 법령을 점점 더 엄격히 했으나 과연 얼마나 철저하게 지켜졌는가는 의문이다.

앞서 말한 것처럼 한편에서는 누누이 제한금지의 칙령을 내리고, 또 한편에서는 5만 명, 10만 명의 도승이 이루어지고 있는 일은 이 법령이 사실 철저하게 지켜지지 않았던 것을 의미하고 있으며, 역대 황제가 단속령을 되풀이하고 있는 일도 역시 그렇고, 축첩을 제한하면서도 한편에서는 매첩의 사실까지 볼 수 있는 것도 당시의 그 같은 현실을 유력하게 증명하고 있다. 헌종 성화 20년(1414) 10월에 산서성, 섬서성의 기근 구제를 위해 공명의 도첩 1만 지(紙)를 주어 좁쌀 10석에 이것을 팔고 그 비용에 충당했다. 세종 가정 18년(1539)에는 은 10냥에 도첩이 발매되었고, 다음 목종 때에는 은 닷 냥에 팔렸다. 이와 같은 매첩이 불교교단에 얼마나 커다란 해독을 끼쳤는가는 말할 필요조차 없는 일이다.

헌종 성화 연간 상소에 '지금 승도의 수가 50여 만 명, 1인당 연간에 쌀 5석을 필요로 한다면 모두 260여 만 석이다. 이것은 경사 사람들의 1년치 식량이다. 하물며 농사도, 누에치기도 하지 않고 부역조차 참여 않는 먹기만 하는 자가 많다'고 간언하는 것처럼 고등 유민적 존재로 헛되게 국고를 소비할 뿐이었다. 또 불사의 비용, 조사조탑의 비용은 한결같이 국가에 있어서는 큰 문제였다.

또 사원 내의 문란은 상상하고도 남음이 있는데, 환관과 사원과의 밀접한 관계, 게다가 풍규상의 문제가 되는 일마저 벌어졌다. 사원은 사교적인 장소였기 때문에 세상의 온갖 종류의 사람들이 모두 모여들었다. 이에 폭도가 숨어들고 사회의 불평분자가 모여 종교를 이용하여 폭동을 일으키는 일도 있었다.

당송부터 발흥한 미륵교비, 백련교비 같은 것이 바로 이런 집단으로, 태조의 홍무 19년(1386)에는 팽옥림의 백련교비가 있었다. 또 무종의 정덕 7년(1512)에는 하남의 백련적인 조경융의 난이 있었다. 11년(1516)에는 사천의 보법악이 미륵의 출세라 속이고 난을 계획한 사건이 있었다.

승니의 자질 저하도 당연한 일이어서 전술한 것처럼 생활의 낙오자가 사원에 들어왔으며, 또 남방의 사원처럼 많은 전원을 점유하여 부의 축적을 꾀하는 자도 있고, 국가의 부역을 면하려고 승니가 된 자도 많았다. 게다가 또 매첩도 끊임없이 이루어졌다.

교단의 통제기관 및 그 제도에 관해 살펴보면 다음과 같다. 처음으로 태조 홍무 원년(1368)에 선세원(善世院)을 천계사에 설치하여 혜담을 그 장관에 임명하고 종2품을 주어 천하의 불교 일을 관장하게 했다. 이 선세원에는 통령, 찬교, 기화 등의 관이 갖추어졌으나 얼마 되지 않아 이 선세원은 승록사로 개칭하여 완비되었다.

홍무 14년(1381)에는 남경에 승록사를, 각 부·주·현에는 각각 승강사, 승정사, 승회사를 두어 교단을 통괄케 했다. 승록사에는 정6품의 좌선세, 우선세 각 한 사람, 종6품의 좌천교, 우천교 각 한 사람, 정8품의 좌강경, 우강경 각 한 사람, 종8품의 좌각의 우각의 각 한 사람이 있어 천하의 불교를 관장하였다. 승강사에는 종9품의 도강 한 사람 및 부도강 한 사람이 있었고, 승정사에는 승정 한 사람이 있었다. 승회사에는 승회 한 사람이 있어 제각기 사무를 관장하였다. 이러한 관서는 모두 큰 절에 설치되어 있었으나 승록사는 홍무 21년(1388)에 천희사로 옮겨갔다.

사원은 송대부터 선·교·율 삼종으로 분류되어 있었으나 명대로 들어서면서 선·강·교의 삼종으로 개정하였다. 선사(禪寺)는 좌선공안을 수행하는 절이며, 강사는 경전을 강설하는 절로 천태, 화엄, 법상, 유식종 등이 이에 속한다. 교사(敎寺)는 새로이 율사(律寺)를 대신하여 설치되었다. 이것은 유가현밀(瑜伽顯密)의 법사의식을 거행하는 유가교사(瑜伽敎寺)라 해도 무방한 절이며, 죽은 자의 추선공양이며, 살아있는 자의 행복 안녕을 축수하고 사람들을 구제하는 것이었다. 따라서 이런 일을 행하는 승려를 유가교승(豫伽敎僧) 또는 교승이라 했다. 일반인들의 기원에 응해 어디든지 가서 불사공양을 행하였던 것이다 이들을 부응승(赴應僧)이라고도 불렀다. 이 제도 및 교승의 존재는 송대에서도 보였으나 역시 이것은 명대 불교의 한 특질을 이룬 것이었다.

태조는 이처럼 삼사(三寺)의 제도를 정함과 동시에 삼종(三宗)에 속하는 승려를 구별하기 위해 승복의 색을 규정했다. 다시 말해 홍무 15년(1382) 12월에, 선승은 다갈색의 옷에 청조옥색의 가사, 강승은 옥색의 옷에 홍조전홍의 가사, 교승은 백색의 옷에 흑조전홍의 가사로 정했다. 따로 승관인 승록사의 가사는 녹문에 금으로 장식해 구별했다. 그러나 이것이 얼마나 잘 시행되는지는 불분명하다. 주굉의 『죽창수필』에는 선·강·율의 삼사를 설명하면서 "선승은 갈색, 강승은 남색, 율승은 흑색이었으나 지금은 하나같이 흑색이 되었다"고 말하고 있다.

명 초기 불교의 제도로서 주지책(周知册) 및 침기도인(砧基道

人)의 설치는 명대 불교의 한 특색이라 할 수 있다.

주지책이란 일종의 승적부로서 서로 간의 신분을 주지시키기 위한 것이며, 위람승의 방지를 위해 설치한 것이다. 태조 홍무 5년(1372)에 주지책을 만들어 천하의 사원에 이를 분행했다. 유행승이 올 경우는 반드시 이 주지책을 맞추어 보아 이를 검토해서 만약 부합치 않을 경우는 위람승이므로 이를 유사에 보내 중죄에 처하는 규정이었다. 홍무 27년(1394) 무렵이 되면 이 주지책을 사원 내에 게시하여 엄중하게 단속했다. 이것은 당시 폭도 및 그 밖의 위람인 사도승의 횡행을 방지하기 위한 것이기도 하였다.

침기도인이란 사원 내에 설치된 하나의 경제기관이다. 태조 홍무 19년(1368)에 천하의 사원에서 전량이 있는 절에는 침기도인을 설치하여 오로지 이 전량의 차등세 업무를 관장하게 했다. 명대의 사령에 관해서는 전대의 폐해를 익히 체험하였기에 크게 정리되었다. 거기다 지방관리 호족 때문에 약탈되는 일도 많았다. 사령은 어떠한 성질의 것이든지 전부 과세하였고, 교단에 있어서 전량은 전대보다도 차츰 축소되어 갔다. 또 침기도인은 사원과 관아와의 교섭에 임해 중승이 직접 이에 관계치 않도록 하여 사원과 호족 관리와의 교섭을 끊어 사원의 세력확대를 방지하고자 했다.

요컨대 명대의 불교교단은 역대 황제의 불교보호에 따라 사원 승니의 수는 증가했으나 또 한편 이에 대한 단속도 엄중히 행하였다. 선종이 가장 성행하였으나 민중의 대다수는 미타신앙에 심취했으며, 이 무렵부터 승니의 직업화 경향이 나타났다. 이 점 민중과 밀접한 교섭을 가지게 된 것이라 해야 할 것이다.

310

3. 청의 불교

금의 멸망 후 여진족은 명조에 복속되어 그다지 위세를 떨치지 못하였다. 그러나 명 신종 때 여진족의 누루하치가 출현, 서서히 동북지방(만주)의 여러 부족들을 굴복시켜 국호를 후금(後金)이라 하고 황제라 칭했다(1616). 이가 곧 청 태조이다. 명의 신종은 조선과 함께 금을 공격했으나 대패했다. 태조는 나아가 심양(봉천)에 도읍을 정하였다.

다음의 태종은 국호를 청(淸)이라 개칭하고(1636), 내몽고를 이끌고 조선을 쳤다. 명과 대치하였으나 명은 유적(流賊) 이자성(李自成)때문에 멸망하게 되었다(1644). 청의 제3대 세조는 군사를 이끌고 이자성을 격파하여 수도를 북경으로 천도하였고(1644), 나아가 강남에 머물러 있던 명의 여러 왕을 멸망시켜 드디어는 중국 전토를 통일하였다. 선통(宣統) 3년(1911)에 손문 등에 의해 혁명이 일어나 손문은 임시 대총통이 되었으며, 이어 중화민국이 성립되었다. 따라서 청은 12대, 대략 270년을 유지한 왕조이다.

청조의 불교는 세조 순치제의 북경 천도 때부터 시작한다고 해야겠다. 중국 본토 입관 이전의 청의 종교는 몽고민족과 동일한 원시적인 샤만교였다. 그들 일반서민의 신앙은 거의가 이런 수준의 것이었으나, 태조, 태종 초기 황실에서는 일찍부터 라마교와 깊은 교섭을 가지고 있었다.

청조에 있어서 라마교는 원조 때보다도 한층 깊은 교섭을 가졌다. 태조의 건국정신은 라마교에 의한다고까지 말해진다. 태조를 문수보살의 화현이라고 믿고 있을 정도였다.

역대 황제가 취한 라마교에 대한 태도는 한결같이 지극한 존경심이었다. 이것은 물론 그 신앙을 가졌기 때문이기도 하지만 서장 및 몽고 지방의 통치정책에 입각했기 때문이기도 하다. 또 당시 서장 및 몽고는 거의 라마교를 신봉하였고, 달뢰(達賴), 반선(斑禪)의 두 라마는 정치적 권력을 가지고 있었기 때문이었다. 그러므로 이들 민중을 회유하기에는 라마교에 의하는 것 외에 달리 방법이 없었다. 청 초기에는 매년 라마 사절의 교환이 있었고, 라마승을 초대하여 연회를 베풀었으며, 또는 사절을 파견하여 안부를 물었다. 북경에 옹화궁을 세웠고, 그 외 동황사, 서황사, 봉천에 황사, 열하에 많은 라마묘를 세워 국내에 이를 보급하였다. 전국의 명산을 비롯해 어디를 가도 라마교와 라마의 황의승을 만날 수 있었다. 이 황의에 반하여 일반불교는 청의라고 불렀다.

이때 종래의 교·강·선 등의 불교는 어떠하였을까? 청대는 교·강·선 외에 계율을 부활하여 정토를 교에 넣어 교·강·선·계로 분류해서 이를 통제하였는데, 우선 청대 황제의 불교에 대한 태도를 살펴보기로 하자.

태조, 태종 때 중국 본토 입관 이전은 기술할 것도 없으나 세조 순치제, 성조 강희제, 세종 옹정제, 고종 건륭제 4대에 있어서의 불교는 당시 국운이 융성함과 동일하게 청대 불교의 개화기를 맞이하였다. 물론 청조 초기의 불교가 왕성했다고는 하나, 원·명 이래의 쇠퇴의 조류는 어쩔 수 없는 일이었다. 선종, 정토교 등의 활약도 보이지만 교학적으로는 종래의 설을 답습하는 정도에 그쳤고, 아무런 진전이 없어 승려에게는 의욕도 기개도 없었다. 오직 사원의 그늘에서 여생을 보내려고 하는 모습뿐이었다.

교단이 팽창하고 많은 사원과 승니를 보유하는 것은 반드시 불교의 융성을 의미하는 것만은 아닐 것이다. 사원으로서, 승니로서의 본분을 잊고 불교의 의의를 잃어버린다면 이것은 다름아닌 불교의 쇠퇴인 것이다. 사회적으로도 사원 승니는 낙오자의 집단이라고 인식되어 존경받지도 못한 채 쓸데없이 그 수를 증가시킬 뿐이었다. 한편 사원의 재산은 전대부터 차츰 호족 등에 강탈되어 이미 보잘것 없는 모습으로 남은 것이 청조의 불교였다.

세조 순치제의 선학에 대한 지식은 상당히 깊었던 것으로 보이며, 명각선사(明覺禪師) 감복 성총에게 법을 구했고, 청 일대의 고승으로 추앙받은 통수와 그의 제자 행삼을 궁정에 초대하여 문답하는 등 몸소 가르침을 받아 이들을 우대하였다.

다음의 강희제(康熙帝)는 유명한 『강희자전(康熙字典)』, 『패문운부(佩文韻府)』를 편찬하게 하는 등 경사의 학문에 진력했다. 불교에 대해서도 또한 전 황제의 뒤를 이었던 것이다. 그러나 다음의 옹정제(雍正帝)야말로 청대 불교에 있어서 가장 중요한 위치를 차지하는 사람이다.

옹정제는 일찍부터 불교학 연구에 뜻을 두어 특히 선에 몰두하여 가릉성음(迦陵性音)에게 지도를 받고, 다시 서장 라마승 장가(章嘉)를 섬겨 선에 오입(悟入)하여 원명거사(圓明居士)라 칭했다. 일상생활도 대부분 선수행으로 시종하는 모습이었다.

황제는 선문의 명장임을 자임하여 옹정(雍正) 11년(1733)에는 궁정에서 왕공대신 8명에게 득도의 인가를 하였고, 순치제의 우대를 입은 통수, 도문 두 선사의 설을 비판하여 도문의 설을 불허하고, 그의 저서 『북유록(北遊錄)』과 그 문인 행봉(行峯)의 저서를 파훼하였고, 행봉계의 문류를 탄압하였다.

또 당시 천동원오(天童圓悟)의 제자 법장은 『오종원(五宗原)』
을 저술하였고, 그 제자 홍인은 『오종구(五宗救)』를 저술하여 스
승인 원오와 설을 달리하여 대항했다. 그 문류는 크게 번창하고
있었다. 황제는 그를 '마사홍인(魔嗣弘忍)'으로 배척하고, 『간마
변이록(揀魔弁異錄)』을 저술하여 반박했으며, 아울러 법장의 『오
종원』도 파척하였다. 이처럼 황제는 당당히 선장의 대열에서 논
전을 벌였다. 옹정 11년(1733) 위의 논을 발표하여 법장, 홍인의
저서를 모두 파기시키고 그의 법손에 탄압을 더하였기 때문에 원
오의 문류는 그 이후 쇠퇴하였다.

황제의 편(編)으로서는 『어선어록(御選語錄)』 19권이 있는데,
이것으로 그의 사상 계통을 알 수가 있다. 다시 말하면 『어선어
록』에는 라집의 문하인 승조부터 황제 자신의 어록에 이르기까
지 많은 득도자를 예로 들고 있으며, 거기에 각 서(序)를 붙이고
있는 것이다. 이 중에 도교의 자양진인(장자양)도 선의 득도자로
들고 있는 점은 황제의 도·불 일치 사상을 나타내는 것이며, 운
서주굉을 중시하고 이를 모범으로 하여 정토교를 제창하고 있는
것은 황제의 선정융회사상(禪淨融會思想)을 나타내는 유력한 내
용인 것이다. 과거의 중국에 있어서 선정일치의 풍조는 실로 황
제의 노력에 의한 것이라고 해도 무방할 것이다. 황제는 단순하
게 선정일치의 사상뿐만 아니고 선의 오가칠종의 통일론자이며,
나아가 유·불·도 삼교조화의 주장자였다. 옹정제야말로 중국
역대 황제 중에서 드물게 보는 불교연구가라 할 수 있다.

다음의 건륭제(乾隆帝)는 전대인 옹정제를 도저히 따르지 못하

였지만 유학자의 불교배척의 상소 등에 접하여서도 이를 인정하지 않고 불교에 대해서는 황조 이래의 전통을 이어받아 보호하였다.

대장경의 출판

이 시대에 특히 주목할 사항은 대장경의 출판사업이다. 청대 대장경의 조인은 이미 강희제 때에 명의 만력판(萬曆版)에 이어 『속장경』 93질 1,833권을 개조(開雕)하고 이에 추가하였으며, 그 후 다시 『우속장경(又續藏經)』 47질 1,246권을 조인하고 이에 추가하였다. 이 만력판을 『명장(明藏)』이라 칭하였고, 이것들을 『명속경 (明續經)』, 『명우속경(明又續經)』이라 부르고 있다. 이어 『용장(龍藏)』이라고 하는 것은 옹정 13년(1735)부터 건륭 3년 (1738)까지의 4년에 걸쳐 조인한 칙판(勅版)대장경이며, 명의 『북장』을 저본으로 하고 있으나 총수 735함, 7,838권으로 그 방대함은 극에 달하고 있다. 또 건륭 3년(1738)에는 『대청중간삼장목록』이 완성되었다.

이 『용장』과 함께 건륭제의 사업으로서 『만주어역대장경』이 있다. 만주어에 의한 만주문자는 2세 태종의 천총 6년(1632)에 만주 제일의 학자 달해(達海)에 의해 작성된 것이나 건륭제는 자국어의 대장경 역출에 뜻을 두고 건륭 22년(1757)에는 『번장목록』을 인출하여 서장 경전을 조사하였으며, 24년(1773)에는 만몽한번(滿蒙漢蕃) 사역대조의 『대장전주(大藏全呪)』를 편찬하였다. 이리하여 건륭 38년(1773)부터 대장경의 만주어역에 착수하였고, 18년을 경과하여 동 55년(1790)에 완성했다. 이것은 동경대학에 일부가 소장되어 있었으나 관동대지진 때문에 유실되었다. 열하승덕(熱河承德)에는 캉규르[經部]가 소장되어 있다고 한다.

그 후 청 말기 선통제 3년(1911)에 상해의 빈가정사에 일본의 『축쇄장경』을 그대로 번각(飜刻)한 것이 있다. 물론 다소 삭제도 있고 『축장』의 이본(異本) 교정의 두주(頭注)도 폐하여 학술적 가치는 떨어지나 4호 활자로 읽기 쉽도록 만들어진 조판이다. 이것이 대장경을 활판화한 첫 번째이며, 일본대장경의 수입인 사실에 주목해야 할 것이다. 이것을 『빈가장(頻伽藏)』이라 한다.

거사불교

순치, 강희, 옹정, 건륭의 4대는 크게 문물이 번성하였으나 그 이후는 차츰 하강의 길로 접어들었고, 불교 또한 마찬가지로 건륭제 이후는 특필할 것이 없고 완전히 쇠퇴해 버렸다는 느낌이다. 청대 불교를 대표하는 고승을 살펴보면 겨우 2, 3명을 셀 수 있을 뿐이니, 이로써 불교 쇠퇴의 일단을 볼 수 있다. 그 동안에 불교를 유지해온 것은 차라리 유학자들의 불교연구에 의한 것이었다. 이 사실은 청대의 유 · 불 일치융합을 말하는 것이며, 청대의 불교를 거사불교라고 하는 까닭이 여기에 숨어 있다.

청 초기의 유학자 왕선산(왕부지)은 법상학에 정통하고, 건륭조의 팽소승(彭紹升)과 그 친구인 왕대신, 설가삼, 라태산, 공자진, 위원, 양인산, 담사동, 장병린, 팽회속, 주몽안, 장사성 등은 모두 불교거사로서 대표적이다.

팽소승(1740~1796)은 자는 척목(尺本), 호는 제청(際淸)이라 하며, 양명학을 궁리함과 동시에 불교를 깊이 연구했으며, 보살계를 받고 엄숙한 계율생활을 하였다. 그의 저서 『일승결의론(一

乘決疑論)』은 송원 유학자의 불교 공격의 어리석음을 설명하고 양자의 조화를 주장한 것이다. 또 그는 도교에도 밝은 삼교조화의 주장자였다. 깊이 운서주굉에 사숙하여 어디까지나 주굉의 학설을 전수한 융합의 정토교이며, 염불교도로서 청대 정토교의 대표자임과 동시에 전대로부터 이어져온 제종융화사상의 주장자였다. 저서는『일행거집(一行居集)』을 비롯해『화엄염불삼매론』,『무량수경기신론』등이 있다. 그의 종제 팽희속이 엮은『정토성현록』은 종래의 왕생전을 대성한 것으로 주목할 만 한 저술이다.

그에 이어 청대 불교를 대표하는 거사는 청 말기의 양문회(1837~1911), 즉 양인산(楊仁山) 거사이다. 양거사야말로 홍수전의 폐불사건 이후 대표적인 거사의 한 사람으로 그 후 중국불교부흥의 실마리를 연 사람이다. 그는 전 생애를 불교부흥에 바치고 증국번(曾國蕃), 리홍장(李浩章) 등 원훈의 지우도 거절하고 오직 불교의 연구와 홍통과 출판에 종사했던 사람이다. 불교의 홍통이나 연구에는 무엇보다도 불서가 필요하다고 하여『금릉각경처(金陵刻經處)』를 설치하여 불서 간행사업에 종사했다. 당시는 홍수전의 폐불사건에 의해 한 권의 불서를 구하는 것도 대단히 어려웠으며, 따라서 저본을 입수하는 일도 곤란했다. 그러던 중 제2회 도구(渡歐) 중에 일본의 남조문웅(南條文雄) 박사를 알게 되어 일본에서 불교서적을 수입해서 인쇄사업에 심혈을 기울였다. 그가 일생의 사업으로 출판한 불서는 화엄, 열반, 그 외 온갖 대소승 및 중국찬술 불서 2천여 권을 헤아렸다. 그의 불교사상은 모든 경전에 통하고 제종통일의 사상이었으나 신앙으로서는 아미타를 그 귀의처로 했다 한다. 단순히 출판의 사업뿐만 아니고 스스로 많은 책을 저술하여 홍통에 노력했고 왕매숙, 조혜보 등 그 외의 동지와 불법을 널리 폈으며, 또 많은 문도들도 양성하였다. 그의 '금릉각경처' 사업은 모두 이들 문도에 의해 계속 이어졌다. 중국의 불서는 이 각경처에서 만들어진 것이 많다. 그는 선통 3년(1911) 8월 17일 75세로 입적하였다.

불교교단

강희제 무렵 사원 승니의 수는 칙건 대사묘(勅建大寺廟) 6,073곳, 소사묘(小寺廟) 6,409곳, 사건(私建) 대사묘 8,458곳, 소사묘 58,682곳이라 하고, 승려는 110,292명, 도사 21,286명, 비구니는 8,615명으로 모든 사묘 79,622곳, 승니 도사 140,193명이라 하였다. 절은 도관과 함께 산출되어 분명하지 않지만 승니 도사 수의 비율에서 보면 적어도 사원은 6만 곳 이상을 헤아린다. 중국역사를 통해 이처럼 많은 사원이 있었던 시대는 없었다.

이처럼 많은 사원 승니를 수용하면서도 어찌하여 불교가 쇠멸하지 않으면 안 되었을까? 그것은 앞서도 설명한 것처럼 근세의 승니는 참다운 구도자가 아니고 대다수는 생활을 위해 출가한 승니며, 생활의 패배자나 세상의 불구자가 이 승려사회에 몸을 의지하였거나 범죄자의 은신처였기 때문일 것이다. 참으로 불교를 아는 사람이 몇 사람이나 있을까 하는 정도였다. 그 때문에 사회에 머물면서 그저 살아가기에 급급했던 것은 당연한 이치이다. 거기다 청의 사원은 수많은 호족으로부터 침략당했고 종래처럼 많은 사령은 없었다. 그런데도 이처럼 사원 수가 많은 것은 왕공, 관리, 호족 등이 사원을 이용하여 사리사욕을 채웠기 때문이다. 이것 또한 오래전부터 항상 일어난 폐해로 이에 당연히 사원 승니의 단속령 및 금지의 원인이 있었다.

세조 순치(順治) 3년(1646)에는 승니도사가 속인과 잡거하는 것을 금하고 그들이 거리에서 모금하는 것을 엄금하고 있다.

강희(康熙) 16년(1677)에도 경성 내의 사묘에서 대중을 모아서 설교하는 일을 금하고 있다. 남녀가 혼잡하고 풍기가 문란했기 때문이다. 법률에 부녀자의 사묘 참배조차 금하였고, 이것을 어기는 자는 물론, 이것을 어기도록 방조하거나 허락한 사묘와 그 가족까지도 벌한다는 규정이 설정되어 있었다. 또 강희 50년(1711)에는 사묘의 건립을 금지하기에 이르렀다.

옹정제는 상술한 것처럼 선문의 명장으로 불교에 대해서 크게 개혁적 의견을 가졌고, 선문의 정리부터 불교 일반에 미치고 있다. 옹정(雍正) 11년의 유지에는 당시 선문 무리의 타락을 설명하며 이를 꾸짖었고, 황제가 친히 각 성(省)의 승도를 시험하여 덕이 높은 자에게는 사호(師號)를 주고 이를 공표하였다. 이 사실은 당시의 승도에 있어서 큰 타격이었으며, 이로 말미암아 교단이 축소, 정리되었음은 말할 것도 없다. 이렇게 하여 옹정 13년(1735)에는 도승의 제도를 엄중히 하였고, 그 제한법을 정하였다.

다음의 건륭제는 불교에 대해서는 전대를 계승하였고, 적극적인 보호 장려는 없었다. 그러나 이 시대에는 많은 제한금지의 단속령이 나오고 있다. 건륭(乾隆) 원년(1736) 우선 출가의 연령을 규정하여 남자는 고아 및 16세 미만인 자, 여자는 40세 미만인 자의 출가를 금지하였다. 그 제자를 양성함도 승려 40세에 달해 처음으로 한 사람을 두는 것을 허락하였다. 그러나 이것이 그대로 행하여진 것이 아니라 많은 제자가 양성되고, 또 승니도 다수 배출된 것은 후에 종종 도승의 금지령이 발표되고 그 제한 법이 강구된 사실을 보아도 알 수가 있다.

청대에서는 승니의 지위가 낮아져 사회적 존경을 완전히 잃었고, 법률상으로도 종래는 보통 일반세간과 달리 승제가 있어서 다분히 계율을 참조하여 적용하였지만 청대에서는 승니에 대한 취급은 이미 일반세간과 다름이 없었다. 부모에게 절하는 것은 물론이고 선조의 제사 및 부모친속의 상을 당해서도 일반인과 동일하게 규정하였고, 위반하는 자는 곤장 100대로 환속시킨다고 하였다.

승관은 명의 제도를 거의 그대로 계승한 것으로 중앙의 승록사를 비롯하여 지방에 승정 등이 설치되었으나 그것은 전혀 형식적인 것이어서 아무런 권한이 없었다.

백련교비, 홍수전의 난

청조에 있어서 무엇보다도 골칫거리는 종교적 봉기였다. 그중에서도 벽련교비가 가장 심하였다. 가경(嘉庚) 초년(1796) 유지협 등의 봉기는 가장 규모가 큰 것이었다. 이들 교비는 거의 모든 성(省)에 미치고 있었던 것이다. 따라서 이 종교비 때문에 사원 승니의 단속이 점점 엄중하게 된 것은 당연하며, 이 사건으로 인하여 청대의 불교는 몰락해 갔다.

게다가 청대의 불교를 철저하게 폐멸시킨 것은 도광 연간에

발흥한 유명한 홍수전의 반란, 즉 장발적(長髮賊), 태평천국의
난이다. 선종의 도광(道光) 30년(1850) 홍수전이 반기를 들고 운
남, 귀주, 사천, 광서, 광동, 복건, 강서, 호남, 호북, 안휘, 강소,
절강, 산동 등 거의 전 중국의 땅을 공략하여 남경에 도읍한 후
태평천국을 건설한 것으로 동치(同治) 3년(1864)까지의 13년간
에 걸친 반란이다. 이에 참가한 자가 총수 3백만 명 이상에 달한
사실을 생각하면 이 반란이 얼마나 대규모였던가를 알 수가 있
다. 또 이 반란은 천주교를 신조로 하는 종교적 봉기이며, 이 가
르침 이외는 신을 모독하는 것이라 여겨 그들이 통과하는 곳은
아무것도 남아나지 않았고, 사원은 소각되었다. 불상경권(佛像
經卷)도 역시 소각되었기 때문에 중국 전국토의 불교사원은 거
의 흔적을 감추었고, 불교는 바야흐로 철저하게 폐멸되었다.

이후에 상술한 양인산이 반란 후 최초의 불교부흥운동을 전
개하여 그 실마리를 잡았으나 청말 광서(光緖) 말년이 되자 재
차 불교에 대한 박해가 더하여졌다. 이것은 청조 말에 일어난
혁신정치의 희생물이 된 것으로 각 사원의 재산을 몰수하여 학
교 경영에 투자하였고, 또다시 사원도 점거하여 학교로 만들거
나 군대의 병영으로 만들었다. 그러나 이처럼 극단적인 정책은
일반 인심에 불안을 더해 동요를 가져왔기 때문에 이에 사유(寺
有)재산보호령을 내렸다.

그러나 얼마 되지 않아 중화민국이 성립하자 이 영은 철저하
게 실행되지 못했기 때문에 '중국불교총회'를 결성하여 손문
임시대총통에게 사유재산의 보호를 청원하였다. 이 운동에 신
명을 던져 문자 그대로 분사한 천동산 경안(敬安)의 공적을 잊

어서는 안 된다. 그가 혼신어린 운동을 벌인 결과 드디어 원세개 대총통의 사산보호령(寺産保護令)의 발포를 낳았다고 할 수가 있는 것이다.

제10장

민국혁명 이후의 불교

민국혁명 이후의 불교

1. 신해혁명과 불교

청조의 선통제는 선통(宣統) 3년(1911) 12월 25일에 퇴위하고 손문이 남경에서 임시대총통이 되어 청조를 대신하여 중화민국을 세웠다. 이것은 오랜 전통의 황제정치가 붕괴하고 새로운 공화정치의 국가가 성립한 것으로 중국에서는 금석을 통해 일찍이 보지 못했던 정치형태의 대변혁이었다.

황제정치의 붕괴는 이를 지지하여 지도한 유교주의의 붕괴이며 쇠퇴였다. 이 사건은 후에 발흥한 진독수(陳獨秀) 등의 배공맹론(排孔孟論)과 연관되어 타도공맹운동으로 변했고, 나아가서는 가족제도의 타파, 부인해방운동, 자유주의, 개인주의로 전개되어 갔다.

그러면 이처럼 정치의 대변혁, 국가사회의 대전환에 즈음하여 불교는 어떤 방향으로 나아갔는지 살펴보자.

청말 동란기 불교는 심한 압박을 받고 절의 재산을 몰수당했다. 사묘의 대부분은 학교 관아에 점거 당했으나 이에 분연히 일어나서 불교 옹호운동을 일으키고 '중국불교총회'를 결성해서 크게 활약한 사람이 있으니, 그가 바로 천동사 경안(敬安)이었다. 이에 관해서는 이미 전장에서 설명한 것처럼 그로 인하여 사산보호령이 공포되었고, 한동안 불교교단은 안심할 수가 있었다.

그러나 혁명 전후의 안정되지 않은 위정자의 정책에는 조령모개(朝令暮改)의 위험이 도사리고 있었고, 그것 또한 어쩔 수 없는 일이었다.

당시는 민권을 주장하는 공화정치이었으므로 당연히 신앙의 자유, 사상의 자유가 허락되었고, 민국(民國) 2년(1913)의 헌법 초안에는 신앙의 자유가 규정되었다. 또다시 민국 6년(1917)부터 발흥한 북경대학의 진독수 및 호적 등에 의해 주장된 문학혁명은 구문학을 타파하고 구어문학, 즉 백화문학을 주장하는 신문화운동일 뿐 아니라 철학, 종교, 예술, 교육 등 모든 학술을 망라한 사회에 대한 계몽운동으로 변한 것이었다. 구도덕, 구예교, 구사상, 구문화 등 종래의 낡은 것에 대한 반항사상이며 신문화 요구의 운동으로 전개된 것이었다.

잡지 「신청년」을 간행하였고, 이에 의거한 진독수, 오우 등은 왕성하게 사회혁명사상을 고취하여 공맹을 매도해 유교사상을 배척했으며, 이에 따른 가족제도의 개혁, 인간생활의 자유해방, 특히 부녀자의 해방을 강하게 주장하였다. 이윽고 이것은 광동에서 국민대회의 여자 참정권 요구로까지 진전해갔다. 이 사상은 변하여 공산사상이 되었고, 중국공산당이 결성되었으며, 민국 14년(1925) 이후 좌익사상 전성시대를 이루었다. 따라서 이와 같은 사회에서의 불교는 신앙의 자유가 규정되어 있다. 하지만 구문화, 구사상으로서 배척당하여 종교는 아편이라고까지 매도되었다. 고로 사묘의 파괴에 이르게 된 일도 당연한 진행 과정이라고 보아야 할 것이다.

소련의 공산사상은 애초부터 종교부정을 원칙으로 하나 당시 중국의 배불사상은 이 공산사상에서 기인한 것이기도 하다. 민국 17년(1928) 2월, 공산사상에 물들어 있던 빙옥상(馮玉祥)이 개봉의 사묘를 파괴하고 승려를 죽이고 내쫓은 뒤 사산을 몰수하였다. 같은 무렵 호남성에서는 공산당원에 의해 승니 300여 명이 불에 타 죽은 사건이 일어났다. 이것을 계기로 한 폐불운동은 거의 전 중국에 파급되고 각지의 피해는 막대한 것이었다.

이 폐불의 지도이념이 된 것은 상술한 공산사상의 종교부정 및 문학혁명의 구문화 배척에 근간하고 있으나 배불운동의 직접적인 원인이 된 것은 강소대학 교수 태상추(邰爽秋)의 '묘산흥학운동(廟産興學運動)' 선언이다. 이 선언서는 민국 17년의 사건으로 그가 주장하는 바는, '특수계급이며 온갖 죄악의 근본을 이루는 승벌(僧閥)을 타도하자. 이 승벌 밑에서 괴로워하는 승중을 해방하자. 승벌 소유의 묘산(廟産)을 몰수하여 이것으로 교육사업에 충당하자' 는 것이었다. 게다가 그는 이 일을 실행하기 위해 신속히 각지에 단체를 조직하고 이 운동을 제창하여 전국교육회의에 건의하거나 혹은 중앙에 알려 법령의 제한을 청원하여 영구히 교육기금으로 할 것을 확정하자고 외치고 있는 것이 아닌가.

이 묘산흥학사상 및 그 운동은 이때 처음 발생한 것이 아니고 이미 청 말부터 주장되어 사산이 몰수되었고, 사묘가 학교로 개변하게 되었으며, 그 후 민국이 들어서고 나서도 항상 이 사상은 등장하여 이에 관한 사건이 각지에서 발생해 온 것이었다 하지만 태상추 교수의 운동만큼 조직적이 아니었고 강렬하지도 않았으며 그 영향도 그다지 큰 것은 아니었다. 그러나 이 태상추를 중심으로 한 격렬한 운동은 당시의 사회혁명사상과 상응하며 한편은 국민정부를 움직였고, 또 한편은 지방의 혁신분자를 선동하여 이에 급속한 진전을 보았다.

민국 17년 가을, 정부는 '사묘등기조례' 안을 내어 사묘의 재산조사를 행하고 계속하여 '신사존폐표준' 안을 공포하고 민간의 미신타파운동에 착수하여 세상에 해가 된다고 여겨지는 신사사묘의 파기로 발전하였다.

이것은 오로지 문화를 저해하는 미신타파운동이며 남겨놓아야 할 신사와 폐해야 할 신묘와의 표준을 나타내는 것이었으나 각지에서 행한 신묘파괴의 행위는 확실한 구별이 없었고, 전술한 묘산흥학의 사상과 맞물려 미신이 아니라 존치해야 할 필요가 있는 사묘에 대해서도 사산의 몰수와 그 파괴며 점거가 성행하였으니 불교계에 일대 충격을 더하였다.

상해에서는 시정부에서 '승니취체변법' 안을 내어 승니의 정리를 행하여 50세 이상이 아니면 출가를 허락하지 않는다고 하였다. 또 수도 남경에서도 시장의 명령으로 인민이 불상에 예배하거나, 승중이 경참하는 일 등을 금지하였고, 모든 시의 묘 380여 개를 전부 훼석하자고 하는 지경이었다. 다음해 18년(1929) 1월 정부는 '사묘관리조례'를 발포하여 사묘압박을 더욱 재촉하였다.

이와 같은 불교계의 중대 위기에 즈음하여 즉시 필진을 휘둘러 반대 운동에 분연히 일어선 사람이 대허(大虛)이다. 태상추의 '묘산흥학운동'에 이어 곧 불교개혁의 신운동에 몸을 던진 대허는 확고히 반대선언을 발표하고 남경에 나와 '중국불학회(中國佛學會)'를 발흥하고 이어 전국 사원에 서신을 띄워 불교도의 단결을 재촉하면서 정부에 대한 반대운동을 전개하였던 것이다. 이리하여 중국불학회에서 「중국불학」이, 하문(廈門)의 민남불학원에서는 「현대승가」가 발행되고, 종래의 대허 주재의 「해조음」이 간행되면서 제각기 활발하게 이 문제를 논구하여 당국의 부당함을 규탄함과 동시에 승계교단의 개혁을 외쳤다. 이것은 후에 설명할 대허 일파의 불교교단 혁신의 신운동이었다.

한편 따로 원영, 대허, 인산, 왕일정, 관형지 등 그 외의 승속이 중심이 되어 전국적 불교통일단체인 중국불교회를 조직하여 원영이 회장이 되고 각 성에 이 조직이 이루어져 즉시 활동을 개시하여 정부를 향해 상기의 '사묘관리조례'의 개정을 촉구하였다. 이 불교측 반대운동이 효과가 있었던지 민국 18년(1929)의 가을 11월에는 '감독사묘조례'로 개정되었다. 그러나 이 개정은 단순히 적극적 압박에서 소극적인 자멸을 바라는 조례로 개정된 것에 지나지 않았다. 뿐만 아니라 그동안 각지에서는 한층 배불과 사묘점거 소동이 끊이지 않았으며, 그 해 장개석은 북벌 성공에 임해 '삼민주의'를 국시로 하여 '타도공로'를 외치고 곡부(曲阜)의 공자 묘마저 파괴하려고 한 것을 보면 각 지방의 배불문제가 얼마나 심각한 것이었는지 어느 정도 상상할 수 있을 것이다.

태상추의 묘산흥학운동과 불교도의 대결

민국 19년(1930) 가을 태상추는 재차 〈묘산흥학촉진회선언〉을 발표하고 중앙대학을 근거로 활발하게 활동을 개시했다. 20년(1931) 5월 남경에서의 국민대표회의는 그 안을 제출하여 법률화하고자 했다. 중국불교회에서는 또 그의 선언에 즉시 반박했다.

328

그 이후 자주 불교도대회를 개최하여 대책을 강구하였으며, 국민대표회의에 대해서도 사묘 승니의 보호를 제안했다.

한편 불교혁신운동에 여념이 없는 대허도 역시 국민대표회의의 대표에게 서면으로 현재 사묘가 법률에 어긋나게 병영, 학교와 기타 무법점거되어 있는 사실을 지적하여 이것을 3개월 이내에 반환해야 할 것이라고 주창했으며, 또 불교가 얼마나 5족(族) 통일에 중대한 역할을 차지하고 있는지, 불교의 자비애민이야말로 5족 통일의 완전한 지도원리이며, 삼민주의는 불교사상에 의해서만 비로소 완전하게 이해되고 성립하는 것임을 논하여 위정자의 반성을 촉구한 것이다.

이리하여 회의에서는 불교도의 운동이 그 효과를 나타내어 헌법은 인민의 신앙자유를 재차 규정하였고, 동년 8월에 정부는 전국에 공표하여 어떠한 기관단체일지라도 불사승산(佛寺僧産)을 침략할 수 없다고 하는 불교보호령을 내려 이 배불사건은 일단 결말을 보았다.

이 사건은 전술한 것처럼 태상추의 묘산흥학운동이 계기가 되고 있으나 당시의 구문화반대운동, 종교부정의 공산사상, 미신타파운동의 여파 등도 맞물려 발생한 것이다. 또 삼무일종의 폐불사건의 원인에 공통되는 사실, 즉 국가 재정상의 문제와 교단의 타락이었다. 태상추의 묘산흥학의 논지는 교단의 쇠미타락은 말할 것도 없고 국가 재정상 문제로 공격한 것이었다. 묘산흥학은 불교인 측에서도 반대해야 할 것이 아니고 불교개혁운동에 투신한 사람조차도 같은 의견이며, 사원에서 반드시 학교를 일으켜 사산의 일부를 교육사업에 충당하자고 외치고 있었다. 그러므로 이 논은 국가 재정상의 입장에서 당연히 요구되는 것이었다고 해도 좋을 것이다.

이처럼 불교계는 배불사건에 자극되어 각 성에 제각기 불교회가 조직되었고, 교단의 개혁과 부흥운동이 이루어졌다. 청 말부터 민국 초에 걸쳐서 불교부흥에 일신을 바친 사람은 앞장에서 설명한 양인산 거사와 천동사 경안이다. 또 그 이후 많은 승속의 호법운동가, 부흥운동가가 배출되고 있다. 경안의 중국불교총회에 대해 구양점 등의 거사를 중심으로 하는 중국불교회와 경안이 주창한 불교총회가 하나같이 민국 원년에 조직되어 정부에 대해서 사산보호의 청원운동을 발기하고 동시에 불교의 사회교화에 전력하고 있다.

불교혁신운동

승속의 불교부흥운동에서 무엇보다도 불굴의 투지로써 불교계의 혁신운동, 더 나아가 불교의 세계화에 화려한 업적을 남기는 데 전력투구한 사람은 앞서 말한 대허와 그 제자 상성, 대성 등의 일파이다.

대허의 혁신운동은 경안 스님의 의지를 계승한 것이며, 일찍부터 스승 밑에서 이 혁신운동에 참여했고, 민국 원년(1912)의 중국불교총회 활동에는 본부에서 불교 월간지를 편집하여 크게 필진을 떨쳤다. 그의 「정리승가제도론」은 민국 4년(1915) 27세의 저술이다. 그 후 10년에 「승제금론」을 저술하여 그의 개혁 의견을 발표하였으며, 그 밖의 여러 잡지에 불교신운동계획을 발표하고 있다.

330

대허의 불교부흥 제1 이상안은 새로운 승제의 건설이다. 27만의 사묘와 74만의 승니에 대해 어떻게 정리하고 활용할까를 주안으로 삼았다. 여기서 그는 종래의 악폐를 제거, 사원승니를 개혁하지 않으면 안 될 방향을 제시하면서 현대에 적응하는 사묘 승니의 건설적 내용을 주장하였다. 그리고 "중국불교의 혁명은 손문혁명사상처럼 건설적 혁명으로 불교에 의해서만이 삼민주의 문화가 건설되고 중국혁명이 완성 될 수 있다는 것이다"라고 주장하였다.

특히 삼민주의에 따라 불승(佛僧)·불화(佛化)·불국(佛國)의 삼불주의(三佛主義)를 주창하고 있다. 불승주의는 승단의 개혁으로 타락한 승려를 배격하고 훌륭한 승려의 양성을 목적으로 하는 것이며, 불화주의는 전국에 승속의 신중단체를 만들어 사회를 불교화하고 전국민이 불교생활화의 길을 걷게 하려는 것이며, 불국주의는 이 국토를 불국정토로 가꾸고자 하는 보살행을 말하는 것이다.

이어 교단 승니의 개혁에서는 승중을 분류하여 장로중(학행복무 30년 이상인 자), 학행중(구학비구·홍법보살), 니중, 복무중을 두어서 출가자일지라도 생산업에 종사해야 한다는 주의에 따라 출가자의 신분으로 농공상에 종사하는 자를 여기에 충당하고 있는 것은 주목할 만한 일이다.

다음에 대허의 운동과는 따로 원영 등의 개혁운동이 있다. 대허의 혁신적 사상에 대해 보수적, 점진적 개혁사상으로 여기에 대허파와 이분하여 원영파라 불렸으며, 그들의 운동 또한 계속되었다. 이 교단개혁의 사상은 문학혁명 이후 급속히 대두한 것으로 상술한 배불사상에 대항하여 호법운동을 전개함과 동시에 교단 내부의 정리개혁 및 사회교화에 전력한 것이다.

그러므로 뜻있는 승속은 모두 이 운동에 참가하여 불교의 부흥에 참여했다. 민국 89년부터 속속 발행된 「해조음」, 「현대승가」, 「불화신청년」, 「중국불학」, 「인해등」, 「위음」, 「세계불교거사임임간」, 「불학반월간」, 「홍법사간」, 「동방문학」 등 많은 불교기관지는 모두 이 운동에 참가하여 혁명을 완성함에 있어 크나큰 힘을 더해주고 있다. 특히 「해조음」, 대성이 편집한 「현대승가」, 불학서국의 「불학반월간」은 그 대표적인 것이라 해야 할 것이다.

인재양성

불교혁신운동은 순조롭게 진행되어 갔다. 하지만 불교혁명에 있어 가장 먼저 요구되는 것은 인재(人材)이다. 이에 필연적으로 인재양성 기관의 설치를 생각하지 않을 수 없었다. 수야매효(水野梅曉)가 장사(長沙)에 설립한 학교, 동본원사가 남경에 세운 금릉학당, 그 밖의 학교설립에 자극받아 불교계 학교가 차츰 개설되어 갔다. 그 중 민국 11년(1922)에 창립한 무창불학원(武昌佛學院)은 대허를 원장으로 한 이상적인 학교로 전국 학교의 모범이 되었기 때문에 당시의 청년승려들은 누구나 동경한 학교였으며 인재배출의 요람지였다고 할 수 있다. 따라서 그 규칙도 엄격하고 교수 강사일지라도 승려는 반드시 계율을 엄수해야 했으며, 거사 또한 삼귀의례를 받지 않으면 안 되었다. 하문의 민남불학원은 무창의 그것에 버금가는 것으로 이름을 날리고 일찍부터 일본어과를 설치하여 하문 동본원사 교당의 신전혜운(神田慧雲)

332

등이 교수로 임하고 있었다. 또 영파(寧波) 체한(諦閑)의 홍법불학원, 북경의 홍자불학원 등도 유명하였다.

그 외 특수한 것으로는 서장 유학을 준비하는 학교로서 북경에 장문학원이 설립되었다. 또 규모가 가장 광대한 것은 대허의 세계불학원의 계획이다. 세계를 불교화하려고 기획하여 설립한 것으로 무창불학에 세계불학원 선관림을 설치하고 있다. 또 개봉의 율의원, 하문불학원의 일문과, 북경의 장문학원 등 모두 이 계획 밑에 있는 것이었다.

이 승니 양성기관의 설치는 불교학의 연구도 수반하였다. 남경의 지나내학원 및 북경의 삼시학회는 거사의 불교연구소로서 그 이름이 높았다. 내학원의 양인산의 고제 구양점 등이 설립한 것으로 스승의 유지를 이어 불교의 홍륭에 진력했으며, 특히 유식연구에 큰 업적을 올리고 있다. 한편 북경의 삼시학회는 한청정, 한철무 형제를 중심으로 하여 유식연구를 주로 하였으며, 남방의 내학원과 상대하고 있었다.

이와 같이 승려의 교육기관 및 승속의 연구단체기관이 설치되면서 중국불교를 짊어질 인재가 양성됨과 동시에 불교연구의 성과도 차츰 나타나기 시작했다. 민국 초년부터 상당수의 인재가 배출되어 호법호산운동과 불교부흥운동에 각각 활약하고 있다. 유명한 양인산, 천동사 경안에 이어 정토의 인광, 천태의 체한 및 도계, 대허 등의 소위 4고승이라 말해지는 사람을 비롯하여 융천사 가선, 광제사 현명, 복주의 원영, 진강의 인산, 청도의 염허, 하문의 상성과 대성, 영파의 보정 · 홍일 · 법방 · 지봉 · 기진 · 담현 · 정안 · 전랑 · 범성 · 홍성 · 홍자 · 진화 · 수배 · 지송 · 법존 · 희각 등 이루 헤아릴 수 없이 많다. 앞서 말한 인광은 당대 중국 정토교의 제1인자로서 이름이 높고, 체한은 천태학자로서 이름을 날렸던 인물이다.

또 승려와 함께 민국의 중국불교를 부흥하고 유지해온 거사의 활약에 주목하지 않을 수 없다. 특히 상해 세계불교거사림의 왕일정(王一亭)은 그 대표자인데 폐불시에 강절지방에 있던 사묘의 대부분이 무사 할 수 있었던 것은 실로 왕일정의 활약에 의한 것이라고까지 말해진다. 중국내학원의 구양점을 비롯해 장유교 · 재천구 · 매광희 · 한청정 · 한철무 · 호서림 · 서홍보 · 엽공작 · 혁운봉 · 장병린 · 왕문빈 · 관형지 · 강조종 · 범고농 · 고학년 · 왕집당 · 전동 · 하련거 · 허단 · 주숙가 · 고관여 · 주석승 · 당대원 · 이원정 · 정복보 등 그 밖에 수없이 많은 인물들이 있다. 이들은 각기 자신의 주거지에 위치한 불교거사림에 관계하면서 불교 각 방면에 눈부신 활동을 계속한 사람들이다. 이에 민국은 거사불교의 융성시대라고 말 할 수 있겠다.

학술

이와 같은 승속의 배출은 그 후 불교의 온갖 부문에 걸쳐 현저한 발전을 가져오게 되었다. 이제 학술, 출판과 사회사업 및 교화 방면에 관해 살펴보기로 하자.

우선 학술면에서는 상술한 중국내학원, 삼시학회 또는 각불학원, 거사림 등에서 발행하는 학술연구지 및 저서 등이 있어 당시 학술활동의 전모를 파악할 수가 있는데, 그 중에서도 유식연구는 상당한 권위를 가지고 있었다. 전반적으로 근세 중국불교는 심히 저조했고 교학상으로도 내세울 것이 없으며, 민국 당시 부흥을 재차 꿈꾸기는 했지만 일세의 명저라 할 수 있는 것은 없다. 민국 당초 대부분은 일본 저서 논문의 역출로 학술의 풍토를 서서히 다시 일구고 있었으며, 그 후 급속한 제종의 조사연구 성과에 의해 학계에 크게 도움이 되는 것이 있었다. 민국 22년(1933)에 장안에서 발견된 송의 적사판대장경, 산서에서의 금판대장경 및 그 조사와 영인발행 등 또 북경을 중심으로 한 도희성 일파의 「식화」지에 의한 불교사회경제사의 연구 등은 분명하게 하나의 분야를 개척한 것이라 할 수 있다. 탕용동의 『한위양진남북조불교사』, 진원의 『명계진금불교고』 등의 사학면이나 구양점, 한청정, 대허, 매광희 등에 의한 유식의 저술, 혹은 돈황문서에 의한 불교 연구나 그 밖의 경록의 연구 등 활발한 연구를 많이 내놓고 있다.

출판계도 크게 활기를 띠었다. 양인산의 금릉각경처를 비롯해서 상해의 불학서국, 북경의 대불사류통처, 중앙각경처, 그 밖에 각지의 불학원 등에서도 불서의 출판을 기획하였으며, 나아가서 상해의 의학서국, 또는 세계서국, 상무인서관 등의 일반 출판사에서도 속속 불교의 저술을 간행했다. 불교출판계는 대단히 융성해졌다고 할 수 있다. 특히 상해에서 일본의 축책장경을 번각한 빈가정사의 『빈가장』을 간행하였고, 같은 상무인서관에서 일본 속장경의 번각이 있었고, 민국 31년(1932)에 주자교, 기옥보, 범성 등에 의해 새로 발굴된 송판척사대장경이 영인되었으며, 마찬가지로 새로 발견한 금판대장경의 희극본이 『송장진귀』로서 상해와 북경에서 영인, 간행되었다. 민간 25년(1936)에는 북경 백림사장의 용장이 인행되었다. 이들 대장경의 간행은 민국의 불교로서 특기해야 할 것이다. 또 경전이나 조록의 간행이 불학서국, 내학원, 각 불경유통처에서 이루어졌고, 선서(善書)라 불리는 불교 소책자가 활발하게 인행되었는데, 북경의 중사각경처는 바로 그 전문점이다.

인광과 체한, 그 밖의 고승들의 총서며 학술연구 서적 등이 간행되어 불교의 보급에 일조를 하였다. 특히 시행본을 다수로 편찬하여 불교보급에 전력한 매광희, 정복보의 공적을 잊어서는 안 된다.

사회사업

사회사업 및 사회교화면을 살펴보면, 북경의 용천사 각선은 자신의 생애를 고아원을 위하여 바치다 끝내는 실명했으며, 상해의 왕일정은 온갖 불구자를 수용하는 잔질원과 고아원을 세웠고, 관형지는 상해 자유원, 연파 백의사의 고아원을 설치했다. 또 각지에 고아원, 양로원, 시약기관, 시료기관 등이 불교회이며 각 단체, 사묘, 개인 등에 의해 경영하여 갔다. 일시적이기는 하나 민국 10년(1921) 화북 오성의 대기근에 즈음하여 그것을 구제할 목적으로 불교주진회(佛敎籌賑會)가 설치되어 크게 활동했다. 민국 12년(1923)에는 일본의 관동대지진 구제에 불교보제일재회가 설치되어 전국적인 규모의 운동으로 크게 활약하였다. 대체로 중국불교에서는 출가자는 계율을 지키며 은둔적이고 비사회적이므로 사회사업은 특수적인 행위로 간주되는 것이 보통이었지만 민국의 불교 신운동의 주장에 따른 이 방면의 진출은 거사와 함께 승니가 차츰 사회에서 활동하는 계기가 되었다.

사회교화에 있어서는 연사, 정업사, 염불사 등 승속의 수양단
체가 설치되고 채식주의가 제창되었다. 즉 도살을 금하는 방생사
상에 의하는 것으로 북경의 육미재, 상해의 공덕림을 개설했다.
이것은 사람들에게 음식에 의한 불교의 자비를 가르치고자 한 것
이다.

그 밖의 교화사업으로서는 그다지 볼만한 것은 없다. 그러나
불교의 신운동에서 불화주의가 강조되고 불교의 사회화, 생활화
가 주장되었다. 활동단체로서 민국 13년(1922)에 북경의 학생을
중심으로 한 북경불화신청년회가 설립되고 월간 「불화신청년」
을 간행하여 불교의 생활화에 전력한 일은 주목해야 할 것이다.
이 단체의 전국 유세에 힘입어 각지에 불화신청년회가 개설되면
서 활발하게 불교운동을 전개해 나갔다. 또 불교도의 특수포교로
서 감옥포교, 철도포교, 군대포교 등을 행하였다. 특히 감옥포교
는 민국 8년(1919) 무렵부터 절강성 제일감옥에서 시작한 것을
계기로 차츰 각지의 감옥으로 행하였다.

다음에 교단의 부흥, 특히 가람의 부활을 지적하지 않을 수 없
다. 상술한 것처럼 청 말부터 배불사상에 의해 타 세력에 점거당
한 뒤 황폐해져 갔던 가람은 많은 승속의 노력에 의해 서서히 수
복, 증축되었고, 이에 면모를 일신한 것도 많다. 오대산의 수많은
가람과 강남의 여러 큰 절, 특히 상해의 법장사는 놀랄 정도의 근
대적 설비로 건립되어 있고, 산동 제남의 정거사 또한 근대적인
철근건축이다.

중국에서 불교의 중신의 화중(華中)이며, 강소, 절강 지방의
남경, 진강, 양주, 소주, 상해, 항주, 영파, 보타산 등은 특히 대가

람의 밀집지대로 칠당가람의 당당한 대건축을 눈에 끌게 하는 것이 있다. 게다가 많은 사산과 수많은 승도를 수용하고 있는 점은 겨우 오대산과 북경에 근거를 둔 것에 지나지 않는 화북불교 등과는 비교되지 않는다. 화북의 사묘는 화남에 비하여 몹시 황폐되어 있었던 것이다.

게다가 이들 사원은 아무런 종파의 구분이나 규제 없이 오직 시방파(十方派)와 자손파(子孫派)로 구별되고 있다. 시방파는 모든 사람에게 개방되어 유덕한 사람이 선출되어 주지가 되는 것이며, 자손파는 법맥자손의 상속이다. 게다가 그들 승도는 한결같이 엄중하게 계율을 지키는 승풍을 유지하고 있었던 까닭에 이들은 은둔적이고 비사회적이라는 비방을 면할 수 없다. 또 큰절에는 계단이 갖추어져 수계할 승률은 멀리 떨어진 곳에서도 모였고, 아직 계를 받지 못한 수백 명이나 되는 출가자는 수십 일에 걸친 엄격한 수행 끝에 수계하여 비로소 계첩을 얻어 승려가 되었던 것이다. 이에 비해 승도의 교육정도가 몹시 저급한 것은 중국불교가 근본적으로 저조했음을 의미하는 것이다.

2. 중화민국의 불교와 민간신앙

중국은 일본불교처럼 엄격한 종파의 구별이 없다. 가장 활발하다고 하는 정토교도 전문사원은 적다. 지금까지 설명한 것처럼 근세 중국불교는 제종융합의 불교이며, 나아가서는 삼교귀일의 불교이다. 무엇보다도 그 중심은 정토염불이면서 외형상으로는 대부분 선종이라고 말하고 있다. 따라서 중국 각지에 존재하는 다수의 사원은 거의 선사, 선림이라 이름한다. 그 중에 천태, 율 등의 전문사찰도 존재하고 있으나 내용이나 신앙행위는 염불이 며, 서방왕생이라고 해야 할 것이다.

정토교

어떠한 총림이나 사묘일지라도 선당(禪堂)과 염불당을 설치하지 않은 곳이 없으므로 민국의 중국불교는 정토교라고 해도 틀리지 않다. 선림의 대덕이나 시정산간에서 세상을 보내는 무지문맹한 농부도 한결같이 미타의 염불을 외우고 있고 육자명호는 불교도의 인사말이 되었다. 이 미타염불사상은 불교도뿐만 아니라 도교도까지 신앙하고 있다. 도교의 신들 중에는 미타여래가 있고 무량수불이 있으며 관음과 지장이 있다. 여기에서 중국 민간신앙의 특색을 발견 할 수 있다.

이 정토교의 대표자는 인광(印光)이다. 섬서성에서 출생, 20년간 보타산에 있었고, 후에 소주 보국사에서 법을 폈고, 만년은 성밖의 영암사에 머물렀다. 29년(1940) 11월 80세에 시적하였다. 『인광법사정속문초』와 그 밖의 저술이 있다. 그의 정토교에 있어서 커다란 교화업적은 운서 이후 300년 이래 그가 제일이라고 할 정도였다. 이어 원영, 대허도 필설로 활발하게 염불을 펼쳤다.

따라서 각지에 염불단체, 즉 정업사, 연사, 염불사 등 승속의 신앙결사가 많이 갖추어지고 활발하게 염불을 수업했다. 한편 사원에 있어서도 상술한 것처럼 반드시 염불당을 갖추고 있었고, 또 각 사원에서 조석의 행사는 필히 미타경 독송, 그 밖의 염불주 등이 일과가 되고 있다. 또 각 불하권, 거사림 등에도 똑같은 염불행사가 갖추어져 있는 것은 정토미타신앙이 중화민국에 있어서 신앙의 제1위를 점하고 있는 사실을 보여주는 것이라 하겠다. 중국 정토교의 초조인 혜원의 유적은 오늘날도 여산에 전해지고, 의연히 정토염불의 성지로서 추앙받고 있다. 그리고 중국 정토교를 내성하고 일본 정토교를 발흥한 담란, 도작, 선도 3조의 유적인 산서성 현중사는 황폐하기는 하였지만 제당(諸堂)이 수축되면서 옛 모습을 드러내 일본과 중국의 불교도의 염불성지로 부흥되고 있다.

선종, 밀교

선종은 근세 불교사상계의 왕좌를 점하고 있기는 했으나 민국의 선종은 대가람을 지키고 있을 뿐 아무런 사상도 신앙도 가지고 있지 못했다고 할 수 있다. 도리어 율사(律寺)가 상당한 권위를 가지고 존재하였으며, 천태종도 그 명맥을 유지하고 있다.

민국 네 고승 가운데 한 사람인 체한의 천태학은 정토의 인광에 상응하는 것이다. 또 밀교는 대용, 지송 등이 일본에 유학하여 이것을 배워 전했고, 또 권전뇌부(權田雷斧)가 도화함으로써 전법관정 등에 의해 그 부흥이 가능하였던 것이다.

한편 서장 라마교의 연구도 진행되어 서장에 유학하는 사람도 속출했다. 중국 불교사상의 중심을 이루고 있는 사상은 유식사상이며, 남경의 지나내학원, 북경의 삼시학회가 연구의 쌍벽을 이루고 있었던 일은 상술한 바 있다.

라마교

천대에 융성의 극을 달리던 라마교는 산서의 오대산을 중심으로 하여 동북지방(만주) 몽고에 그 교전을 유지, 오대산의 성지는 라마교, 총본산의 관을 이루고 있다. 그러나 옛날의 융성함은 볼 수 없다. 오대산은 문수의 영지로서 내외 인사의 순례지인 것은 변함이 없으나 라마교의 황묘에 비하여 종래의 불교인 청묘는 서서히 쇠퇴했고, 이에 대신하여 보제불교회가 세력을 얻어 오대산 불교를 대표하고 있었던 일은 주목해야 할 내용이다. 이 보제불교라는 것은 순수한 불교가 아니고 내용상 도교적 색채를 포함하고 있는 것으로 보이며, 이 점은 그 후의 오대산 불교를 생각하는 데 있어 중요한 문제로 대두될 것이다.

융합불교

중국의 불교는 상술한 것처럼 정토, 선, 천태, 밀, 법상, 라마 등 여러종파로 나뉘기는 하지만 결코 일본처럼 종파를 의미하는 것이 아니고 모두 융합한 내용이며, 여러 가지 수행을 뒤섞어서 행하고 있었다. 거기다 단순히 불교의 각 종파뿐만 아니라 불교, 도교의 두 종교가 혼동되어 있는 부분도 적지 않아 서로 영향을 끼치고 융합하고 있었다. 이것이 중국불교의 가장 큰 성격이라 하여도 좋은 것이다.

어느 학자는, 중화민국은 국민 대다수가 도교도라고 말하고, 어느 사람은 중국에 있어서 인구의 8할은 불교도라고 말한다. 이 내용은 다시 말해 불교도임과 동시에 도교도라는 의미이며, 이 두 가지 주장이 서로 어긋나는 말은 아닌 것이다.

중국불교는 도교적 불교이며, 도교는 불교적 도교라고 말해지는 이유는 사원 내에 관제상이며 진무대제 그 밖의 도교적 신상을 모시고 그 행사 등도 도입하고 있기 때문이다. 도관에서도 미타여래며 석가불, 특히 관음상 등이 함께 제사되고, 도사는 염불을 외우고 반야심경이며 미타경 등을 독송하고 있는데, 이것은 가히 신기한 일이 아니었다. 도관 내에 도사와 승려가 동거하면서 똑같이 조석예불을 모시고 있으며, 거기에 아무런 모순을 느끼지 못하는 것이다. 그러므로 불교도이면서 도교도일지라도 하등 이상할 것은 없다.

물론 불교사원 전부와 전 불교도가 이와 같다고 단언할 수는 없다. 하지만 불교의 유력한 거사이면서 한편 도교적인 행사에 관계하고, 염불을 외우면서 개제에 기원하며 여조가 산가지를 뽑는 사람들이 많은 것은 부정할 수 없는 사실이다. 이런 일들은 지식계급이며 교양있는 사람들에조차 흔히 있는 모습이었으므로 무지문맹한 당시 일반대중에 있어서는 당연한 사실이라 하지 않을 수 없다.

민간신앙

전반적으로 중국의 민간신앙은 불교적이든가 도교적인 것이다. 그러나 그들에게는 신앙하고 있는 대상이 불교의 불보살이든, 도교의 여러 신들이든 조금도 개의치 않았으며, 그것을 따지고 들 필요도 없다. 오직 자신의 소원을 들어주고 영험이든 무엇이든 확실하게 최대의 행복을 가져다주는 것이라면 좋은 것이다.

북경의 중사각경처에서 출간한 시본용 선서(善書)라고 하는 것에 많은 영험기가 있다. 『관음영이기(觀音靈異記)』, 『염불영험기』 등을 비롯해 대부분의 영험기는 이와 같은 신불의 영험설화로 일관하고 있다. 이것은 그대로 중국의 불교신앙을 잘 말해주고 있는 것이라 할 수 있다. 또 불교입문서로서 편찬한 불학총서 중의 『불학초계』 「정복보편」을 펼치면 1장에는 확실하게 귀신이 존재한다는 사실, 2장은 염왕지옥이 확실히 존재한다는 사실, 3장은 윤회전생, 4장은 인과응보, 5장은 삼보의 불가사의함, 6장은 삼귀의, 오계, 십선, 육도를 지켜야 할 것, 7장은 정토행을 수업해야 할 것 등을 가르치고 있다. 이것만 보아도 중국불교의 신앙이 어떤 방향으로 향하고 어떻게 불교를 이해하고 있었는가를 알 수 있을 것이다. 우선 지옥 극락의 존재를 믿어 일체공덕을 닦고 신불의 가호에 의해 현세와 내세에 절대적인 행복을 얻으려고 하는 것이 중국 민간신앙의 근본적인 실태인 것이다.

어쨌든 그들 일반민중의 신앙 대상을 조사에 보면 관제를 가장 믿었고, 다음이 관음보살이다. 당시 중국에 있어서 도시는 말할 것도 없고 어떠한 산간벽지라 해도 관제를 모시지 않는 곳이 없고 관음당을 만들지 않는 곳도 없었다. 관제와 관음이야말로 중국에 있어서는 민간신앙의 중심을 이루는 것이다.

관제는 삼국시대 촉의 유비와 결탁하여 촉을 위해 크게 활약하고 의를 위해 싸우다 죽은 관우를 말하며, 무신(武神)으로서 숭배되고 있는 것과 함께 재복신으로서 민간에 크나큰 신앙의 대상의 되고 있다. 도교계에 속하는 것은 물론이다. 한편 관음보살은 당연히 불교적인 것으로 미타의 협시불로 모셔지고 있으나 그것과는 관계없이 자비신, 초복신(招福神), 또는 관음처녀로서 아이를 점지하는 신으로까지 신앙하고 있다. 또 백의대사, 남해대사, 자항대사(慈航大士)로 신앙되고 있는 것도 모두 관음보살이다.

그 다음으로 많이 존재하는 묘는 북극성의 진무대제를 모시는 진무묘(眞武廟), 천지수를 모시는 도교신의 삼관묘(三官廟), 태산의 벽하원군(碧霞元君)과 그 밖의 여신을 모시는 낭랑묘(朗朗廟), 태산을 모시는 태산묘, 동부묘 등이다. 이 외에도 헤아릴 수 없이 많이 있으나 그 중 각 현상에 문묘, 즉 공자묘와 함께 반드시 대가람을 갖추어 모시고 있는 성황신의 신앙에 주의하지 않을 수 없다.

성황묘는 토지신을 받드는 토지묘와 함께 사후생활을 관장하는 묘로 여기에는 대부분 시왕전(十王殿)을 갖추고 있다. 즉 시왕사상에 의한 지옥의 심판을 표현한 것으로 지옥의 괴로운 모습을 여러 형상의 조각상으로 나타내고 있다. 이 시왕지옥의 표현은 어떤 어리석은 범부라 할지라도 쉽게 이해하였고, 그들의 인생에 의외로 큰 영향을 주고 있었던 것이다.

북경 조양문 밖의 동악묘에 있었던 72사(司)의 신상과 18지옥의 지옥상은 북경인의 생활에 얼마나 커다란 영향을 미쳤을까. 비록 이것이 미신으로 배척받았어도 중국에 있어서 매월 1일, 15일의 동부묘의 혼잡을 보면 민간에 뿌리 박힌 그 신앙을 쉬이 뽑아내기 어렵다는 사실을 알 수 있을 것이다.

이외에도 중국에서는 너무나도 많은 신들이 있어 잡연하게 신앙되고 있다. 그 중에는 유해무익한 미신적인 신들도 신앙되고 있다. 여기에 관해 민국 초년에 문학혁명을 계기로 미신타파운동이 전개되어 많은 묘사가 폐훼되어 가는 사건이 일어난 사실은 이미 전 장에 설명하였다.

민국 17년(1928) 11월 국민정부가 발포한 '신사존폐표준'을 보면 그대로 두어야 할 신묘와 폐해야 할 신묘의 구별을 다음과 같이 규정하고 있다. 즉 그대로 두어야 할 것으로는 먼저 철학자 류에 들어가는 복희, 신농, 황제, 창힐, 대우, 공자, 관우, 악비 등의 사람들과 종교계통의 석가, 지장, 미륵, 문수, 관음, 노자, 원시천존, 삼관, 천사, 왕령관, 여조 등의 불교, 도교의 신불과 회교, 야소의 신들이 여기에 포함되어 있다. 이리하여 도교에 있어서 부록금주(符籙禁呪) 등 세상을 어지럽히는 그런 것은 일체 엄금한다고 하고 있다.

　　한편 폐훼해야 할 것으로는 고래로 제사를 모셔왔던 신들을 잘못 알기도 하고, 혹은 불교·도교에 부회하여 그 본의를 잃고 생겨난 것들이 많은데, 일월성신의 신, 오옥사독, 동부대제, 용황, 성황, 토신 등의 산천토지의 신, 풍운뇌우의 신 등 고신류(古神類)와 송자낭랑, 재신, 두신, 호선 등의 음사류(淫祠類)이다. 이 존폐의 표준과 그 분류에 관해서 논의할 점은 많이 있으나 어쨌든 민중의 잡다한 신앙을 정리하고 유해한 미신을 타파하려고 꾀한 것이다. 그러나 과격분자의 과격한 개혁은 전 장에서 설명한 것처럼 모든 사묘의 파괴로까지 이르고 있었으나 불교도들의 반대 때문에 그 목적을 달성할 수가 없었다. 따라서 중국의 민간신앙은 의연하게 흘러내려오고 있었다.

　　근래 유사종교, 종교적 비밀결사가 속출하고 있으나 특히 주목해야 할 것은 각 종교를 종합한 신종교의 출현이다. 예를 들면 세계적인 활동을 하고 있는 세계홍만자교(世界紅卍字敎)의 도원은 유교, 불교, 도교, 회교, 기독교를 포함해 오조를 받들고 있으며, 또 북경에 본부를 둔 구세신교회(救世新教會)와 그 유사종교에는 석가, 공자, 노자, 그리스도, 마호멧 등 다섯 종교의 교주를 받드는 것이 대부분이며, 유·불·도 삼교귀일의 종교도 많다. 그러나 어느 것이든 그 주된 것은 불교이며 도교이다.

불교의 부흥

근년에 와서 대만을 중심으로 하는 중국불교는 중국불교회 회장 도원(道源)을 비롯해 백성(白聖), 정심(淨心) 그 밖의 열성적인 사람들에 의해 불교가 부흥하기 시작하였다. 백성을 발행인으로 하는 「중국불교」지는 월간으로, 이미 10년째를 맞고 있으며, 출판에서도 방대한 양의 대장경 간행을 기획하는 것과 함께 학술적인 불교서적도 간행하고 있는 일은 불교를 성실하게 다루어 새로이 부흥을 향하고 있는 사실을 나타내는 것이라 할 수 있다. 이 「중국불교」지의 지사는 홍콩의 우담을 시작으로 아시아 전역 각국에 분포되어 있다.

3. 중화인민공화국의 불교

1954년 9월 20일 제1회 전국인민대표회의가 개최되어 중화인민공화국 헌법이 채택되었다. 즉시 공포된 중화인민공화국 헌법의 전문에는 '중국의 인민은 100년 남짓 영웅적인 투쟁을 거쳐 드디어 1949년 중국 공산당의 지도를 바탕으로 제국주의, 봉건주의 및 관료 자본주의에 반대하는 인민혁명의 위대한 승리를 싸워

얻고, 그에 따라 오랫동안 압박받고 노예가 되어 살아온 역사를 끝내었고, 인민민주주의 독재의 중화인민공화국을 세웠다. 중화인민공화국의 인민민주주의제도, 즉 신민주주의제도는 우리나라가 평화로운 길을 통하여 착취와 빈곤을 없애고 번영하여 행복한 사회주의 사회를 건설할 수 있도록 보증하고 있다'고 밝히고 있다.

모택동을 중심으로 하는 중국공산당은 8년간의 긴 항일전쟁과 일본의 항복에 따른 제2차 세계대전의 끝을 고비로 3년 반에 걸친 장개석의 국민당과 내전 끝에 비로소 중화인민공화국의 탄생을 볼 수가 있었다. 때는 1949년 10월 1일의 일이며, 이날 북경의 천안문 앞 광장에서는 30만 민중이 참가하여 신국가 성립의식이 거행되었다. 모택동 주석은 소리 높여 '중화인민공화국은 오늘 여기 성립하였다'고 선언했다.

이 국가는 헌법에 규정하고 있는 것처럼 제국주의, 관료자본주의의 제도를 타도하여 신민주주의 제도, 즉 노동자가 지도하고 노동동맹을 기초로 하는 인민민주주의 국가로서 모든 권력은 인민에 있다고 하는 것이다. 이와 같이 하여 착취와 빈곤을 없애고 번영하고 행복한 사회주의를 건설하고자 한 것이었다.

중국의 종교정책

중화인민공화국이 공산당 지도하에 있는 것은 새삼 말할 필요도 없다. 따라서 궁극적으로는 신의 존재를 부정하고 종교를 부정하는 막스 레닌의 유물주의를 지도이념으로 하고 있다고 할 수 있다.

이와 같은 지도이념이라고 하면 중국에 있어 구래의 종교는 어떻게 되는 것일까? 오랜 역사의 불교와 그 교단은 어떻게 되는 것일까?

신국가가 탄생한 1949년에 중국인민정치협상회의가 열려 잠 정적 헌법이라 해야 할 공동강요를 발표하고, 이어 5년 후 1954년 에 헌법을 제정하였으나 여기에는 모두 종교신앙의 자유가 명시 되어 있다. 강요의 제5조에 '중화인민공화국의 국민은 사상, 언 론, 출판, 집회, 결사, 통신, 인신, 거주, 종교 신앙 및 시위 행진의 자유권을 가진다' 고 하였고, 헌법 제88조에 '중화인민공화국의 국민은 종교신앙의 자유를 가진다' 고 규정하고 있다. 이것을 더 욱 자세하게 엿볼 수 있는 것으로 모택동 주석이 1952년 10월 8 일에 티벳에 대하여 행한 강화의 일문이 있다. "공산당은 종교에 대해 보호정책을 취하고 종교를 믿거나 믿지 않거나 또 어느 종 교를 믿든지 평등하게 보호를 해주며, 그 신앙을 존중한다. 오늘 종교에 대해서 취해온 보호정책은 장래도 또한 변함없이 행해질 것이다"라고 말하고 있는 것이다.

이 내용은 중공의 종교정책이 공산주의 본래의 무신론임에도 불구하고 인민에 대해서 종교신앙의 자유를 규정하고 또한 보호 를 더한다는 것이며, 그것도 단순히 잠정적인 정책이 아니고 장 래에 오래도록 이 정책을 바꾸지 않는다고 하는 것이다. 이 기본 적인 정책하에 불교를 비롯해 많은 종교가 평등하게 보호받고 있 는 것이다. 그것은 단순하게 신앙의 자유라고 하는 사실뿐만 아 니고 적극적으로 종교보호를 해주고 있다는 정책에 주의하지 않 을 수 없다. 보호라는 것은 예를 들어 불교사원이나 기독교회의 수리에 있어 국비로 원조하는 일, 혹은 불교 불학원의 건설에 물

심양면으로 원조를 더해주는 그런 일이다. 이와 같은 정책은 공산당의 지도하에서 행해지는 까닭에 어쩌면 일시적인 것이며 정치적 의도를 띠었다고도 생각할 수 있다. 그러나 중공은 어디까지나 인민의 국가이며, 인민의 행복을 근본으로 하는 민주주의 국가이므로 인민이 종교를 신앙하는 한, 영원히 이 정책은 계속되는 것으로 하고 있다. 불교를 융성하게 하는 것도 쇠하게 하는 것도 정부 쪽에 있지 않고 인민의 신앙 여하에 있다고 한다. 중국이라는 국가는 어디까지나 인민의 행복을 위한 것이므로 종교신앙의 자유도 또한 거기에 대한 보호정책도 결코 일시적인 것이 아니고 정치적인 것도 아니며, 참으로 인민의 행복을 위한 정책이라고 설명하고 있다.

중국의 사회주의 국가로의 체제 성립은 불교교단에 있어 한때는 대단히 큰 타격이었다. 그것은 종교를 부정하는 유물주의의 공산당 국가였기 때문이다. 그러나 오래지 않아 그 정책이 인민을 주로 한 것으로 신앙의 자유를 보증하고 종교의 보호가 실제로 행해진 것을 보고 비로소 안도했다. 그러나 또한 정권의 교체기에 있기 쉬운 여러 형태의 혼란이나 오해, 중상 등의 불상사가 일어난 일은 어쩔 수 없는 것이었다.

특히 불교교단은 예부터 지주이며 자본가이기도 했으므로 토지개혁법에 의해 토지가 몰수되면 생계수단이 끊기게 되므로 그 불안 동요는 심했으리라 보여진다. 게다가 일부에서 일어나는 과격한 종교비판도 있었다. "종교는 인민이 공산주의로 전진하는 일을 방해하고 인민대중의 창조적 발전을 저해하는 것이다. 그러므로 부단히 또 적극적으로 종교의 잔재, 종교의 편견에 반대해야 하며, 종교적 미신과의 투쟁이 필요하다고 하는 것을 굳게 결의하지 않으면 안 된다"고 비판하였던 것이다. 이것은 얼마 안 가 '종교신앙의 자유' 라고 하는 정책을 방해한다고 하여 공공장소에서의 종교비판이 금지되었다.

종교계가 이처럼 동요 불안에 떨면 이것을 이용하여 반혁명분자가 활동 모체로 삼는 일은 과거 역사에 나타나는 그대로이다. 거기에 응해 종교인들도 이에 참가하여 이전의 정권으로 되돌아가고자 하는 운동을 일으키는 것 또한 역사가 되풀이해서 보여준 현상이었다. 이 혼란과 동요는 본국과의 연락을 유지하는 그리스도교회에서 특히 현저했으나 불교 내부에도 마찬가지로 반혁명운동이 행하여졌다.

그것은 1955년에 일어난 상해불교청년회의 진해량, 이행효 등 11명의 체포사건이며, 또 중국불교계의 대거사로서 공적이 있는 진명구의 반혁명활동이다. 그 외에도 신중국의 건설을 반대하여 은밀히 이것이 무너지기를 기원하고 옛날의 꿈을 재차 실현하려고 하는 사람들이 있었던 일은 당연한 일이고, 정권의 교체기에 일어나는 현상으로 하등 이상하게 여길 일이 못 된다. 어느 시대에도 신정권은 이 혼란을 극복하고 그 위에 확고한 국가를 이룩해 왔던 것이다.

중국불교협회의 성립

이와 같은 불교계의 혼란에 즈음하여 전 불교계가 통일하고 단결해서 이에 대응해 갈 필요가 있었다. 이렇게 하여 만들어진 것이 구불교회 주석인 상해 천동사 원영(圓瑛)을 회장으로 한 중

국불교협회였다. 그것은 1953년 5월30일의 일이며, 이 결성회의
에는 한, 만, 몽, 장, 회 등의 각 민족 불교대표 121명이 수도 북경
의 광제사에 모여 협의해 결성하였다.

이 협의에서 우선 불교계 내부의 통일문제로서 결론에 달한
것은, 출가는 대처를 불허하고 반드시 수계할 것, 환속의 자유,
지켜야 할 계율은 위원회에서 전문적으로 연구할 것, 불교도는
반드시 삼귀계를 받을 것, 불교도는 귀신을 숭신하지 말 것, 종교
활동은 사원이라든가 불교단체, 혹은 거사의 집에서 할 것, 특히
애국정신을 발양할 것 등이었다.

외부적인 문제로서 폐회에 임한 성명문에 "전국의 불교도는
단결하여 인민정부의 지도하에 조국애호, 세계평화 옹호의 운동
에 참가하고 인민정부에 협력해서 종교신앙 자유의 정책을 관철
하고 각지의 불교도는 연휴하여 불교의 뛰어난 전통을 발양하
자"고 하였으니, 이를 통해 불교협회의 모습을 알 수가 있다.

회장 원영은 성립 후 얼마 되지 않아 사망하고 그 후임으로 희
요가조(喜饒嘉措)가 회장이 되었다. 부회장인 거사 조박초(趙樸
初)의 활약에 의해 불교는 큰 발전을 이루었다. 각 성구(省區)에
불교협회를 결성함과 동시에 정치계에 불교대표로서 회장을 비
롯해 조박초 거사, 거찬(巨贊) 법사 등 수 명이 선출되어 정치에
참가하였다.

1955년 8월에는 협회 본부인 북경 광제사에서 이사와 대표
133명이 모여 확대이사회가 열렸고, 1957년 3월에는 제2회 전국
불교대표회의가 개최되어 불교계의 반성과 금후 활동방침을 토
의 결정하였다. 요컨대 적극적으로 조국건설과 평화옹호의 사업

에 참가할 것, 불교교육, 학술, 문화공작을 튼튼히 하여 불교의 우수한 전통을 발양할 것, 적극적으로 정부를 원조하여 종교신앙 자유의 정책을 관철할 것 등이었다.

중국의 불교에는 예부터 출가자는 방외(方外)의 선비로 세간의 법칙 밖에 있는 것이 당연하다고 하는 풍조가 있었다. 이것은 불교의 순수성을 지키는 것이라고 여겼다. 따라서 출가자가 정치에 참여하는 것은 전혀 예외적인 일이었다. 그것이 중공의 정부가 들어서고 나서는 출가자도 똑같이 정치에 참가하여 신국가건설에 협력할 것을 요청받았고, 그것이 불교 본래의 모습이라고 여겨졌다. 중국불교에 있어서 처음 있는 큰 변화라고 하지 않을 수 없다.

전술한 것처럼 조박초 거사며 광제사 주지인 거찬 법사는 불교대표로서 정치협상회의에 참가하였고, 또 중국인민대표로서 불교협회장 희요가조와 부회장 조박초를 선출하여 불교계 의견을 중앙의장에 반영하도록 했다. 각 성과 현에도 지구의 인민대표로서 많은 불교대표가 참가하고 있는 것은 물론이다. 불교의 이익은 국가의 이익으로 연결되지 않으면 안 되며, 인민을 주로 하는 신국가에서는 전 인민의 행복을 위해 협력하지 않으면 안 되며, 국가건설에 무관심해서는 안 된다는 불교계는 앞서 신국가건설에 협력하고 세계평화운동에 참가하였다.

또 경전의 연구와 함께 정치의 학습을 강화하고 정치에 무관심하며 출세간적인 태도를 고쳐 앞장서서 인민의 행복을 이루는 운동에 참가하려고 노력하였던 것이다.

중공의 불교보호정책은 8년의 항일전쟁과 3년에 걸친 내전 때

352

문에 파괴되거나 소각된 많은 사원의 부흥에 진력하였다. 산서성 현중사를 시작으로 서안 대자은사, 항주 영은사, 광주의 육용사, 천태산, 오대산, 낙양의 백마사, 북경의 광제사 등 그 밖의 많은 사탑이 정부의 원조금에 의해 가람을 수리, 정비하여 옛 모습을 일신하였다.

또 지주로서 많은 전답을 가지고 있던 사원은 토지개혁에 따라 토지의 소유권을 잃고 완전히 노상을 헤매는 처지가 되었으나 여기에 다시 자급자족의 길을 찾아내어 스스로 생산업에 노력하였다. 백장선사의 "하루 일하지 않으면 하루 먹지 않는다"는 격언을 문자대로 실천하고, 비생산적인 불교교단이 없도록 노력하였다. 아미산은 중국불교의 4대 명산 가운데 하나이며, 승니도 230여 명에 이르고 있으나 '아미산 불교 차생산합작사'를 설립하여 차의 생산에 전력했다. 또 농업의 생산에도 힘을 다하고 식림사업에도 주력하였다. 그 성과는 유의해 볼 필요가 있다.

천태산과 오대산처럼 커다란 사원에서는 제각기 산림사업과 야채, 그 밖의 생산에 종사하여 자급자족의 체제를 갖추고 있었던 것 같다.

불교의 부흥은 단순하게 가람의 수리와 법회의 재개로서는 의미를 다할 수 없다. 불교를 진전한 인생의 양식으로 사람들에게 설할 수 있는 인물이 있어야 한다. 오랫동안 끊어진 인재양성을 위한 불교학원의 개설은 이에 답하는 것이었다. 북경의 법원사 내에 설치한 불학원은 정부의 원조에 의해 훌륭하게 그 체제를 갖추고, 젊은 승니의 양성에 노력하고 있다.

한편 학술·문화 면에 있어서는 근년 각지에서 공사 중에 발견되는 불교유물과 각지의 조사발굴에 의해 놀랄 만큼 많은 불교의 고고자료가 출현하고 있다. 지금까지 생각지 못했던 남방의 계림(桂林)에서 당대의 석불군이 나온 것 등은 이제까지 중국불교 문화사를 크게 수정해 갈 정도의 것이었다. 이와 같은 발굴과 발견의 자료는 속속 공개되어 옛날의 화려했던 불교의 모습을 여실히 제공해 주고 있다.

특히 돈황 예술의 연구에 주력하여 벽화의 모시를 비롯해 돈황문서의 공간(公刊)과 그 연구는 세계에 귀중한 자료를 더해주었다. 그 중에서도 불교의 변문(變文)을 소개한 것은 불교문학상으로 보아도 대단히 귀중한 것이다. 불교의 민중교화의 생생한 자료로서 불교의 민중화를 처음으로 분명하게 보여주었던 것이다. 이것은 여태까지 생각조차 할 수 없었던 일이었으므로 이 방면의 연구가에게는 다시 없이 귀중한 자료를 안겨준 셈이다. 도교 관계의 것으로 영락궁의 원대 벽화의 발견도 또한 세계의 학계를 떠들썩하게 했다.

1963년에 북경에서 공간된 임계유(任繼愈)의 「한당중국불교사상논집(漢唐中國佛敎思想論集)」은 불교철학으로서 천태, 화엄, 법상, 선종 등을 유물사관에 입각하여 비판한 것으로서 주목해야 할 서적이다. 금후 유물주의의 종교부정의 입장에서 불교를 논하는 많은 연구서가 나오고 있는데, 학술적인 논쟁의 전개 위에 대립과 조화의 세계를 분명히 드러내야 할 것이다.

신해혁명시에는 분명하게 미신적인 신들을 구별하여 이를 배격하였지만 그 후도 민간에는 많은 미신적인 신앙이 성행하고 있었다.

354

신 중국의 탄생을 맞아 종교를 부정하려고 하는 막스 레닌주의의 정치하에서도 낭랑신을 모시고 수태를 기원하고 관제묘에 참배하여 복을 얻고, 여조묘 앞에서는 점괘를 뽑는 일을 잊지 못하는 것이 민중의 현실적인 모습이었다. 병이 들면 의사보다는 이처럼 신들에게 매달리는 사람이 많은 것이다. 농민과 미신은 농경의례 속에서 밀접한 관계를 가지고 있었다.

정부는 이처럼 미신적인 민간신앙을 그대로 방치해두지 않고 인민에 해를 미치고 불행을 가져올 듯한 것은 서둘러 타파해 갔다. 또한 근본적인 대책은 금지령이라는 탄압보다는 사회환경을 개선하고 생활수준을 높여 과학적 지식을 보급하는 것이라는 인식 하에 인민 스스로가 미신을 버리고 바르고 행복한 생활을 할 수 있도록 지도하는 것이었다.

이 근본방침은 또 보편적인 종교에도 적용되었다. 1957년에 중국을 방문한 외국 기자의 질문에 답한 종교사무국장 하성상(何成湘)의 말에 주의해야 할 것이다.

"인민이 종교에 눈을 돌리는 것은 전국적인 재해 탄압에 처한 경우와 경제적·사회적 이유에서 개인적인 재난을 만난 경우입니다. 장래 사회상의 계급이 없어지고 과학과 공업이 진보했을 때에는 대중은 더 이상 종교에 눈을 돌리지 않겠지요. 그때 종교는 몰락할 것입니다. 그러나 지금 현재로서는 우리들은 종교가 몇 백만 명의 신앙이라는 사실을 인식하지 않을 수 없습니다. 정부는 인민의 정부이며, 인민의 신앙을 존중하지 않으면 안 됩니다. 종교상의 신앙은 행정명령이라든가 육체적인 탄압으로는 없앨 수 없습니다. 종교에 대한 인민의 변함은 그들의 사고방식이 변했을 때이며, 그럴 만큼의 충분한 물질적 이유가 없으면 사고 방식은 변하지 않을 것입니다.(중앙공론, 1956. 11)"

이 말은 중공에 있어서 금후 종교 본연의 모습을 시사하는 하나의 예가 된다고 생각한다.

부록 / 參考 文獻 · 論文

參 考 文 献

支那仏教精史	境 野 黄 洋	（東京）	遺稿刊行会	S 10
支那仏教史	宇 井 伯 寿	（東京）	岩 波 書 店	S 11
支那中世仏教の展開	山 崎 宏	（東京）	清 水 書 店	S 17
支那仏教史研究	塚 本 善 隆	（東京）	弘文堂書店	S 17
支那仏教の研究 三巻	常 盤 大 定	（東京）	春 秋 社	S 13
日支仏教交渉史研究	塚 本 善 隆	（東京）	弘 文 堂	S 19
支那最近の宗教迫害事情	藤 井 草 宣	（豊橋）	浄 円 寺	S 6
中国共産党宗教政策	中 濃 教 篤	（東京）	理 想 社	S 33
経録の研究	林 屋 友 次 郎	（東京）	岩 波 書 店	S 16
仏教経典成立史論	望 月 信 亨	（京都）	法 蔵 館	S 21
三階教の研究	矢 吹 慶 輝	（東京）	岩 波 書 店	S 21
東洋人の思惟方法	中 村 元	（東京）	春 秋 社	S 36
仏教の根本真理	宮 本 正 尊	（東京）	三 省 堂	S 31
中国の仏教 仏教講座		（東京）	大 蔵 出 版	S 33
宗教と社会倫理	中 村 元	（東京）	春 秋 社	S 34
律蔵の研究	平 川 彰	（東京）	山 喜 房	S 35
西域之仏教	羽 渓 了 諦	（京都）	興 教 書 院	S 3
西域文明史論	羽 田 亨	（東京）	弘 文 堂	S 6
敦煌仏教資料	西域文化研究会	（京都）	法 蔵 館	S 33
敦煌吐魯番社会経済資料 上下	〃	（京都）	法 蔵 館	S 34
中央アジア古代語文献	〃	（京都）	法 蔵 館	S 36
中央アジア仏教美術	〃	（京都）	法 蔵 館	S 37
歴史と美術の諸問題	〃	（京都）	法 蔵 館	S 38
王陽明の禅学的思想研究	久 須 木 文 雄	（名古屋）	日進堂書店	S 33
六朝宗教史	宮 川 尚 志	（東京）	弘 文 社	S 23
六朝史研究 宗教篇	〃	（京都）	平楽寺書店	S 39
天台思想史	安 藤 俊 雄	（京都）	法 蔵 館	S 34
中国禅宗史の研究	阿 部 肇 一	（東京）	誠 信 書 房	S 38
仏教と儒教	荒 木 見 悟	（京都）	平楽寺書店	S 38

釈道安研究	宇 井 伯 寿	(東京)	岩 波 書 店	S 31
天台大師の研究	佐 藤 哲 英	(京都)	百 華 苑	S 36
達摩大師の研究	関 口 真 大	(東京)	彰 国 社	S 33
禅宗思想史	〃	(東京)	山 喜 房	S 39
禅宗史研究 三冊	宇 井 伯 寿	(東京)	岩 波 書 店	S 18
大唐西域記の研究 二冊	足 立 喜 六	(京都)	法 蔵 館	S 18
長安史跡の研究 二冊	〃	(東京)	東 洋 文 庫	S 8
法顕伝	〃	(京都)	法 蔵 館	S 15
支那文化史蹟 十二輯	常 盤 大 定	(京都)	法 蔵 館	S 12
支那浄土教史	佐々木月樵	(東京)	無 我 山 房	T 2
中国浄土教理史	望 月 信 亨	(京都)	法 蔵 館	S 39
中国仏教史論	高 雄 義 堅	(京都)	平 楽 寺 書 店	S 27
シナ仏教の研究	津 田 左右吉	(東京)	岩 波 書 店	S 34
魏書釈老志の研究	塚 本 善 隆	(東京)	仏教文化研究所	S 36
唐代仏教史の研究	道 端 良 秀	(京都)	法 蔵 館	S 32
中国仏教の研究	横 超 慧 日	(京都)	法 蔵 館	S 33
遼金の仏教	野 上 俊 静	(京都)	平 楽 寺 書 店	S 28
中国近世仏教史研究	攵 田 諦 亮	(京都)	平 楽 寺 書 店	S 32
中国浄土教家の研究	小 笠 原 宣 秀	(京都)	平 楽 寺 書 店	S 26
中国近世浄土教史の研究	安 藤 更 生	(京都)	百 華 苑	S 38
唐中期の浄土教	塚 本 善 隆	(京都)	東方文化研究所	S 8
唐代寺院の経済史的研究	道 端 良 秀	(東京)	東 方 書 院	S 9
鑑真——その思想と生涯	石 田 瑞 麿	(東京)	大 蔵 出 版	S 33
鑑真大和上伝之研究	安 藤 更 生	(東京)	平 凡 社	S 35
策彦入明記の研究 上下	牧 田 諦 亮	(京都)	法 蔵 館	S 30
肇論研究	塚 本 善 隆 編	(京都)	法 蔵 館	S 30
梁の武帝	森 三 樹 三 郎	(京都)	平 楽 寺 書 店	S 31
慧遠研究 遺文篇・研究篇	木 村 英 一 編	(東京)	創 元 社	S 35・37
世界史上の円仁	ライシャワー著 田 村 完 誓 訳	(東京)	実業之日本社	S 38
慈覚大師の研究	福 井 康 順 編	(東京)	天 台 学 会	S 39
入唐求法巡礼行記の研究	小 野 勝 年	(東京)	鈴 木 学 術 財 団	S 39
仏教の美術と歴史	小 野 玄 妙	(東京)	大 蔵 出 版	S 12

東洋美術史研究	浜 田 耕 作	（東京） 座右宝刊行会	S 17
東洋美術史	大 村 西 崖	（東京） 風 間 書 房	S 25
大乗仏教芸術史の研究	小 野 玄 妙	（東京） 文 雄 閣	S 2
支那の建築と芸術	関 野 貞	（東京） 岩 波 書 店	S 13
響堂山石窟	水 野 清 一 長 広 敏 雄	（京都） 東方学院研究所	S 12
大同石仏寺	木 下 杢 太 郎 木 村 荘 八	（東京） 座右宝刊行会	S 13
敦煌画の研究	松 本 栄 一	（東京） 東方学院研究所	S 12
雲岡石窟とその時代	水 野 清 一	（東京） 創 元 社	S 14
竜門石窟の研究	水 野 清 一 長 広 敏 雄	（東京） 座右宝刊行会	S 16
支那の仏塔	村 田 治 郎	（東京） 富 山 房	S 15
五台山	小 野 勝 年 日 比 野 丈 夫	（東京） 座右宝刊行会	S 17
遼金時代の建築と其の仏像	竹 島 卓 一	（東京） 東方文化研究所	S 19
熱河古跡と西蔵芸術	五 十 嵐 牧 太	（東京） 洪 洋 社	S 17
西蔵蒙古喇嘛教史	橋 本 光 宝	（東京） 蒙蔵典籍刊行会	S 15
満蒙の喇嘛教美術	逸 見 梅 栄 仲 野 半 四 郎	（京都） 法 蔵 館	S 18
蒙古学問寺	長 尾 雅 人	（京都） 全 国 書 房	S 22
道教思想	幸 田 露 伴	（東京） 角 川 書 店	S 32
老荘の思想と道教	小 柳 司 気 太	（東京） 関 書 院	S 10
道教と神話伝説	橘 樸	（東京） 改 造 社	S 23
道教の基礎的研究	福 井 康 順	（東京） 理 想 社	S 27
道教と中国社会	窪 徳 忠	（東京） 平 凡 社	S 23
道教の研究	吉 岡 義 豊	（京都） 法 蔵 館	S 27
道教経典史論	〃	（東京） 道教刊行会	S 30
道教と仏教	〃	（東京） 日本学術振興会	S 34
敦煌道教目録	大 淵 忍 爾	（京都） 法 蔵 館	S 35
道教史の研究	〃	（岡山） 岡 山 大 学	S 39
中国善書の研究	酒 井 忠 夫	（東京） 弘 文 堂	S 35
庚申信仰の研究	窪 徳 忠	（東京） 日本学術振興会	S 36
支那における仏教と儒教道教	常 盤 大 定	（東京） 東 洋 文 庫	S 5
支那儒仏道三教史論	久 保 田 量 遠	（東京） 東 洋 文 庫	S 6
中国宗教制度	デ・オロート著 清 水 金 二 郎 等 訳	（京都） 大 雅 堂	S 21
東洋思想の形成	増 谷 文 雄	（東京） 冨 山 房	S 39

仏教東漸史に於ける丘就郤の地位	日仏年報7	羽渓了諦	S 9
支那仏教初伝に関する諸研究	支那仏教史学2—4	春日礼智	S 13
魏略の仏伝に関する二三の問題と老子化胡説の由来	史淵18	重松俊章	S 13
初期支那仏教と復古思想	史学雑誌51—7	板野長八	S 15
仏教東漸の年代について	佐々木古稀	和田 清	S 30
シナに於ける仏教受容の初期	仏教大学学報2—4	塚本善隆	S 31
仏教東伝の年代について	日大文学科年報7	和田 清	S 32
仏教伝来文献について	懐徳28	桑田六郎	S 32
四十二章経成立年代考	東方学報(京)14—1	松本文三郎	S 18
支那仏教初伝の年時と四十二章経	仏教研究1	望月信亨	S 19
匈奴の休屠王の領域と其の天の金人とに就て	三宅古稀	白鳥庫吉	S 4
秦の金人の形体につきて	市村還暦	原田淑人	S 8
後漢の詩に表われた無常観と来世思想	竜谷大学論叢255	青木正児	T 13
牟子の研究	東洋思想研究2	福井康順	S 13
牟子理惑論の述作年代考	東方学報(京)12—1	松本文三郎	S 16
牟子の研究	仏教史学2—23	福井康順	S 26
最近の「牟子」の研究について	宗教文化7	吉岡義豊	S 26
曹植の悲劇的生涯について	立命館文学145	松本幸男	S 32
晋南渡以前に於ける仏教思想の一考察	市村還暦	板野長八	S 8
晋の南渡と招魂葬儀	東洋史研究4—2	宮川尚志	S 13
魏晋仏教の展開	史林24—2	塚本善隆	S 14
魏晋仏教史に関する一考察	印仏研究2—2	永畑恭典	S 29
中国仏教の形成と真理観	仏教の根本真理	塚本善隆	S 36
支那中世に於ける捨身について	大谷学報12—2	名畑応順	S 6
六朝時代に於ける仏教の分布に就いて	歴史と地理7—1	井上以智為	S 6
六朝時代の仏塔に於ける仏舎利の安置に就いて	東洋学報21—3	小杉一雄	S 9
六朝仏教芸術に於ける漢代の伝統	東洋史研究1—4	水野清一	S 11
釈教史考	支那仏教史学1—1	横超慧日	S 12
支那仏教盛時に於ける家僧門師考	立正史学9	山崎 宏	S 12
六朝人名に現われたる仏教語	東洋史研究3-6, 4-1, 2, 6	宮川尚志	S 13

362

• 원저자 _ 미찌하다 료오슈(道端良秀)

　　大谷大學 인문학과 졸업. 同 대학원 불교학과 석사 및 박사과정 수료.
　　大學博士, 大谷大學 교수 역임.
　　著書『中國佛教史全集』11권,『唐代佛教史研究』,
　　『中國佛教社會經濟史研究』,
　　『中國佛教思想史研究』등 다수가 있음.

• 옮긴이 _ 계 환

　　운문사 전문강원 대교과 수료. 일본 화원대학 불교학과 졸업.
　　경도 불교대학원 석·박사과정 수료 후 문학박사 학위 취득.
　　현재 동국대학교 불교학과 교수.
　　저　서 :「중국화엄사상사연구」,「백팔고개 넘어 부처되기」
　　　　　　「경전산책」,「대승불교의 세계」,「상식으로 만나는 불교」
　　번역서 :「화엄사상사」,「홍명집」

중국불교사

1996년　2월　29일　초판 인쇄
2016년　3월　15일　8쇄 발행

│옮긴이│계　　환
│지은이│미찌하다 료오슈
│펴낸이│김 동 금
│펴낸곳│우리출판사
│교　정│김 인 영
│편　집│전 정 현

│등　록│제 9-139호
│주　소│서울시 서대문구 경기대로9길 62
│전　화│(02) 313-5047 · 5056
│팩　스│(02) 393-9696
│이메일│wooribooks@hanmail.net
│홈페이지│www.wooribooks.com

ISBN 978-89-7561-064-6　　03220

＊책 값은 뒷표지에 있습니다.
＊잘못 제작된 책은 교환하여 드립니다.